Susanne Heine (Hg.)
Europa in der Krise der Neuzeit

EUROPA IN DER KRISE DER NEUZEIT

Martin Luther: Wandel und Wirkung seines Bildes

Herausgegeben von

SUSANNE HEINE

1986

HERMANN BÖHLAUS NACHF. WIEN · KÖLN · GRAZ

Gedruckt mit Unterstützung durch den Fonds zur Förderung der wissenschaftlichen Forschung

CIP-Kurztitelaufnahme der Deutschen Bibliothek

Europa in der Krise der Neuzeit : Martin Luther: Wandel u. Wirkung seines Bildes / Susanne Heine (Hg.). Mit Beitr. von: Lutz Heinrich . . . – Wien ; Köln ; Graz : Böhlau, 1986.
ISBN 3-205-05017-7
NE: Heine, Susanne [Hrsg.]; Heinrich, Lutz [Mitverf.]

ISBN 3-205-05017-7

Filmsatz und Offsetdruck: Ferdinand Berger & Söhne Gesellschaft m.b.H., 3580 Horn

Inhaltsverzeichnis

Vorwort der Herausgeberin

Martin Luthers 500. Geburtstag (1983) war Anlaß dafür, daß sich im März 1984 ein kleiner Kreis von Wissenschaftlern zu einem „Rückgriff mit Zukunft“ im Geiste ökumenischer Begegnung zusammenfand. Unter dem umfassenderen Thema „Europa in der Krise der Neuzeit“ trafen einander die acht Teilnehmer aus der Bundesrepublik Deutschland und aus Österreich zum Austausch der Ergebnisse ihrer wissenschaftlichen Forschung. Dem Fachgespräch lagen die in diesem Band der Öffentlichkeit zugänglich gemachten Beiträge zugrunde.

Aufsätze und Fachgespräch wollen in erster Linie aus dem erwähnten ökumenischen Interesse heraus verstanden werden. Das ist einmal aus dem institutionellen Ort zu erkennen, der diese Begegnung ermöglichte: Die Wiener Katholische Akademie in Zusammenarbeit mit der Evangelisch-theologischen Fakultät; zum anderen aus der Zusammensetzung des Teilnehmerkreises: Der katholische Historiker Heinrich *Lutz* (Wien) untersucht in seinem Beitrag die Vielschichtigkeit einer Krisenzeit auf ihre politischen, sozialen, wirtschaftlichen und religiösen Motive. Der evangelische Kirchenhistoriker Martin *Brecht* (Münster) entfaltet die „Mitte“ der Theologie Luthers aus dessen Auseinandersetzung mit der damaligen Gestalt der christlichen Kirche. Die Spaltung der Kirche, von keiner Seite gewollt, wird als tragische, aber für unsere gemeinsame Zukunft nicht schicksalhaft hinzunehmende Folge erkennbar. Der evangelische Kirchenhistoriker Alfred *Raddatz* (Wien) erarbeitet das reformatorische Denken und die kirchliche Polemik auf beiden Seiten anhand der Analyse zeitgenössischer Werke der darstellenden Kunst. Dabei wird auch die pädagogische Absicht reformatorischer Bildgestaltung deutlich.

In einem sehr persönlichen Zwiegespräch treffen einander der katholische Lutherforscher Peter *Manns* (Mainz) und der evangelische Systematiker Ulrich *Kühn* (Wien/Leipzig). Der Weg Peter Manns' zu Luther als einem „Vater im Glauben“ bekennt die Liebe zur „Theologia experimentalis“ des Reformators und läßt die existentielle Basis aller Glaubenserfahrung spürbar werden. Als Kenner auch der scholastischen Tradition plädiert der evangelische Theologe Ulrich Kühn für das Gespräch mit der Philosophie. Der katholische Systematiker Johannes *Brosseder* (Bonn) gibt einen Überblick über die neueste Literatur und arbeitet die unterschiedlichen Lutherbilder am Beispiel des Verhältnisses zu den Juden heraus.

Schließlich entfaltet der evangelische praktische Theologe und Psychoanalytiker Joachim *Scharfenberg* (Kiel), ausgehend vom Luther-Buch Eriksons, die Probleme einer psychohistorischen Geschichtsschreibung. Die Herausgeberin, evangelische Religionspädagogin

(Wien), setzt sich mit den pädagogischen Intentionen von Erasmus und Luther auf dem Hintergrund deren theologischer Kontroverse auseinander, verbunden mit der Frage, ob die Unverfügbarkeit der Gnade Gottes erzieherischer Bemühungen enthebt.

Damit wird auch ein interdisziplinärer Bogen gespannt: von der Geschichtswissenschaft und der Kirchengeschichte über die systematische Theologie bis hin zu den praktischen Disziplinen.

Die Vertreter der verschiedenen Fachwissenschaften konnten feststellen, daß die Konfessionen 1983 durch die intensive Beschäftigung mit der Person Martin Luthers und seiner Zeit einander so nahegekommen sind wie nie zuvor. Die Herausforderung zur Analyse der „Krise der Neuzeit" konnte das ökumenische Gespräch einen guten Schritt weiterführen. Die Hoffnung, ein solcher Gewinn möchte nicht mehr verlorengehen, wird auch aus dem Fachgespräch, das im Nachwort in seinen Grundzügen dokumentiert ist, deutlich spürbar.

Gedankt sei zum Schluß der Wiener Katholischen Akademie, die Arbeit und Begegnung ermöglicht hat. Gedankt sei auch in ganz besonderer Weise Herrn Univ.-Prof. Dr. Richard *Olechowski*, der als leitender Vizepräsident über zehn Jahre hindurch die Veranstaltungen der Wiener Katholischen Akademie entworfen und durchgeführt hat. Seiner mutigen Initiative, aktuelle und kritische Themen aus allen wissenschaftlichen Disziplinen aufzugreifen und anerkannte Wissenschaftler um einen Tisch zu versammeln, verdankt auch das vorliegende Buch seine Entstehung.

Wien, im Februar 1986 *Susanne Heine*

IN MEMORIAM
HEINRICH LUTZ

Am 18. Mai 1986 wurde Heinrich Lutz während des Pfingsttreffens seiner Gemeinde im Stift Zwettl/Niederösterreich mitten aus seinem schaffensreichen Leben gerissen.

HEINRICH LUTZ

Europa in der Krise: Sozialgeschichtliche und religionssoziologische Analyse der Wende vom 15. zum 16. Jahrhundert

I

Versuchen wir einleitend, in knappster Form einige Perspektiven festzuhalten, die inmitten der heutigen Diskussionslage eine begründete Orientierung ermöglichen. Wir beobachten vom Mittelalter in die Neuzeit den Differenzierungsprozeß der europäischen Gesellschaft mit einer Dynamik und einer Tempobeschleunigung ohnegleichen. Europa hat schon einige Zeit vor Luther begonnen, die Schwelle jener traditionellen Lebensformen zu überschreiten, die in anderen Hochkulturen – etwa in Indien und China – offenbar langdauernde Gleichgewichtszustände sicherten. Wir sehen die Umformung der europäischen Gesellschaft und Wirtschaft vom Mittelalter in die Neuzeit durch die fortgesetzte Ablösung der Naturalwirtschaft durch die Geldwirtschaft, durch eine neue soziale Mobilität, durch den Aufstieg der Städte mit neuen Formen der gewerblichen Produktion und des Frühkapitalismus, um 1500 schon ansetzend zur kolonialen und kapitalistischen Erschließung und Ausbeutung Außereuropas. Wir sehen im Bereich des kulturellen Lebens eine unerhörte Entfaltung der Individualität und der individuellen Bewußtseinsformen mit Laienschriftlichkeit, Alphabetisierung, Buchdruck usw. Wir bemerken die Antike-Rezeption der Renaissance und ihre reformistische Wirkung auf viele Lebensbereiche und andererseits die christlich-theologische Weltauslegung mit ihrem ungeheuren Spannungspotential ethischer und intellektueller Kräfte zwischen Einzelnem und Gemeinschaft, Bewahrung und Reformveränderung. Weiterhin sehen wir die Veränderungsprozesse im Bereich von Macht und Herrschaft. Man hat diese Vorgänge oft mit dem Etikett „Entstehung des frühneuzeitlichen Staates“ oder so ähnlich bezeichnet. Das ist nicht falsch, deckt aber Umfang und Tragweite nicht ausreichend ab. Wir dürfen den Blick nicht mehr auf Politik, Verwaltung und Verfassung beschränken, wo die langfristigen Vorgänge der fürstlichen Machtkonzentration, ja Machtmonopolisierung auf Kosten älterer, kleinräumiger Autonomie so deutlich sind. Wir müssen die umfassenderen Umformungsprozesse der Gesellschaft einbeziehen, wo zunehmend von oben nach unten reglementiert wird. Mit dem Stichwort „Sozialdisziplinierung“, das Gerhard Oestreich gegeben hat, ist vieles, aber noch nicht alles erfaßt, was diesen säkularen Trend zum domestizierten Untertanenverband des Absolutismus ausmacht.

All diese Veränderungsprozesse wirken vom 14. und 15. Jahrhundert her in das Zeitalter der Reformation. Aber sie wirken nur zum Teil gleichläufig. Weithin geraten sie untereinander in Konflikt. Und gerade diese fortgesetzten Überschneidungen und Konflikte langfristig wirkender sozialer, kultureller und politischer Entwicklungen machen den besonderen, dynamischen Rahmen der Reformationsepoche aus. Fassen wir vereinfachend zusammen.

Die soziale und kulturelle Aufstiegswelle, die, großteils von der italienischen Renaissance her, aber nun schon weiter ausgreifend, Europa um 1500 kennzeichnete, führte zu einer zunehmenden Entfaltung individueller Lebenschancen und einer Individualkultur aus freigewonnenen, inneren Überzeugungen. Die breitgefächerten soziokulturellen Aufstiegswellen treffen sich und überschneiden sich nun unausgesetzt mit den ebenso breit ansetzenden Disziplinierungs- und Machtkonzentrationstendenzen auf der staatlich-sozialen Ebene, die von oben nach unten einschneiden und alte genossenschaftliche und regionale Freiheitsräume irreversibel einschränken. Diese Überschneidungen und Konflikte vollziehen sich in sehr vielfältiger Weise. Da die Verlaufsebenen so verschieden sind – hier die soziokulturelle Entfaltung, dort die staatlich-soziale Disziplinierung – kommt es auch zu mannigfachen fruchtbaren Begegnungen und Mischungen, nicht nur zu Konflikten. In deutlicher Weise ist der moderne politische Machtausbau angewiesen auf und bedingt durch den soziokulturellen Aufstieg: er basiert auf der zunehmenden Kultivierung der Menschen, auf ihrer Wirtschaftskraft, ihrer geistigen Zucht.

Zwei weitere Hinweise sollen diese Rahmenskizze der konfliktgeladenen Dynamik Europas um 1500 ergänzen. Die Renaissance hat ohne Zweifel Gewaltiges für die Entfaltung der Individualkultur geleistet. Auch haben sich die Humanisten von Anfang an mit Nachdruck und mit kreativen Ergebnissen um neue, verbindliche Formen der Kommunikation bemüht: in Brief- und Dialogform, in Akademien und Sodalitäten, in der neuen Pädagogik, in Architektur und neuer Bildsprache. Aber hinsichtlich einer Neugestaltung der großen *kollektiven* Lebensformen Europas – in Staat und Kirche – erreichte der Renaissance-Humanismus keine neuen überzeugenden Modelleistungen. Hier herrschte weiterhin Schwanken und Unsicherheit; das zeigt – neben vielem anderen – schon das Auseinanderfallen der Renaissance-Ideen zur Politik im Falle von Erasmus und Machiavelli.

Was hinsichtlich des Zurückbleibens und der Unsicherheit humanistischer Modellvorstellungen zu Staat und Politik zu beobachten ist, gilt in verschärfter Weise im Hinblick auf Christentum und Kirche. Nichts liegt mir ferner, als die Bedeutung der humanistischen Ansätze und Beiträge zur Kirchenreform zu bagatellisieren. Aber jeder Kenner der damaligen Zustände in Kirche und Theologie muß zugestehen, daß zwischen den humanistischen Reformansätzen und der überwältigenden Reformbedürftigkeit der Kirche ein eklatantes Mißverhältnis bestand. Das gilt um so mehr, als ja das kirchliche Leben um 1500 in seiner Weise selbst ein exponiertes Konfliktfeld der beiden widerstreitenden Tendenzen darstellte: Aufstieg der individuellen Bedürfnisse und Sensibilität hinsichtlich von Glauben und Heil – und dagegen der politisch-organisatorisch-fiskalische und rechtliche Ausbau des päpstlichen Zentralismus (ohne Einlösung des von den Reformkonzilien her bestehenden Reformversprechens des Papsttums). Eine neue Vermittlung von individueller Glaubensentscheidung, theologischer Erkenntnis und kirchlicher Autorität war fällig, ja überfällig – diese Fälligkeit ergab sich aus dem allgemeinen Entwicklungsstand der europäischen Individualkultur. Wie sie aber geleistet werden sollte, bleibt angesichts der Tatsache, daß das Papsttum damals fast ausschließlich auf der anderen Seite – nämlich beim Ausbau des institutionellen Zentralismus – engagiert war, schlechterdings unbeantwortbar.

Aber auch die Reformatoren selbst waren in ihren Zielvorstellungen – nicht erst in den Ergebnissen – von diesen Widersprüchen der Trendlage gekennzeichnet: einerseits zielten sie auf freie, mündige Glaubensentscheidung des einzelnen, andererseits ging es ihnen um die christliche Gestaltung des Zusammenlebens aller, in Gemeinde und Staat. Wie war beides vereinbar? Man muß stark unterstreichen, daß diese tiefe und von der Kirchengeschichte zu wenig beachtete Fundamentalproblematik des reformatorischen Wollens eben nicht die Folge von Unklarheit und Inkonsequenz bei Luther, Zwingli oder Calvin war (jeder suchte auf seine Weise Auswege aus dem Dilemma). Die Problematik ergab sich aus dem damaligen Entwicklungsstand der europäischen Kultur und Gesellschaft, wo das Ringen um reinere Formen des Christentums in die vorgegebenen, widersprüchlichen Tendenzen von Individualisierung und Disziplinierung eingebettet, ja eingespannt war.

II

Nach diesem einleitenden Überblick geht es darum, nacheinander einige besonders wichtige Aspekte der politischen und sozialen Strukturen und der kirchlichen Verhältnisse um 1500 zu analysieren. Die Einbeziehung des politischen Bereichs ist, wie sich zeigen wird, von besonderer Wichtigkeit, nicht nur wegen der für jene Zeit charakteristischen, sehr engen Verflechtung mit den gesellschaftlichen und kirchlichen Lebensformen. Vielmehr haben gerade für Mitteleuropa, wo es sich um die altertümliche und doch so wirkungsvolle Reichsverfassung handelte, diese strukturellen Elemente in ihrer inneren Widersprüchlichkeit besondere Bedeutung.

Die Krone des Heiligen Römischen Reiches Deutscher Nation wurde zu Luthers Lebzeiten von Angehörigen des Hauses Habsburg getragen: zunächst, bis 1519, von Kaiser Maximilian I., dann von dessen Enkel Karl V. Wenn wir von Monarchen des 16. Jahrhunderts sprechen und nach ihrer Person und ihrem politischen System fragen, treten wir in eine Welt ein, die von heutigen Machtverhältnissen und Legitimationsfragen sehr verschieden ist. Politische Herrschaft beruhte damals in Europa meist auf Erblichkeit in einer Familie: so wurden die Dynastien über Jahrhunderte hinweg zu Trägern der obersten politischen Autorität. Darunter gab es ein gestuftes System feudaler Mächte, das heißt regionaler Adelsherrschaft, die gleichfalls erblich war. Diese Adelsherrschaft bildete die Stütze der Herrschaft des Monarchen, aber sie bedeutete auch eine Schranke seiner Macht. Niemand bestritt, daß der Monarch *von Gottes Gnaden* regiere. Aber was die Mittel und die Formen monarchischer Regierung anging, so waren die Herrscher damals keineswegs absolute Herren; sie waren fast überall noch an die Mitsprache der „Adelspyramide" und auch der finanzstarken Städte gebunden. Für diese Mitsprache gab es mannigfache Formen: das englische Parlament, die spanischen „Cortes", die französischen Generalstände. In Deutschland gab es den Reichstag, wo die Kurfürsten, Fürsten und Reichsstädte mit dem Kaiser gemeinsam die Gesetzgebungs-, Steuer- und Regierungsgewalt ausübten.

Was nun das Haus Habsburg, die Reichsverfassung und Deutschland angeht, so sind die ebenso langfristigen wie eigentümlichen Verhältnisse zu würdigen, die hier herrschten und die dem gesamteuropäischen Vorgang des fürstlichen Machtausbaus hier eine besondere, auch für die Reformationsbewegung überaus wichtige Verlaufsform gaben. Das Reich war keine Erbmonarchie, sondern ein Wahlreich. Die sieben Kurfürsten, also die oberste Schicht der Adelspyramide, hatten jeweils das neue Oberhaupt zu wählen, dem dann erst durch Bestätigung und Krönung seitens des Papstes der Kaisertitel zukam. Dies Kaisertum war einerseits die höchste Würde in der Christenheit und durch die enge Bindung an das Papsttum geprägt. Andererseits war seit dem Sturz der Hohenstaufen – also damals schon seit zweieinhalb Jahrhunderten – die übernationale Autorität und Macht des Kaisertums fast zu einem Phantom geschwunden. Und auch innerhalb des Reiches hatten sich, weit erfolgreicher und dauerhafter als anderswo in Europa, als Spitzengruppe der Adelspyramide die Landesfürsten gegenüber dem Kaisertum sehr verselbständigt. Sie übten in ihren Territorialstaaten eine vom Kaiser de facto weitgehend unabhängige Macht aus. Es gab also im Reich damals *zwei Ebenen* politischer Autorität: oben die des Kaisers, unten die der verschiedenen Territorialgewalten. Das wurde für die Reformation von größter Bedeutung. Denn im Schutze der territorialen Autonomie konnte sich die reformatorische Bewegung auf der unteren Ebene gegen die Autorität des Kaisers (und des Papstes) entfalten und konsolidieren.

Ganz wesentlich war auch, daß Maximilian I. und erst recht sein Enkel Karl, der 1500 in Gent geboren wurde, sich stets als Häupter einer übernationalen Dynastie verhielten. Zwar stand Maximilian – im Unterschied zu Karl V. – bis zu seinem Tode im Mittelpunkt deutscher Hoffnungen. In der Tat spiegelten sich in der Person und Politik Maximilians viele Züge damaligen deutschen Lebens: ein leutseliger Freund der Städte und zugleich ein harter Verfechter aller Vorrechte von Geburt und Dynastie, letzter Ritter und Vater der Landsknechte, politischer Phantast und zielstrebiger Rechner, großartig im Heranziehen von Künstlern und Humanisten für die Gestaltung seines Ruhmes und zugleich voll unkonventioneller Selbstironie, ein wacher Kritiker kirchlicher Mißstände und zugleich ein devoter Beter im spätmittelalterlichen Stil. Auf ihn wie auf den jungen Karl V. richteten sich volkstümliche Prophezeiungen von Kaiser und Endzeit: Er werde die Franzosen besiegen und die Weltherrschaft erlangen – der Adler vom Felsengebirge, der auch die Hagia Sophia zu Konstantinopel und das Heilige Land befreit. Der reale Maximilian hat alle deutschen Hoffnungen enttäuscht, er hat nur die europäische Herrschaft seiner Dynastie zielstrebig vorbereitet: nach Osten in Böhmen und Ungarn, nach Westen in Burgund und Spanien (mit Italien). Keine der Fragen deutscher Staatlichkeit hat er gelöst, am wenigsten die Kernfrage der damaligen Reichsreform: wird das Reich durch eine Steigerung der zentralen, monarchischen Macht sich in der Richtung der zentralisierten, westeuropäischen Monarchien entwickeln, oder wird den Fürsten der Ausbau ihrer Territorialstaaten und damit die definitive Ausgestaltung des Reiches als eines föderativen Corpus gelingen?

Die Fragen der Gestaltung deutscher Staatlichkeit vom Mittelalter zur Moderne hinterließ Maximilian unentschieden seinem Enkel Karl, bei dem der übernationale Zuschnitt seiner Politik noch deutlicher wird – und damit tritt Habsburg nun in den irreversiblen Machtkampf um die europäische Suprematie ein. Karl von Burgund vereinigte schon vor der Kaiserwahl im Juni 1519 aufgrund einer Kette geplanter dynastischer Heiraten und ungeplanter Todesfälle ein weltweites Herrschaftsgebiet: seit 1515 ist er Herzog von Burgund, Herr der Niederlande, 1516 erbt er Spanien mit Neapel und Sizilien und den amerikanischen und afrikanischen Besitzungen. 1519 fallen ihm, nach dem Tode Maximilians, die deutschen Erblande Habsburgs zu, von Ober- und Niederösterreich über Krain, Istrien, Tirol bis Schwaben und ins Elsaß. Dies bedeutete in der internationalen Politik eine Herausforderung für Frankreich, das bis dahin die stärkste Macht Europas war und im Wahlkampf von 1519 gegen Karl die Kaiserkrone anstrebte.

In diesem Wahlkampf arbeitete die habsburgische Propaganda gegen Franz I. von Frankreich mit dem Argument, Karl sei als Enkel Maximilians ein deutscher Fürst. Das war er nun gewiß nicht. Schwerer ist zu sagen, was er wirklich war. Als seine Muttersprache gilt Französisch, er war inmitten der französisch geprägten Hofkultur der Niederlande aufgewachsen. Spanisch lernte er erst, nachdem ihm die dortigen Kronen zugefallen waren. In dem neuen, jungen Kaiser und in seinem Anspruch auf die „Monarchia universalis" sahen seine Anhänger die Erfüllung alter Friedens- und Herrschaftsträume: der neue universale Glanz der Kaiserkrone sollte den europäischen Frieden sichern; die vereinigte Kraft der Christenheit sollte nun erfolgreich gegen den türkischen Erbfeind geführt werden. Im Rückblick sehen wir freilich, daß die Idee der Universalmonarchie nur zu nicht endenden Rivalitätskämpfen zwischen Habsburg und Frankreich führte und schließlich scheiterte.

Wie war die Stellung, in die das Reich durch Karls universales Kaisertum und den daraus folgenden Kampf mit Frankreich geriet? Auf französischer Seite gab es eine starke nationale Identität von Dynastie und Volk, auch in der Wahrnehmung übernationaler Ansprüche (die Franz I., ähnlich wie Karl V., vom Anfang an auf sein Banner geschrieben hatte). Ganz anders bei Habsburg, wo nach Burgund und Spanien die Deutschen erst an der dritten Stelle kamen. Vom Reich hatte Karl vor allem die Kaiserkrone gewollt, um Frankreich hier zu verdrängen, die habsburgische Hausmacht zu schützen und durch die Legitimität der Kaiserkrone nicht nur Deutschland und Italien, sondern „die Welt" zu beherrschen. Anfangs gab es wohl eine Loyalität der Deutschen gegenüber Karl V.; aber schon die erste Begegnung des jungen Kaisers mit Deutschland auf dem Wormser Reichstag zeigte, wie wenig sich dies Verhältnis unter den gegebenen Umständen sichern und konstruktiv ausbauen ließ. Von 1521 an stand Karls Herrschaft im Zeichen dreier gewaltiger Konfliktfelder, die vielfach ineinandergriffen und schließlich zu seinem Scheitern in Deutschland führten: das politische Ringen mit den Reichsfürsten um eine Stärkung der zentralen Kaisermacht im Sinne moderner Staatlichkeit, der Kampf mit Frankreich um die europäische Suprematie und die Auseinandersetzung mit der von Luther begonnenen reformatorischen Bewegung.

Mit diesem letzten Stichwort ist nun schon der Übergang von oben nach unten gegeben, von der Machtstruktur des Kaisertums zu den politischen und sozialen Lebensbedingungen des deutschen Territorialstaates. Dieser Territorialstaat hieß im Falle Luthers: das Kurfürstentum Sachsen. Und am Beispiel Sachsens soll nun zum Abschluß dieses Teils die politische „Basisstruktur" mit dem Blick auf die hier beginnende reformatorische Bewegung erläutert werden. Im Unterschied zu der übernationalen Orientierung und dem weltweiten Engagement des

Kaiserhauses saßen die deutschen Fürsten – gute oder schlechte Haushalter, wie sie eben waren – stets wie die Spinne im Netz ihrer überschaubaren Ländereien. Kurfürst Friedrich der Weise von Sachsen, Luthers Landesherr, war ein guter Haushalter, und die Zeit arbeitete für ihn. Der aufblühende Bergbau Sachsens und eine scharf zupackende Finanzverwaltung ergaben – nach neueren Berechnungen – eine Steigerung der Einnahmen an der staatlichen Zentrale von 1480 bis zum Ende des 16. Jahrhunderts um das fast 40fache! Der Ausbau des fürstlichen Machtmonopols auf Kosten des Mitspracherechtes der Landstände war schon unter Friedrich dem Weisen weit fortgeschritten, nicht zuletzt auf der Basis der finanziellen Stärke durch das Bergregal. Das gewann eine doppelte Bedeutung für Luther und die Reformation: In den folgenden religionspolitischen Entscheidungen haben die sächsischen Kurfürsten den Konsens ihres Landtages nicht verschmäht, wohl aber stets selbst kräftig die Initiative ergriffen. Fast noch wichtiger wurde die andere Perspektive von Luther her: Bekanntlich hat er in den ersten Jahren der reformatorischen Verwirklichung wiederholt versucht, die Gemeinden, also die gewählten Stadträte und Bürgermeister, als Partner der kirchlichen Neugestaltung zu gewinnen. Das ist aber im sächsischen Bereich letztlich nicht gelungen; überall sah sich Luther schließlich, aufgrund der gegebenen Machtverteilung, über die Gemeinden hinweg auf die fürstliche Zentralgewalt verwiesen!

Dieser Stärke des Kurfürsten nach innen entsprach die kategorische Abschließung seines Territoriums nach außen, etwa im Falle der vom Kaiser 1521 über Luther verhängte Reichsacht. Friedrich der Weise hat schon seit 1518, als die Kurie die Auslieferung des Wittenberger Mönches nach Rom forderte, eine konsequente Lutherschutzpolitik betrieben. Er konnte das, weil er der älteste und angesehenste unter den Kurfürsten war. Er wollte das, nicht weil er mit Luthers Theorie einverstanden war, sondern weil er in Luther sein eigenstes Werk, nämlich die neugegründete Landesuniversität Wittenberg, zu schützen und zu fördern entschlossen war. Wenn man weiterhin in Betracht zieht, wie durch die Attraktivität Luthers und seiner Gesinnungsgenossen die Studentenzahl Wittenbergs ab 1517 von durchschnittlich etwa 200 auf das Fünf- und Sechsfache emporschnellte – mit unmittelbarem Gewinn für den Stadtsäckel und die kurfürstlichen Finanzen –, rundet sich das Bild.

III

Aus dem weiteren Umkreis sozialer und ökonomischer Krisenelemente seien für den vorliegenden Zusammenhang zwei besonders wichtige Komplexe ausgewählt: Adel und Kirche einerseits, und andererseits die dynamische und konfliktträchtige Situation in den Städten.

Für die soziale Stellung des Adels war sein Verhältnis zur Kirche vor und während der Reformation von außerordentlicher Bedeutung. Nicht nur, daß die Kirche nach dem Adel den größten Anteil an Landbesitz hatte und also sein unmittelbarer Partner in allen Fragen der agrarischen Herrschaft war (und schließlich zum großen Teil sein Beuteobjekt in den Säkularisierungsvorgängen der Reformation). Die soziale und ökonomische Sicherung der Adelsfamilien durch den Eintritt von Söhnen und Töchtern in kirchliche Laufbahnen und Institute kann in ihrer beiderseitigen Bedeutung – für Adel und Kirche in Deutschland – kaum überschätzt werden. Viele Stifte, Domkapitel und auch Bischofssitze waren durch Statuten oder Gewohnheitsrecht dem Adel vorbehalten; zusammen mit den zahlreichen adeligen Frauenklöstern verwendete man hiefür ganz unbefangen die Bezeichnung „des Adels Spital". Mehr noch als in anderen europäischen Ländern war dies System in der besonderen politisch-rechtlichen Struktur des Reiches verankert: waren doch mit fast allen der hohen geistlichen Stellen, die der Adel besetzte, weltliche Herrschaftsrechte und damit die Tendenz zur Beibehaltung weltlicher Lebensformen verbunden – von der aus dem Frühmittelalter stehengebliebenen Einrichtung der geistlichen Reichsfürstentümer (Bischöfe, Erzbischöfe und Reichsprälaten) bis zu den ausgedehnten Besitzungen der geistlichen Ritterorden und den reichbepfründeten Stellen an den Domstiften. Um manche dieser Stellen gab es damals Besetzungskämpfe zwischen großbürgerlichen und adeligen Kandidaten; im Laufe des 16. Jahrhunderts konnte der Adel, soweit er katholisch blieb, im Zuge des gegenreformatorischen Abwehrkalküls seine pfründenrechtlichen Positionen fast überall verbessern. Diese breite Zone weltlich-kirchlicher Verstrickung wurde schon lange vor der Reformation die Zielscheibe innerkirchlicher Kritik und Reformbestrebungen. Der Gegensatz zwischen einer hochdotierten, oft weltlich lebenden Oberschicht des Klerus und einer schlecht bezahlten, meist ungebildeten niederen Geistlichkeit ging nicht allein auf Rechnung des Adels. In dieser Oberschicht finden wir auch Angehörige patrizisch-großbürgerlicher Familien, die in Sachen Weltlichkeit und Pfründenjagd mit adeligen Kanonikern wetteiferten. Aber die auf Ausschließlichkeit gerichtete Tendenz der Adelskirche stand doch provokant im Vordergrund.

Das damalige Bonmot, auch unser Herr Jesus Christus könne nicht Kanoniker am Stift St. Alban in Mainz werden, weil ihm die vorgeschriebene Zahl adeliger Vorfahren fehle, spricht für sich. Als 1486 Graf Friedrich von Hohenzollern, der mit dem Straßburger Reformkreis um Geiler v. Kaisersberg verbunden war, zum Bischof von Augsburg gewählt wurde, schrieb ihm Geiler beschwörend, er möge den Adeligen über dem Christen vergessen. Die Chancen hiefür waren unter den damaligen Bedingungen der deutschen Gesellschaft alles andere als günstig: Zollern trat sogleich in den Kampf um die Ausschließung Augsburger Bürgersöhne aus dem dortigen Domkapitel ein. Doch weder diese Kämpfe als solche noch der Augsburger Sieg des adeligen Domkapitels über die großbürgerliche Konkurrenz gehörten zu den gravierendsten Schattenseiten dieses Systems. Ganz allgemein war in einer Zeit mit verstärkten sozialen Konflikten und gesteigertem Reformbewußtsein die Spannung zwischen geistlichem Seelsorgs- und Bischofsideal und der Realität des adeligen Versorgungs- und Herrschaftsanspruches vorgegeben. Das System erwies sich auch im Falle wahrhafter Reformgesinnungen als überaus resistent. 1517 trug der neuernannte Augsburger Bischof Christoph von Stadion, ein edler Reformer und Freund des Erasmus, seiner ersten Diözesansynode eine anfeuernde Programmrede vor, in deren Mitte die Forderung nach der Humilitas, der Demut des Priesters nach Christi Vorbild, stand. Dies hinderte ihn offenbar nicht, die Versorgung seiner Verwandten mit kirchlichen Stellen im alten Stile erfolgreich zu betreiben.

Gegenüber dem Adel, dessen allgemeine Krise um 1500 offenbar ist, scheinen die Städte mit ihrem entwickelten Handel und Gewerbe, mit ihrem hohen Bildungsstand und ihrer bürgerlichen Rechtsgleichheit ein festes Element sozialgeschichtlichen Fortschritts zu bilden. Doch auch hier zeigen sich hinter der idyllischen Fassade von Fachwerk und Butzenscheiben starke und krisenhafte Gegensätze. Versuchen wir, ganz absehend von der unterschiedlichen Größenordnung und wirtschaftlichen Orientierung der Städte Deutschlands, eine idealtypische Übersicht, so treten auf allen Gebieten städtischen Lebens Kontraste auf; eine Beschreibung in Kontrastmodellen liegt nahe. Der Rechtsgleichheit des Bürgers steht eine zunehmende soziale und ökonomische Ungleichheit gegenüber. Die genossenschaftliche, durch Wahlrecht ausgezeichnete Struktur der Stadtverfassung tendiert zur Oligarchie und zur Ausbildung von Obrigkeit. Die Entwicklung von Technik und Gewerbe, das Wachstum von Reichtum und ökonomischer Herrschaft weit über die Stadtmauern hinaus kommt meist nicht der Stadt als ganzer zugute, sondern trennt und polarisiert. Die Stadt als Ort der progressiven Kultur, der Schule, des Buchdrucks ist das eine – das andere ist ihre untergeordnete Rolle im politischen und sozialen Gefüge des Reiches und der deutschen Gesellschaft. Moderne Regelungen in Steuerordnung und Polizeiwesen, Wasserversorgung und Bauwesen, medizinischer Betreuung und Seuchenvorsorge etc. sind vorbildliche Leistungen für das Gemeinwohl. Aber sie kommen schließlich nicht einem „allgemeinen" Bürgertum zugute, sondern werden von den Territorialstaaten kopiert und weitergeführt, zu Nutz und Frommen eines durchaus anderen, im fürstlichen Absolutismus gipfelnden Typus von Lebensregelung.

Die kirchlichen Lebensformen der Stadt stehen in einem Zwielicht.

Einerseits sind die Tendenzen zu einer innerstädtischen Autonomie in Kirchenfragen mit neuer Kompetenz von Laien auf Kosten der traditionellen Außensteuerung durch Bischof und Ordensobere unverkennbar. Auf der anderen Seite spiegeln sich im kirchlichen Bereich die innerstädtischen Sozialkonflikte, und das Potential städtischer Kirchenkritik sucht unterschiedliche Orientierungen. Die Außenbezüge der Stadt – seien sie wirtschaftlich, politisch oder kirchlich – bilden ihre schwächste Seite; darüber helfen die eindrucksvollsten Wehrbauten und die gefülltesten Zeughäuser nicht hinweg. Abhängig von ständig wechselnden Konstellationen im Nahbereich wie in der Großwetterlage des Reiches treten die Städte als überaus komplexe, spannungsreiche und empfindliche Organismen in eine neue Epoche der Geschichte ein, die ihnen Unendliches verdankt, aber zunächst das Ende ihrer Größe bedeutet.

IV

In einem letzten Abschnitt geht es darum, in religionssoziologischer Sicht einige Bereiche des kirchlichen Lebens, der kirchlichen Mißstände und der Kirchenkritik um 1500 zu betrachten.

Die christliche Einheitskultur des Mittelalters war schon vor dem Auftreten Luthers und Zwinglis in einem tiefen Wandlungsprozeß begriffen. Die weitreichenden Krisen des 14. und 15. Jahrhunderts (Schismen, Konzilsbewegung) waren zwar mit der Restauration des römischen Papsttums äußerlich im Sinne einer Wiederherstellung der organisatorischen Kircheneinheit überwunden. Eigentliche Ketzerbewegungen, wie zuletzt der Hussitismus, zeigten sich um 1500 nicht mehr; an der Oberfläche schien Ruhe eingekehrt. Die Fülle der Reformansätze in den Orden und in der Seelsorge, in der älteren Bewegung der „Devotio moderna" und in den neuen humanistischen Strömungen der „Eruditio Christiana" waren im allgemeinen kirchenkonform und suchten evolutionäre Wege der Erneuerung. Auch wenn die staatlichen Gewalten, einschließlich der städtischen Obrigkeiten, ihren Wirkungskreis weiter und weiter in die kirchlichen Bereiche ausdehnten, geschah dies meist nicht in den riskanten Formen von Prinzipienkämpfen, sondern eher in der komplizenhaften Weise von Do-ut-des-Geschäften.

Wie ist dann aber, angesichts einer so routinemäßigen, nur durch gelegentliche Machtverteilungskämpfe und Reformspannungen gekräuselten kirchlichen Gesamtlage, der jähe Umbruch ab 1517 zu erklären? Wo ist das Konfliktpotential zu fassen, das gewaltig genug war, diese welterschütternden Kämpfe in Deutschland und Europa auszulösen? Damit treffen wir auf die Frage nach den religiös-kirchlichen Zuständen am Vorabend der Reformation, nach ihrer Bewertung und nach dem Grad der Determiniertheit alles weiteren, was von daher weit über den religiösen Umkreis hinaus in Bewegung geriet. Diese Fragen wurden lange vorwiegend in gegenwartsbezogener Optik gesehen. Anhänger der Reformationskirchen – und auch nicht mehr christliche „Parteigänger" der mit der Reformation einsetzenden Wege zur Moderne – betonten die Mißstände und auch die Determination des folgenden; Katholiken verwiesen auf die hellen Seiten der Zustände vor der Reformation und auf den nachfolgenden Verfall. Die Forschung hat sich heute im Detail weitgehend verständigt: vieles lag im argen, die Dinge drängten auf Änderung. Damit werden aber die eigentlichen, großen Fragen manchmal eher verdeckt als präzisiert. Auch wenn sichere Antworten nur stückweise möglich sind und vermutenden Thesen ein weiter Spielraum bleibt, muß doch immer neu die Legitimität der großen Geschichtsfragen betont werden. Sie richten sich im kirchlichen Umkreis der Vorreformation nicht nur auf die Mißstände als solche und auf ihre angemessene Beschreibung, sondern weiterhin auf die Zusammenhänge: Welche besonderen Disfuktionen lösen mit welchem erkennbaren Grade von Konsequenz diese oder jene Folgeprozesse aus? Direkter oder konkreter gefragt: Wieso beginnt der weltweit wirkende Vorgang der Reformation gerade in Deutschland, gerade damals in Deutschland, gerade in dieser Ecke, in dieser Konstellation deutscher Dinge?

Der Blick auf das 14. und 15. Jahrhundert, zuletzt auch auf die soziokulturelle Lage in Deutschand um 1500 und auf den christlichen Reformismus vieler Humanisten zeigt, wie schon vor dem Auftreten Luthers und Zwinglis eine tiefreichende Umgestaltung jener überkommenen weltlich-christlichen Symbiose im Gang war, die viele Jahrhunderte hindurch die europäische Kultur und Gesellschaft gekennzeichnet hatte. Es ist müßig zu fragen, wie sonst diese Umgestaltung ausgegangen wäre, wenn sie – im Sinne der traditionellen kirchlichen Einheit – evolutionär geblieben und nicht in revolutionäre Konflikte gemündet wäre. Festzuhalten bleibt, daß nicht nur im kulturellen und religiösen Leben des vorreformatorischen Europa Kräfte am Werk waren, die so oder so zu neuen Ufern strebten.

Der Rahmen der folgenden Ereignisse scheint vor allem von zwei Tatbeständen bestimmt: Zum ersten beginnt sich das besondere Entwicklungspotential Europas, das natürlich auch weitreichende sozioökonomische Komponenten hat, im 15. Jahrhundert am spürbarsten im kirchlich-kulturellen Umkreis zu artikulieren (bei zunächst konfliktarmer Oberfläche, wie oben betont wurde). Zum zweiten kommt die Sonderrolle Deutschlands innerhalb dieses Sonderweges Europas in Betracht; in aller Kürze könnte man sagen, daß die mit der nachmittelalterlichen Evolution Europas verbundenen internen Spannungen, Ungleichzeitigkeiten und Widersprüche in der deutschen Gesellschaft nach 1500 ein Maximum gegenüber anderen Nationalgesellschaften des Westens erreichten. Dazu kam die relative Größe, Bewußtheit und damit Resonanzfähigkeit dieser deutschen Nationalgesellschaft und der tief in ihrer Geschichte begründete Sondercharakter des Bezugs zum Papsttum: Reich und Papsttum hingen aneinander; die Universalität des „Kaiservolkes" der Deutschen war an die kirchliche Universalität des römischen Stuhles gebunden, im guten und im schlechten. Von diesen hochbrisanten Rahmenbezügen des kirchlichen Konfliktpotentials in Deutschland ist für die folgende summarische Übersicht auszugehen. Sie sind zu ergänzen durch weitere Hinweise zur vorsichtigen Einordnung des Faktenmaterials im Bereich der kirchlichen Mißstände und Reformversuche. Auszugehen ist von der Charakteristik einer Gesellschaft, die zwar das jahrhundertelange Bildungsmonopol der Kleriker durch die spätmittelalterliche Laienschriftlichkeit schon teilweise überwunden hatte, aber nach wie vor im Rahmen eines christlich normierten und theologisch ausgelegten Weltverständnisses lebte. Wie tief das europäische, das deutsche Leben an der Schwelle vom Mittelalter zur Neuzeit allerdings vom Christentum geprägt und gestaltet war, gilt heute als umstritten. Gewiß ist aber, daß alle Phänomene im Bereich von Kultur und Religion vor diesem Hintergrund zu sehen sind: fraglose programmatische Geltung der christlichen Einheits-Kultur, fragliche Tiefe und Bestimmtheit der christlichen Prägung und Motivation des Lebens.

Aufs engste verbunden mit dieser Situation von Leben und Bewußtsein ist die Frage nach der Legitimität von Veränderungsdiskussion und Veränderung in einer solchen christlichen Einheitskultur. Es kann nicht nachdrücklich genug betont werden, daß es diese Legitimität gab, gerade weil das Christentum damals eine seit einem Jahrtausend herrschende Religion war. Die Entstellungen der Religion, die eine so lang dauernde Herrschaft mit sich bringt, galten das ganze Mittelalter hindurch und nun erst recht vom humanistischen Reformismus her als Herausforderung zur Reinigung und Reform der Kirche. Diese Legitimität der Diskussion und der bewußten Bemühung, den „Schmutz der Kirche" zu beseitigen, das „Wachstum der Frömmigkeit" und den „Fortschritt der Kirche" zu fördern, stand außer jedem Zweifel. Eine solche Artikulationsform bewußten Veränderungswillens war auch deshalb wichtig und folgenreich, weil sie natürlich auf Schritt und Tritt in außertheologische, gesellschaftliche Konsequenzen führte, auch wenn dies nicht im theologischen Programm stand. Die ständige Dialektik in der Kirche – entstellende Entfernung von den Ursprüngen und Impuls zur Reform und Rückkehr – wurde deshalb von höchster Bedeutung auch für das „profane" Schicksal einer Gesellschaft, die so tief von der Kirche geprägt war. In einem Zeitalter christlicher Einheitskultur mußte jedes Ringen um Reform der Kirche, ob man wollte oder nicht, unmittelbar die Gesellschaft als Ganzes betreffen. Kirchliche Mißstände und soziale Konfliktstoffe waren engstens verbunden.

Wenn also Änderung legitim war, so fragte es sich doch jeweils, welche Änderung unbefriedigender kirchlicher Zustände erwünscht und möglich war und dann auch verwirklicht wurde und mit welchen Mitteln und Kosten (im weitesten Sinne) dies geschah. Was die Analyse der Verhältnisse unmittelbar vor der Reformation angeht, so ist es schwierig, die objektiven und subjektiven Aspekte zu unterscheiden und jeweils richtig einzuschätzen. Der Begriff „Mißstände" ist ja vieldeutig. Man konnte – als damaliger Zeitgenosse – von dem radikalen Maßstab der Botschaft Jesu und der Urkirche ausgehen. Man hat aber andererseits auch den pragmatischen Gesichtspunkt vertreten, das kirchliche System müsse eben unter den gegebenen Bedingungen funktionieren – was auf eine reformwidrige Status-quo-Politik hinauslaufen konnte. Manche kritisierte Zustände hatte es schon lange zuvor gegeben, es war nur jetzt die Sensibilität gewachsen. Im ganzen kann wohl von einem Syndrom krisenhafter Erscheinungen gesprochen werden, das zunächst langsam wuchs, aber im letzten Jahrzehnt vor der Reformation rasch anschwoll.

Das römisch-deutsche Reich war mit der römischen Kurie nicht nur durch die Erinnerung an die Papst-Kaiser-Geschichte des hohen Mittelalters, sondern durch dauernd gültige Verfassungsbande so eng wie kein anderes damaliges Staatswesen liiert. Nur der Papst konnte durch seine Krönung dem Oberhaupt des Reiches die Kaiserwürde verleihen. Auch auf das Kurfürstenkollegium erstreckten sich Rechtsansprüche der Kurie, ganz zu schweigen von der Fülle kirchenrechtlicher Kompetenzen gegenüber der deutschen Kirche, die weit weniger als etwa Frankreich oder Spanien gegen kuriale Eingriffe und fiskalische Ausbeutung abgeschirmt war. Der enge Zusammenhang von Reichs- und Kirchenreform war in der Zeit der Konzilsbewegung stets gegenwärtig gewesen. Nun hatte sich gewissermaßen ein Auseinanderbrechen dieser Reformgemeinsamkeit ergeben. Das restaurierte Papsttum war nach der Konzilszeit die Reform der Kirche „an Haupt und Gliedern" schuldig geblieben, die Reichsreform jedoch wurde zum bestimmenden Inhalt der Jahre um 1500. Daß das neu erstarkte Papsttum die auf den Konzilien geforderte Reform nicht leistete, hatte mehrfache Gründe, die hier vor allem mit dem Blick auf die deutschen Dinge zu analysieren sind. Es genügt nicht, in einer schlicht moralisierenden Weise die „Verweltlichung" des damaligen Papsttums festzustellen. Vielmehr waren die Faktoren, die in der römichen Zentrale der lateinischen Kirche „eine innere Schwerpunktverlagerung auf die weltlich-politische Seite" (W. Reinhard) bewirkten, tief in der politischen, kulturellen und sozioökonomischen Entwicklung Europas begründet. Sozial- und finanzgeschichtlich ist in jüngster Zeit von der Forschung dargelegt worden, wie vor allem seit Sixtus IV. (1471–1484) die administrative und fiskalische Modernisierung der Kurie einerseits zu einem nepotistischen Klientelsystem mit hohem Finanzbedarf und andererseits zu einem immer stärkeren Anziehen der kurialen „Steuerschraube" führte. Innerhalb dieses allgemeinen Ausbaus des Fiskalsystems scheint der prozentuale Anteil der Zahlungen aus Deutschland nach Rom im Laufe der Zeit gestiegen zu sein. Man hat den Anteil Deutschlands an den aus der gesamtkirchlichen Stellung des Papstes erwachsenen Einnahmen der Apostolischen Kammer für die Mitte des 14. Jahrhunderts auf etwa 5,5 Prozent, für 1516/17 auf etwa 16 Prozent berechnet.

In diesen Zahlen stecken auch gewichtige qualitative Vorgänge. Mit der Erstarkung der staatlichen Gewalten und ihrer fiskalischen Apparate ergab sich vielerorts eine Art von Konkurrenzkampf zwischen Staat und Kirche bzw. römischer Kurie um die Abschöpfung und Aufteilung des regionalen Steueraufkommens (im weitesten Sinn); der einigermaßen sichtbaren Funktionalität der staatlichen Ordnungsaufgaben stand die zunehmende Kritik an Verwendung und Sinn der nach Rom fließenden Gelder gegenüber. Denn als weiteres, neues Element begegnet an der Kurie seit dem 15. Jahrhundert das Überhandnehmen der Prunk- und Prestigeideologie der Renaissancekultur. Kein Zweifel, daß es hier oft, nicht immer, um edle Kunst- und Kulturzwecke ging. Man denke etwa an das großartige Neubauprogramm für St. Peter, das dann unter Leo X. zu jenem denkwürdigen Ablaß führte, gegen den Luther sich erhob. Aber die Fragwürdigkeit dieser Entwicklung wird nicht nur in den Fakten selbst, sondern auch in den sie begleitenden papsttheologischen Rechtfertigungsversuchen deutlich. Schon Nikolaus V. hatte im Sinne solcher Baurechtfertigung die Würde des Papsttums ins Spiel gebracht: „Soviele und so große Gebäude zu errichten haben wir uns vorgenommen nicht aus Ehrgeiz, Ruhmsucht oder zum längeren Gedenken an unseren Namen, sondern zur Hebung der Autorität der römischen Kirche und zur Steigerung der Würde des Apostolischen Stuhles bei allen christlichen Völkern."

Ein drittes Faktorenbündel von Verweltlichung und Mißbrauch war mit der immer stärkeren Einbeziehung des Papsttums als Macht unter Mächten in die Kämpfe um Italien und die europäische Suprematie verbunden, die seit 1494 ununterbrochen anhielten. In diesen Bereich neuer „Systemzwänge" – wenn man den leicht mißverständlichen Ausdruck verwenden will – trat die Kurie zunächst gewiß nicht aus eigenem Entschluß. Die Überzeugungen, die hier schließlich vorwalteten, faßte der Florentiner Guicciardini in einem Vortrag vor Clemens VII. schlagwortartig zusammen: „Non potete conservare la autorità del papa, se non conservate quella del principe." Außerordentlich verschärfend trat in diesem Zusammenhang als zusätzliches Konfliktmoment die politische Gegnerschaft Roms gegen das deutsche Kaisertum und die politische Einflußnahme des Reiches in Italien auf; dies galt in verstärktem Maße, seitdem in der Hand Habsburgs (seit 1515) die Kaiserkrone mit Neapel und Sizilien verbunden war. Das Argument vergröberte sich dann in der Hitze des Wahlkampfes von 1519, wo der Papst mit aller Kraft gegen den Habsburger Karl und für den französischen König eintrat. Damals fiel als römische Wahlkampfparole das Wort von der „naturgegebenen und ausdrücklichen Feindschaft zur *Kirche*, welche den deutschen Kaisern eigen ist".

Die unterschiedlichen Formen und Stufen der Romkritik und des „antirömischen Affekts", wie sie sich in Deutschland bis zu Luthers Auftreten herausgebildet hatten, können hier nicht im einzelnen verfolgt werden. Es handelt sich um eine weite Palette von Klagen und Vorwürfen, die zum großen Teil in den sogenannten „Beschwerden der deutschen Nation gegen den Apostolischen Stuhl" zusammengefaßt und auf den Reichstagen behandelt wurden. Diese Gravamina richteten sich gegen die fiskalische Ausbeutung Deutschlands, gegen Profitgier und Käuflichkeit an der Kurie und Übergriffe bei der Pfründenvergebung. Es war eine lange Liste, aber doch kein „systemsprengender" Angriff. Schärfer wurden dann die Töne, als auch vom Humanismus her die Romkritik aufgegriffen wurde. Auf vielen Wegen vollzog sich offenbar nach 1500 eine Verschärfung der Kritik an Rom, die zugleich eine Kritik der innerdeutschen Partner Roms wurde. Man hat diesen Vorgang als „wachsende Enttäuschung" angesichts der „unmöglichen Reform" (Margolin) beschrieben. Auch im Falle dieser Verschärfung wirkten verschiedene Umstände und Erfahrungsprozesse zusammen. Gewiß hatte die zunehmende Kritik der Humanisten ihren Anteil daran. Die dem Erasmus zugeschriebene Spottschrift „Julius Exclusus" läßt Papst Julius II., der so stolz auf seine kriegerischen Erfolge gewesen war, am Himmelstor ausgeschlossen werden – so offen hatte sich die Satire bisher nicht vorgewagt. Auch der gescheiterte Konzilsversuch von Pisa (1511) und der enttäuschende Verlauf des 5. Laterankonzils sind zu erwähnen. Das Laterankonzil, der letzte vorreformatorische Reformversuch von päpstlicher Seite, tagte seit 1512 in Rom und wurde 1517 von Leo X. geschlossen, ohne daß die Chance wesentlicher Reformmaßnahmen ergriffen worden wäre. Wie sehr sich gerade in Deutschland in dem letzten Jahrzehnt vor Luthers Auftreten die Atmosphäre im Sinne einer allgemeinen Vertrauenskrise gegenüber Rom veränderte, läßt sich auch an dem Verhalten und der politischen Propaganda Kaiser Maximilians ablesen. Er benutzte seit 1510 die antipäpstliche Stimmung für seine politischen Zwecke. Im Frühjahr 1511 erließ er eine offizielle Kundgebung, die sich in schärfster Weise gegen die römische Kurie richtete und die kaiserliche Reformkompetenz als Vogt der Kirche ebenso ins Feld führte wie die besondere

Pflicht der Deutschen: „So ist auch offenbar, daß in der Päpstlichen Gewalt und Regiment, so allen Christgläubigen gut Exempel und Beispiel vortragen sollte, merklich Unordnung gehalten, und der merkliche Schatz, so täglich an Geld, den mehreren Teil aus deutscher Nation an den päpstlichen Hof kommt, mehr zu Triumph und anderen weltlichen Sachen, denn zu Gottes Dienst oder Widerstand der Ungläubigen gebraucht und verschwendet wird."

Maximilian war zu sprunghaft und seine politisch-kirchlichen Interessen zu widersprüchlich, als daß er die Linie konsequent verfolgt hätte, sich an die Spitze der deutschen Romkritik und Reformforderungen zu stellen. Aber waren einmal solche kaiserlichen Kundgebungen erfolgt, so war in Deutschland vieles möglich geworden, und zuvor getrennte Ströme konnten sich nun in dem breiten Bett eines nationalen Konsenses gegen Rom verbinden – was immer diese antirömische Flut dann bedeuten würde.

MARTIN BRECHT

Rückgriff mit Zukunft – Das Neue im Denken Luthers und der Reformatoren

Der Reiz des vorgeschlagenen Themas liegt in der Nötigung, das Ereignis der Reformation in großen Perspektiven nach rückwärts und vorwärts zu überdenken. Es suggeriert dabei zunächst zwei Behauptungen: Die Reformation war wesentlich ein erneuter und energischer Rückbezug auf zentrale Inhalte des Christentums. Eben dies ermöglichte den neuen religiösen Aufbruch eines Teils der damaligen Kirche.

Die Erfahrung, daß entscheidende Innovationen, Reformen und Revolutionen in der Kirche im Rückbezug auf das Ursprüngliche bestehen und daß dies auch durchaus sachgemäß ist, läßt sich in der Kirchengeschichte immer wieder aufweisen. Eine mehr oder weniger profane Parallele dazu bildet die Renaissance mit dem Humanismus. Die Kirche versteht sich als durch den menschgewordenen Gottessohn Jesus von Nazareth gestiftete Nachfolgerin des alten israelitischen Gottesvolkes. Ihre Identität besteht in der Entsprechung zu Wort und Willen ihres Stifters. Zwar hat sich die Kirche durch die Jahrhunderte geschichtlich entwickelt, aber dabei erwies sich der Rückbezug auf die Ursprünge immer wieder als so etwas wie eine selbständige und kritische Instanz gegenüber dem Gewordenen. Die großen Ereignisse der Rückbesinnung konnten ihrerseits normgebend werden, wie sich z. B. an den Reformen des Mönchtums zeigen läßt. Wegen ihrer durchaus wörtlich zu nehmenden Radikalität wurde die Reformation über eine Reform hinaus zur Revolution in der abendländischen Kirche, die deren Spaltung bewirkte. Welche Zukunft die Reformationskirchen nach Jahrhunderten noch haben und welche Möglichkeiten einer Überwindung der Spaltung der einen Kirche bestehen, wird nicht zuletzt einmal mehr auch zu beantworten sein im Hinblick auf die Entsprechung zum Ursprünglichen.

1. Der Rückgriff auf die Bibel

Luther wuchs auf in der bunten und reich entwickelten Frömmigkeit des Spätmittelalters, dessen formale Struktur sich am besten ablesen läßt an der Vielfalt der Formen und Linien spätmittelalterlicher Altäre oder Maßwerke. Nicht von ungefähr tut man sich dabei gelegentlich schwer, die konstruktiven und tragenden Elemente zu erkennen. Wie in der Kunst kündigte sich schon vor der Reformation in den Bewegungen der devotio moderna und des Humanismus an, daß hier eine notwendige Vereinfachung anstand. Noch aber beherrschte das Alte das Feld. Die Theologie, die Luther kennenlernte, bezeichnete sich zwar stolz als via moderna und tat sich auf ihren nüchternen, erfahrungsbezogenen Scharfsinn einiges zugute. Neben ihr hatte aber schon wieder die via antiqua einen guten Namen. Beide Richtungen gehörten zur Scholastik, die ihre Aufgabe gerade darin sah, die Fülle biblischer, patristischer und jüngerer theologischer Autoritäten und ferner das Kirchenrecht und die Philosophie in Einklang zu bringen. Der dazu nötige gelehrte Apparat mußte die Theologie schwerfällig machen. Die Kirche selbst steckte nachgerade in einer Zwangsjacke rechtlicher und bürokratischer Bestimmungen und Ansprüche, die je für sich begründet und sinnvoll waren oder erscheinen mochten, aber zugleich auch eine problematische institutionelle Eigengesetzlichkeit entfaltet hatten. Ansätze, sich dem theoretischen oder institutionellen System zu entziehen, waren nicht ganz neu. Sie finden sich im Menschenbild der Renaissance, in den aufgekommenen kirchlichen Spaltungen und in der Emanzipierung der Institution des frühmodernen Staates von der Kirche. Der junge Mönch Luther dürfte wenig davon gewußt haben. Er hatte sich zunächst den vorhandenen Systemen der Kirche, Theologie und Frömmigkeit gehorsam integriert, in der Erwartung, auf diesem Wege nicht weniger als das Heil zu erlangen.

In seinem tiefen religiösen Ernst wurde der Mönch auf Probleme aufmerksam, die sich innerhalb der bestehenden Systeme nicht bewältigen ließen. Gegen erhobene Einwände bleibe ich dabei, daß dabei die Erfahrung des Scheiterns hinsichtlich der Verwirklichung einer vollkommenen christlichen, monastischen und priesterlichen Existenz den eigentlichen Konfliktstoff und sein Potential bildeten. Es kann aber zugestanden werden, daß dies in einer bestimmten Phase um 1515/16 als das Problem der vollkommenen Gottesliebe artikuliert wurde. Bekanntlich gab sich Luther weder mit billigen Lösungen zufrieden noch stürzte er in die drohende Verzweiflung möglichen Verworfenseins ab, sondern fand eine Zwischenlösung, wie sie uns in seinen frühen Vorlesungen begegnet in dem demütigen Eingeständnis der eigenen Sünde, das dem himmlichen Richter recht gab und sein Urteil vorwegnahm. Damit war bereits der pädagogische Mittelweg des Mönchtums zwischen überheblicher Sicherheit und Verzweiflung modifiziert, was aber sich zunächst nicht nach außen auswirkte.

Anders stand es mit einer Grundvoraussetzung damaliger Theologie, daß dem sich bemühenden Menschen der Beistand der Gnade nicht verweigert werden würde. Luther bestritt die Leistungsfähigkeit des Menschen zum Heil prinzipiell und erschütterte damit zumindest das nominalistische theologische Modell insgesamt, denn seine Kritik mußte Konsequenzen für das ganze System und nahezu alle Kapitel der Theologie haben. Noch ehe Luther seine eigene endgültige Lösung des

Problems gefunden hatte, war der Konflikt mit der Scholastik, wie er in den Disputationen seit 1516 offengelegt wird, unausweichlich. Luther befand sich damit im Gegensatz zur herrschenden Theologie und ihrem Verständnis der Tradition.

Nicht von ungefähr suchte er damals seinerseits Bestätigung in der kirchlichen Tradition. Er reklamierte, vielleicht bestärkt durch Überlieferungen seines Ordens, die antipelagianischen Schriften Augustins für seine Auffassung und berief sich außerdem auf bestimmte Vorstellungen der deutschen Mystik über die Anfechtung der Christen und die notwendige Passivität des Menschen im Heilsprozeß. Dieser Rückgriff war eklektischer Natur, wobei zudem die Quellen oft im Sinne des Benutzers gedeutet wurden. Bezeichnenderweise konnten z. B. von der mystischen Basis aus später ehemalige Anhänger Luthers, wie Müntzer, die Spiritualisten und vielleicht auch Johann Agricola, andere und radikalere Konsequenzen ziehen als der Reformator selbst.

Aber Luther hatte nicht lediglich von einer theologischen Tradition auf eine andere zurückgegriffen: dieser Vorgang war bei ihm eher subsidiär. Selbst den damals sonst generell hoch angesehenen Kirchenvätern gestand er von Anfang an nur abgeleitete hinterfragbare Autorität zu. Denn eigentlich verdankte Luther seinen kritischen Ansatz und seine Innovationen der Bibel selbst. Dabei ist wichtig zu erkennen, daß Luthers Verhältnis zur Bibel nicht nur wissenschaftlich-theologischer, sondern zugleich christlich-persönlich-existentieller Art war. Beides zusammen bildete eine Einheit, einen Zirkel, und das eine wirkte auf das andere ein. Mit seinem wahrscheinlich schon vor dem Eintritt ins Kloster aufgekommenen und dann intensiv gepflegten Interesse an der Bibel ist Luther ein ursprüngliches Phänomen in der Kirchengeschichte. Beim Gebet der Psalmen und der Meditation einzelner Schriftworte entstanden seine Fragen, kam es zu seinen Anfechtungen und stieß er auf neue Antworten und Einsichten. Es war ein Glücksfall, daß Luthers Ordensoberer Johann von Staupitz selbst an einer biblischen Theologie interessiert war. Bewußt bestimmte er unter seinen Schülern im Orden gerade Luther zu seinem Nachfolger in der Wittenberger Bibelprofessur. Nach Luthers Verständnis wichen die Scholastiker von der Norm paulinischer Theologie ab, ein Vorwurf, den er übrigens auch schon früh gegen Erasmus erhob.

Der Augenblick zum direkten Rückgriff auf die Bibel war günstig. Die Methode der Schriftauslegung war in Bewegung geraten. Humanisten wie Reuchlin, Faber Stapulensis, Erasmus und Lorenzo Valla boten neue philologische Hilfsmittel zur Erfassung des Urtextes an. Die herkömmliche Auslegung nach dem vierfachen Schriftsinn wurde bereits ersetzt durch textgemäßere patristische Kategorien. Luther wurde wohl schon in Erfurt von der neuen Bibelphilologie berührt. In seiner ersten Vorlesung bediente er sich eklektisch der hergebrachten und der neuen hermeneutischen Instrumente. Entgegen anderen Auffassungen kann man seine exegetischen Anfänge aber nicht einfach vom Bibelhumanismus her erklären, den er seinerseits als Exeget auch alsbald überholte. Luthers Interesse an der christologischen und existentiellen Bedeutung des Bibeltextes war tiefer theologisch verwurzelt.

Dennoch vollzog sich die erste von ihm eingeleitete Reform, nämlich die des Wittenberger Universitäts- und des Theologiestudiums, in enger Verbindung mit dem Humanismus und seiner Philologie. Das Studium der alten Sprachen und Autoren und vor allem der Bibel ersetzte das scholastische Curriculum. Wittenberg und die späteren protestantischen Universitäten gewannen hier einen methodischen Vorsprung, der nicht nur Ansehen eintrug und das eigene Selbstbewußtsein stärkte, sondern dauerhaft den Charakter evangelischer Theologenausbildung bestimmte. Da das evangelische Pfarramt wesentlich als Verkündigungsauftrag verstanden wurde, war die auf der Universität erlernte Schriftauslegung dafür unerläßliche Voraussetzung. Der direkte Rückgriff auf die Bibel machte dabei den Verzicht auf den schwerfälligen Panzer der Tradition möglich, solange man sich nicht wieder in einer neuen (orthodoxen) Scholastik verschanzte. Formal gesehen wirkt sich Luthers Reform der akademischen Theologenausbildung bis in die Gegenwart aus, wobei sie freilich höchst unterschiedliche Phasen und auch Brüche von der Verbalinspiration bis zur religionsgeschichtlichen, existentialistischen oder materialistischen Schriftauslegung durchlaufen hat. Den tiefsten Graben bildet dabei, trotz mancher Beziehungen zu Luther selbst, die kritisch-historische Schriftauslegung, sofern sie die Theologie von der Bibel distanziert. Ihre niemals ohne weiteres sicher gegebene Zukunft dürfte Luthers Konzeption auch künftig nur da haben, wo es gelingt, die in der Bibel bezeugte ursprüngliche Wirklichkeit erneut zur Sprache zu bringen und aus ihr dann auch zu leben. Der Zustand der Theologie hat hier unmittelbare Auswirkungen für den Zustand der Kirche, wobei umgekehrt die Theologen vielfach auch geprägt sind durch den jeweiligen Zustand der Kirche.

Luthers Rückbezug auf die Bibel blieb dann nicht nur Sache der Schultheologie und kirchlichen Amtsträger. Mit seiner Bibelübersetzung, an die sich die volkssprachlichen Übertragungen in anderen Ländern anschlossen, gelang ihm eine neue Übermittlung an die Laien. Schon zu seinen Lebzeiten konnte sich selbst die katholische Gegenseite einem derartigen Unternehmen nicht mehr versagen, auch wenn es im katholischen Bereich nicht die gleichen Auswirkungen hatte. Luthers deutsche Bibel wurde durch die Übertragung selbst sowie die beigegebenen Vorreden und Glossen zum wichtigsten und nachhaltigsten Transporteur seiner Theologie. Trotz beachtlicher Auflagenzahlen handelte es sich bei der Verbreitung der Bibel um einen sehr lange anhaltenden Prozeß. Allgemeines Volksbuch wurde die Bibel erst durch die Bemühungen des Pietismus seit dem Anfang des 18. Jahrhunderts, als die Bibelgesellschaften ihre billige Herstellung und Verbreitung in die Hand nahmen. Die Frage nach der weiteren Zukunft von Luthers Beginnen ist wiederum freilich nur zu berechtigt. Die Einbrüche, die es gerade innerhalb der letzten Jahrzehnte in diesem Bereich erneut gegeben hat, sind immens. Wird dem nicht noch energischer Einhalt geboten, ist es um die Zukunft einer der wirksamsten Errungenschaften der Reformation schlecht bestellt. Gleichzeitig würde das auch unweigerlich ein Abdriften der Kirche von ihrem Zentrum bedeuten. In diesem Zusammenhang geht es nicht allein um den Umgang mit der Bibel, sondern auch um ihren Stellenwert in der Predigt und Unterweisung. Mit den nur zu üblichen Anleihen aus fremden Bereichen wird der christliche Glaube auf die Dauer nicht auskommen können. Zukunft hat er nur, wo er bei seiner Sache bleibt.

Luthers energischer Rückgriff auf die Bibel warf ferner in dem Augenblick das Normproblem auf, als er mit dem Leitungsamt der Kirche konfrontiert wurde. Gegen den kategorisch auf die päpstliche Lehr- und Jurisdiktionsautorität pochenden kurialen Hoftheologen Silvester Prierias bestand Luther auf der Überprüfbarkeit papaler Setzungen aufgrund der Schrift. Von Cajetan forderte er die biblische Begründung päpstlicher Entscheidungen. Für die Tatsache, daß eine solche weder für die Ablaßpraxis noch für die Verwerfung der in der Bannandrohungsbulle inkriminierten Sätze gegeben wurde, hatte er nur bitteren Spott und Verachtung. Wer mit Luther und seinen Anhängern künftig argumentieren wollte, mußte es aufgrund der Bibel tun. Bei der Leipziger Disputation 1519 tat sich Luther zwar nicht ganz leicht mit der Petrustradition des Neuen Testaments, konnte jedoch unschwer hinter den geschichtlichen Entstehungsprozeß des Papsttums zurückgreifen. Durch Johann Eck wurde er dann allerdings zu dem Eingeständnis gezwungen, daß nicht nur der Papst, sondern auch Konzilien irren können. Das bedeutete, daß Luther eine unbedingte irdische Autorität in der Kirche nicht mehr ohne weiteres anzuerkennen vermochte. Was eine schwere Niederlage für Luther zu sein schien, erwies sich zunächst als eines der Erfolgsrezepte der Reformation. Mittels der selbstevidenten Schrift setzte sich die Reformation bei fast allen der zahlreichen außeruniversitären Disputationen der folgenden Jahre durch. Unter den Anhängern der Reformation bestand zunächst einmal darüber Konsens, daß die Bibel die einzige objektive Norm in der Kirche war. Das gilt bis zu einem gewissen Grad selbst in die spiritualistischen Kreise hinein. Die offenkundige Problematik dieser Norm lag in ihrer unterschiedlichen Auslegbarkeit. Schon Anfang 1521 konnte Luther angesichts der möglichen Fehlbarkeit aller anderen Instanzen nur darauf hoffen, daß der Heilige Geist beim gemeinsamen Hören auf die Bibel den Konsens herstellen würde.

Dennoch war die pluralistische Aufsplitterung der Evangelischen, wie sie sich seit 1524 vor allem im Abendmahlsstreit abzeichnete, nahezu unausweichlich, auch wenn später im Verlauf der Konfessionsbildung einer endlosen Zerfaserung des Protestantismus Einhalt geboten wurde.

Luthers Rückgriff aus die biblische Norm allein brachte unmittelbar eine große Befreiung von viel kirchlicher Reglementierung mit sich, war aber offensichtlich auf die Dauer nicht problemlos. Die daneben gebliebene Alternative eines irdischen, unfehlbaren Lehramtes in der römisch-katholischen Kirche vermag die evangelische Seite nach wie vor schwerlich zu überzeugen, weil neben dessen imponierenden Kundgebungen die verbleibenden Aporien ebenso unübersehbar sind. Was sich vorstellen läßt, sind Annäherungen von beiden Seiten in Richtung auf die eine Wahrheit. Dazu bedarf es neben dem geduldigen und sachkundigen Verhandeln vor allem der Bereitschaft zum gemeinsamen Hören auf den in der Schrift bezeugten Herrn der Kirche. Immerhin hat die Reformation weithin an der Gemeinsamkeit der großen altkirchlichen Bekenntnisse festgehalten.

2. Der ausschließliche Rückgriff auf Gnade und Glauben

Luthers Hochschätzung der Bibel entsprang nicht einem formalen Interesse, sondern der Erfahrung der sich dort erschließenden Wirklichkeit Gottes. Die ersten neuen Lektionen, die er mit ihrer Hilfe erlernt hatte, waren die Unbedingtheit der göttlichen Forderung und das Ungenügen des Menschen ihr gegenüber. Dieses Scheitern konnte nur noch demütig eingestanden werden in der Hoffnung, daß der Richter dann dem in der Solidarität mit dem das Gericht erleidenden Christus befindlichen Menschen die Ungerechtigkeit nicht zurechnen würde. Aus dieser strengen Haltung ständiger demütiger Buße fand Luther dann durch die Entdeckung heraus, daß das Evangelium das Geschenk von Gottes eigener Gerechtigkeit dem Glaubenden zuspricht. Der qualitative Fortschritt über die bereits gewonnene Einsicht in die Unfähigkeit des Menschen, sein Heil zu wirken, bestand in der die ganze Theologie betreffenden Erkenntnis, daß Gott sich in Christus mit seinen Gaben dem Menschen bedingungslos barmherzig zugewandt hat und daß dies im Glauben lediglich anzunehmen ist. Seinen klassischen Ausdruck hat das in dem Bild des wunderlichen Gütertauschs zwischen dem Bräutigam Christus mit seiner Gerechtigkeit und der als „Hürlein“ bezeichneten Seele mit nichts als ihrer Sündhaftigkeit gefunden.

Ob es sich dabei um einen der in der Kirchengeschichte nicht allzu häufigen entschiedenen Rückgriffe auf die paulinische Rechtfertigungstheologie gehandelt hat oder ob es eine urkatholische Erkenntnis war, die in der Schriftauslegung der Kirche seit der Antike ständig vorhanden war, ist ein Streit um Worte. Faktisch und praktisch machte die Kirche zu Luthers Zeit jedenfalls kaum Gebrauch von dieser Erkenntnis. Wurde sie ernstgenommen, mußte sie, wie sich an Luther zeigte, zu erheblichen Konsequenzen in Theologie und Kirche führen. Insofern wird man durchaus von einem innovierenden Rückgriff bei Luther reden können. Nicht von ungefähr liegt hier eine der wesentlichsten Gemeinsamkeiten der Reformationskirchen. Zwischen Katholiken und Evangelischen ist allerdings teilweise strittig, welche Konsequenzen die Entdeckung der Glaubensgerechtigkeit mit sich brachte. Während die evangelische Seite Luthers reformatorisches Programm samt seiner Kritik an der Kirche und ihren Sakramenten als folgerichtige Entfaltung seiner Rechtfertigungslehre versteht, wird auf katholischer Seite, z. B. von E. Iserloh, versucht, seine Ekklesiologie und Kirchenkritik sozusagen moralisch aus einer lieblosen polemischen Haltung gegenüber der damaligen Kirche zu erklären. Das macht es dann freilich schwer, den Zusammenhang von Luthers Theologie überhaupt noch zu verstehen. Die wundervolle Behauptung von der Freiheit des Christenmenschen ist zugleich eine Kritik gegenüber jeglicher unangemessenen kirchlichen Reglementierung. Das betraf damals weite Partien des Kirchenrechts, die damit obsolet wurden. Ebenso einschneidend waren die Auswirkungen auf das Verständnis des kirchlichen Amts. Die Vergebung hing nicht mehr von einer festzustellenden genügsamen Reue oder dem vollständigen Sündenbekenntnis oder den auferlegten satisfaktorischen Leistungen ab, sondern von dem gewiß zu glaubenden Absolutionswort Christi, das der Priester übermittelte. Das bedeutete keineswegs eine Negierung des kirchlichen Amtes, an dem Luther vielmehr immer festhielt, aber dieses Amt konnte nichts anderes als Dienst (ministerium) an den Mitchristen sein und keine Herrschaft über sie konstituieren. Bis in die bildende Kunst der Reformation hinein wird es sichtbar, daß der Glaubende unmittelbar zu Christus und seinem Heil ist. Das bedeutete eine Limitierung der Amtskirche gegenüber dem Glaubenden, und aus diesem Grund sprach Cajetan in Augsburg mit Blick auf die Glaubensgewißheit vom Aufrichten einer neuen Kirche. Umgekehrt lehnte Luther alsbald aufgrund des Priestertums aller Getauften einen über die Berufung zum Dienstamt hinausgehenden besonderen priesterlichen Stand ab, der sich so auch im Neuen Testament nicht nachweisen ließ.

Rechtfertigung und Vergebung waren für Luther an sich mehr als Bewältigung des individuellen Sündenelends. Christi Tod und Auferstehung bedeuteten die gewisse Überwindung von Sünde, Tod, Teufel und Hölle und damit Leben und Seligkeit. Den Inhalt des Evangeliums bildet darum nicht irgendeine Mitteilung von der Freundlichkeit Gottes, sondern das Zeugnis von Christi Menschwerdung, Wort, Tat, Leiden, Tod, Auferstehung und Himmelfahrt. Entsprechend ist das Bekenntnis des Glaubens in seiner Mitte, Bekenntnis dessen, was Christus für den Glaubenden getan hat. Luthers Christologie ist mehr als bloßer Rückgriff auf das altkirchliche Bekenntnis, es ist eine sehr lebendige persönliche Aneignung, die immer wieder sämtliche Grenzen der altkirchlichen Formulierungen überschreitet. Die Trinität kann in der zweiten Person aufgehen: die Person dessen, der wahrer Mensch und wahrer Gott ist, partizipiert an allen Eigenschaften Gottes; zugleich geht Gott selbst in Christus in Endlichkeit und Leiden ein. Der Realismus von Luthers Christologie steht dem der Alten Kirche in nichts nach. Durch Christus ist das Gefängnis dieser in ihre Gesetze eingekerkerten Welt aufgebrochen und damit die Zukunft eröffnet. Hierin besteht eigentlich das rettende Potential von Luthers Glauben und Theologie. Gewiß beten und getrost sterben kann man nur im Blick auf den todesüberwindenden Christus. Wer das aufgeklärt, skeptisch oder entmythologisierend beiseiteschieben will, tastet für Luther das Zentrum der christlichen Hoffnung an.

Das Evangelium meint die von außen, jenseits unserer Möglichkeiten sich ereignende Rettungstat. Es ist darum scharf zu unterscheiden von der an den Menschen ergehenden Forderung des Gesetzes, an der er nur immer erneut sein Scheitern, seine Ohnmacht und Angewiesenheit auf Christus erkennen kann. Diese aus der paulinischen Theologie und der Kritik Jesu an der jüdischen Frömmigkeit übernommene Unterscheidung von Gesetz und Evangelium war trotz ihrer Stimmigkeit in der Praxis nie leicht zu vermitteln. Die konkrete Weisung für den Christenmenschen ließ sich von daher nur schwer entfalten. Nicht von ungefähr kam es zu den Ergänzungsversuchen, die eine eigene Gültigkeit des Gesetzes auch für die Gerechtfertigten behaupteten. Auf der einen Seite drohte die Kirche permanent in die Gesetzlichkeit zurückzufallen, auf der anderen sich im Antinomismus zu verlieren, der nichts mehr von der Schwere der Sünde wußte. Eigene Ansätze Luthers zu einer „Ordnung“ des christlichen Lebens wurden nicht weiter entfaltet.

Luthers Rechtfertigungslehre und evangelische Verkündigung war eigentlich zu jeder Zeit bedroht, und bei der wesenhaften Fremdartigkeit der Gnade gegenüber allem sonstigen welthaften Verhalten kann dies auch nicht verwundern. Wurde sie zunächst nur verengt und fragmentarisch weitergegeben, so konnte sie später zugunsten von Heiligung und Wiedergeburt halbiert oder im Namen der Moral auch preisgegeben werden. Immerhin kam sie auch immer wieder zu Gehör. Daß die Behauptung des lutherischen Weltbunds 1963, Luthers Frage nach dem gnädigen Gott sei nicht die des heutigen Menschen, wovon dann wohl auch Luthers Antwort erheblich betroffen gewesen wäre, inakzeptabel war, hat man glücklicherweise alsbald bemerkt. Unübersehbar stehen jedoch auch heute aktuelle theologische Aktionsprogramme oft höher im Kurs als die Rechtfertigungstheologie. Als Zentrum gegenwärtiger protestantischer Dogmatik ist sie meist nur schwer identifizierbar und offensichtlich noch schwerer zu vermitteln. Angesichts der am gegenwärtigen Ende des Aufklärungszeitalters sich abzeichnenden Tatsache, daß der Mensch sein Heil eben doch nicht beschaffen kann, es vielmehr aufs schwerste gefährdet, hat Luthers Rechtfertigungstheologie eigentlich nichts von ihrer Bedeutung verloren, sofern ihre Übersetzung in den heutigen Kontext gelingt. Dann vermag auch der moderne Hörer durchaus zu realisieren, daß von seiner Sache gesprochen wird. Der besorgten Prognose über Luthers Chancen heute wird man schließlich gelassen entgegenhalten können, daß das Evangelium nicht untergehen wird. Wer in seiner Beschäftigung mit Luther zu der Überzeugung gekommen ist, daß Luther davon Wesentliches erfaßt habe, wird sich in die Pflicht der Vermittlung genommen wissen.

3. *Die Sakramente*

Die durch Luther vorgenommene echte Reduktion in der Sakramentslehre ist unschwer an der Tatsache zu erkennen, daß er von den sieben Sakramenten nur noch die beiden von Jesus eingesetzten und das äußere Zeichen aufweisenden, nämlich Taufe und Abendmahl, gelten ließ. Das bedeutete keineswegs überall bloße Destruktion. Buße und Beichte mit Vergebung, denen das notwendige Zeichen fehlte, wurden der Taufe zugeordnet, ebenso die Priesterweihe. Die Ehe, Firmung und Letzte Ölung waren exegetisch nicht als Sakramente zu erweisen.

Worum es Luther bei den Sakramenten ging, läßt sich am besten am Abendmahl deutlich machen. Die Berechtigung seiner Forderungen nach der Volkssprachlichkeit der Feier und der einsetzungsgemäßen Austeilung von Brot und Wein sind heute kein grundsätzliches Problem mehr. Der ursprüngliche Gedanke, daß es sich im Abendmahl um die Teilhabe an Christus und allen Heiligen samt ihren Gütern und Leiden handle, der dem heute sehr beliebten Motive der Gemeinschaftsfeier nahekommt, wurde zwar später nicht aufgegeben, aber dem Gemeinschaftscharakter des Abendmahls wurde doch eine untergeordnete Stelle zugewiesen. Seit 1520 konzentrierte sich Luther aufgrund der Einsetzungsworte auf die Frucht des Leidens und Sterbens mitteilende Verheißung (promissio). Das Abendmahl wurde ganz und gar als barmherziges Handeln Gottes verstanden, das der Glaubende lediglich empfangen kann. Eine verdienstliche Mitwirkung des Menschen am Opfer Christi wurde entschieden abgelehnt, was einer Revolution hinsichtlich des Verständnisses und der Praxis des zentralen kirchlichen Sakraments gleichkam. Die katholische Behauptung, damit sei ein wesentliches Element der Eucharistie verlorengegangen, ist für die evangelische Seite schwer nachvollziehbar. Immerhin ist Luther der Gedanke des Selbstopfers im Zusammenhang mit dem allgemeinen Priestertum nicht fremd, und es ließe sich als Entsprechung zum Opfer Christi auch mit dem Abendmahl verbinden, sofern dieses dadurch nicht zur Feier der eigenen christlichen Leistung wird.

Eine Abendmahlproblematik bestand schon im 16. Jahrhundert. Die Vergegenwärtigung von Leib und Blut Christi war in manchen gebildeten und frommen Kreisen nur schwer vorstellbar, und man neigte deshalb zu unterschiedlichen spiritualisierenden Lösungen, wie sie später vor allem bei Zwingli und in einer vermittelnden Gestalt auch bei Bucer und Calvin begegnen. Hingegen hat Luther immer an der objektiven Gegenwart von Leib und Blut Christi festgehalten. Im Abendmahl erreichte die gesamte Heilsveranstaltung Christi geradezu erst ihr Ziel, nämlich den Empfänger, dem sie zugedacht war. Dagegen hielt Luther weder etwas vom Abendmahl als bloßer Passionsmeditation, in der sich der Glaube unter das Kreuz zu versetzen hatte, noch vom Aufschwung der gläubigen Seele in den Himmel, damit sie dort die himmlische Speise empfange. Der Empfang der Abendmahlsgaben durfte für den bedürftigen und angefochtenen Glauben nicht von dessen eigenen Qualitäten abhängig gemacht werden. Auch das war nichts anderes als eine Konsequenz der Rechtfertigungslehre.

Nicht zuletzt in ihrer Abendmahlspraxis dürfte die Kirche Luthers lange sein Erbe bewahrt haben. Soviel ich sehe, sind seine wesentlichen Aussagen auch in der Leuenberger Konkordie festgehalten, mit der eine Überwindung der innerprotestantischen Differenz gelang. Daß es in der gegenwärtigen Praxis dennoch allerhand unqualifizierten Wildwuchs gibt, ist nicht zu bestreiten und angesichts der vorhandenen Bekenntnisvergessenheit auch nicht verwunderlich. Erstaunlich ist hingegen die Tatsache, daß es heute katholische Eucharistiefeiern gibt, die man als evangelischer Christ eigentlich uneingeschränkt bejahen kann und das heißt mitfeiern könnte. Hier ist eine gemeinsame Zukunft Luthers und der katholischen Kirche vorstellbar. Das Haupthindernis dahin bildet die Auffassung vom kirchlichen Amt. Aber hier wird man nicht nachlassen dürfen mit der Frage, ob das Amt, das doch Dienstleistung für die Christen zu sein hat, in dieser Weise zur Schranke unter den Christen gemacht werden darf. Ist eine gegenseitige Anerkennung der Eucharistie entsprechend der der Taufe wirklich undenkbar?

4. Der unzeitgemäße Rückgriff in der Anthropologie

Die Theologie, aus der Luther herkam, hatte eine, wenn auch begrenzte, Leistungsfähigkeit des Menschen zum Guten angenommen. Luther hatte das aufgrund seiner Erfahrungen und seiner Einsichten in die biblische Anthropologie bestritten. Damit war bereits darüber entschieden, daß er sich auch gegen den Moralismus des Humanismus und dessen theologische Spielart eines einfachen Christentums der Nachfolge wenden mußte, und Luther war sich an diesem Punkt vom ersten Augenblick an seiner Differenz zu Erasmus bewußt. Strittig war die Entscheidungsfähigkeit des menschlichen Willens zum Heil, und in diese Problematik spielte auch die schwierige Frage der göttlichen Vorherbestimmung hinein. Erasmus wollte sie und die diesbezüglichen biblischen Aussagen als nicht sicher verstehbar ausklammern und sich auf die Möglichkeiten des Menschen zum Guten und eine entsprechend kultivierende Pädagogik konzentrieren. Für Luther konnte nur Gott und nicht der unsichere Mensch die Gewißheit des Heils garantieren; das bezeugte auch die Bibel eindeutig, und daran ließ er nicht rütteln. Dafür nahm er auch die rätselhafte Zulassung des Bösen durch Gott in Kauf. Bei der Auseinandersetzung ging es wohlgemerkt nicht um die Freiheit des menschlichen Willens überhaupt. Daß der Mensch im irdischen und mitmenschlichen Bereich entscheiden kann, darüber war man sich einig. Der Streit betraf lediglich die allerdings wesentliche menschliche Beteiligung an der Organisation des Heils und des Gottverhältnisses. Trotz der Kompliziertheit des Themas ging es auf beiden Seiten keineswegs um abstrakte Spekulationen, sondern um die tiefsten Wurzeln der Frömmigkeit.

Den modernen Ansatz hatte Erasmus für sich, und so schien der Streit zwischen ihm und Luther gegen Ende des 17. Jahrhunderts deutlich zu seinen Gunsten auszugehen. Das Gefühl und die Erfahrung des Menschen von seinen ständig wachsenden Möglichkeiten und dem Zunehmen der Humanität konnten dafür als Bestätigung genommen werden. Die unbewältigten Symptome, wie Entfremdung, Einsamkeit und Angst, wurden zunächst kaum wahrgenommen. Gegen die wachsende Erfahrung der Unabhängigkeit kam das alte Wissen, daß es Freiheit nur in Bindung und Gottesfurcht geben kann, einstweilen nicht mehr an. In dieser wesentlichen Frage der Anthropologie schien Luther keine Zukunft zu haben. Daß es zwingende Gründe geben könnte, den Streit nochmals zu eröffnen, haben einzelne Stimmen schon vor Jahrzehnten vermerkt. Das Bedürfnis nach letzter Geborgenheit ist elementar. Offenkundig ist der Mensch inzwischen die größte Gefahr für die Menschheit und die Welt geworden, und die Ratlosigkeit, wie er zu Maß und Grenze finden kann, ist nahezu total. Daraus auf eine kommende Konjunktur für Luther zu schließen, wäre wohl verwegen. Die Neigung zu der damit verbundenen fälligen umfassenden Revision dürfte gering sein. Das ist allerdings kein Grund, den Versuch einer Vermittlung der Vorstellungen Luthers an die Gegenwart zu unterlassen. Ob dies als Kritik, Tröstung und Hilfe etwas bewirkt, ist eine Frage, die erneut über das an sich nicht allzu wichtige Problem der Zukunft Luthers weit hinausgeht.

5. Verhältnis zum Mitmenschen und zur Welt

Zu den modernen Errungenschaften Luthers zählt man seine Aufwertung des profanen welthaften Handelns und Berufes. Nachdem die menschliche Leistung aus der Konstituierung des heilsbringenden Gottesverhältnisses herausgenommen war, konnten das Feld und das Gegenüber des christlichen Handelns nur noch der Mitmensch und die Welt sein. Ein beliebiges Sich-Ausleben oder ein blinder Gehorsam gegenüber den Eigengesetzlichkeiten der Aufgabenfelder, beides gängige Vorwürfe gegen Luther, waren damit von ihm freilich nicht gemeint. Das Handeln, das nunmehr wie der einstige besondere Gottesdienst der Religiösen als (göttlicher) Beruf verstanden wurde, ist Dienst für den Mitmenschen, und der Christ ist dabei Knecht und Untertan. Seine Freiheit hat er in der von Gott geschenkten Existenz. Dagegen ist die profane Sphäre eben nicht der Bereich der Emanzipation und Selbstverwirklichung. Das wirkt sich bekanntlich auf Luthers politische und gesellschaftliche Vorstellungen aus. Es bedeutet jedoch noch etwas anderes als Zeitverhaftetheit, die unwiderruflich vergangen ist, sosehr Luther hier hoffnungslos antiquiert erscheinen mag. Ihre wesentliche Wurzel hat die Vorstellung vom Handeln als Dienst in der Christologie. Genau wie Christus soll der Christ dem Mitmenschen dienen an dem Platz, an den er gestellt ist. In diesem Bereich konnte Luther jegliche Leistung anerkennen und sie auch fordern. Von hier aus konnte den unterschiedlich gestellten Gliedern der christlichen Gesellschaft Sinnstiftung angeboten werden.

Das Modell ist in einer Leistungsgesellschaft, in der der einzelne alles bis zu seinem Heil selbst herstellen und verwirklichen muß, so fremdartig wie nur möglich. Genau besehen stellt es nach wie vor eine umstürzende Alternative dar. Selbst von nur wenigen praktiziert, würde es helfen, die Defizite einer egoistischen Gesellschaft zu verringern. Es sollte nicht vergessen sein, wo man nach der notwendigen Umorientierung und neuem Sinngehalt fragt. Hier könnte ihm nämlich gerade heute fundamental-theoretischer Rang für Ethik und Diakonie zukommen.

Während der Christ von Luther bis in sein Finanzgebaren und seine Rechtsansprüche auf die Liebe festgelegt wird, hat er der politischen und gesellschaftlichen Ordnung einen wesentlich begrenzteren Rahmen gesetzt. Ihr Zweck ist es, Leben und Frieden in einer unvollkommenen Gesellschaft einigermaßen zu wahren, was immer nur relativ erreichbar ist. Der Staat ist gerufen, gegen Mißstände und Auswüchse in allen Bereichen einzuschreiten und tätig zu werden. Wiederum aus Liebe zum Mitmenschen bejaht der Christ den Staat und beteiligt sich an seinen Aufgaben. Den selbstsüchtigen Mißbrauch staatlicher Macht hat Luther immer kritisiert. Es war ihm gewiß, daß er nicht ungestraft bleiben würde. Ein Interesse für die Kontrolle des Staates durch seine Bürger findet sich bei ihm noch nicht. Er betonte lediglich die Verantwortung der christlichen Obrigkeit gegenüber Gott und die damit verbundene kritische Funktion des Verkündigungsamtes, was auch nicht ohne Einfluß blieb. Luther wollte kein Staatstheoretiker sein. Zu Rechtsfragen hat er nur ungern Stellung genommen. Seine gleichzeitige Anerkennung und nüchterne Begrenzung der Aufgaben und Möglichkeiten des Staates, der sich keinesfalls in die Beziehung des Menschen zu Gott einmischen darf, hat er dennoch selbst für einen der bedeutendsten Beiträge zur christlichen Staatslehre gehalten.

6. Rückgriff mit Zukunft

Man könnte Luthers Schriftprinzip als ein Prinzip des radikalen Rückgriffs bezeichnen, und von daher bezog seine Reformation zweifellos ihre erstaunliche Kraft. Die Neuentdeckung der Bibel hat es in der Geschichte der Kirche immer wieder gegeben. Das Epochale bei Luther war die Konzentration auf das Evangelium von Jesus Christus als Evangelium und nicht als Gesetz. Deshalb wurde die Rechtfertigungslehre bei ihm die organisierende Mitte der Theologie, und von da aus erfolgt der Neubau, in dem immerhin wesentliche Elemente der altkirchlichen Bekenntnisse und der augustinischen Theologie Berücksichtigung fanden. Der Rückgriff erfolgte seinerseits in einer bestimmten geschichtlichen Situation und ist darum in vielem auch zeitverhaftet und nicht unmittelbar oder unbegrenzt repristinierbar. Die Überprüfung an der Quelle der christlichen Offenbarung selbst ist ebenso eine unerläßliche Aufgabe wie die erneute Umsetzung und Vermittlung an die eigene Gegenwart. Dabei hat sich der Theologie und der Kirche – und nicht nur der evangelischen! – immer wieder auch bestätigt, daß der Reformator Wesentliches und Zentrales des christlichen Glaubens so ursprünglich erfaßt und so sprachgewaltig artikuliert hat wie nur wenige. Darum wird den nicht ganz wenigen Stimmen, die ihn zwar als großen Mann der Vergangenheit anerkennen, sich seinen gegenwärtigen Anspruch aber gerne vom Leib halten wollen, zu widersprechen sein. Daß Luther eine große Wirkung gehabt hat, dürfte unbestritten sein. Daß sein Erbe verformt, vergessen, aber auch bewahrt und wiederentdeckt wurde, lehrt die Kirchengeschichte gleichfalls. Die

Präsenz und Zukunft Luthers mühsam zu erweisen, wäre so als Selbstzweck eigentlich ein überflüssiges Unternehmen. Was sich bei den vorliegenden Überlegungen immer wieder herausgestellt hat, ist die Herausforderung und das Angebot, die in Luthers Theologie liegen. Beides ist gewichtiger und elementarer als das meiste der nach ihm entstandenen Theologie. Das heißt nicht, daß Luther das Ganze der Offenbarung entfaltet habe, von keinem der Lehrer der Kirche wird man das sagen können. Aber was hier hinzugebracht oder verändert werden mag, wird in Beziehung zu setzen sein zu dem, was ihm als die Mitte der Schrift galt. Wo auf der biblischen Basis und von ihrer Mitte aus Theologie getrieben und das Evangelium verkündet wird, braucht man um die Zukunft Luthers nicht bange zu sein.

ALFRED RADDATZ

Luthers reformatorisches Denken in Bildern seiner Zeit

Es ist schon merkwürdig, daß die erste große öffentliche Reaktion auf das Auftreten Luthers ein Bildersturm war, denn das Bild spielt in Luthers theologischen Anschauungen keine eigene Rolle. Wie kommt es dann zu einem Bildersturm? Nachdem Luther auf die Wartburg entschwunden war, nahm in Wittenberg Karlstadt die Dinge in die Hand und hat hier eine „Wittenberger Ordnung“ verfaßt, die auf sein Betreiben am 24. 1. 1522 auch erlassen wurde. In dieser Ordnung heißt es unter Punkt 13: „Item die Bild und altarien in der kirchen söllen auch abgethon werden, damit die abgötterey zu vermeyden, dann drey altaria on bild genug seind.“

Karlstadt wartete vergeblich, daß der Magistrat sich dieser ihm zugewiesenen Aufgabe unterzog. Daraufhin publizierte er am 28. 1. 22 seine Schrift „Von Abtuhung der Bilder“ und unterstrich das, was er darin dargelegt hatte, durch entsprechende Predigten. So kommt es in Wittenberg Ende Januar/Anfang Februar zu dem sattsam bekannten Bildersturm. Luther, der schon vorher heimlich von der Wartburg aus in Wittenberg gewesen war, hatte sich dort vom Fortgang seines Anliegens überzeugt und war mit der Entwicklung einverstanden, lobte sie sogar, obwohl er auch dieses und jenes Mißbilligende zu hören bekam. Aber er freute sich über den Fortschritt, hörte allerdings weiter, daß es dabei zu Zusammenstößen gekommen sei. So sah er sich denn doch um die Wende 1521/22 genötigt, von der Wartburg ein Schreiben ausgehen zu lassen, eine Mahnung, sich zu hüten vor Aufruhr und Empörung. Als er dann Anfang März nach Wittenberg zurückkehrt, stellt er durch seine berühmten Invocavit-Predigten all das wieder her, was unter Leitung Karlstadts reformiert worden war. Er erklärt, an und für sich sei dies alles in der Ordnung, aber es sei nicht auf die richtige Weise geschehen, nämlich mit Gewalt. Die Schwachen müßten geschützt werden; es hätte noch zwei oder drei Jahre evangelischer Predigt bedurft, erklärt er Spalatin gegenüber, dann vielleicht wäre die Zeit reif. So jedenfalls Luther im März 1522. Daß er sich später ganz anders äußern wird zu einer ähnlichen Frage, das müssen wir hier jetzt dahingestellt sein lassen.

Was hatte denn Karlstadt gegen die Bilder? Nach Exodus 20,4 waren ihm die Bilder verboten. Sie sind Götzendienst. Und so ist für Karlstadt der Bildersturm eigentlich das öffentliche Bekenntnis zur Reformation und die Ablehnung des katholischen Götzendienstes. Für Luthers retardierendes Verhalten mag es mehrere Gründe geben. Auf einen kann man wohl mit Sicherheit verweisen, sonderlich nach dem

Brief des Kurfürsten an Einsiedel vom 17. Februar: in Widerspruch zum Kurfürsten setzte sich Luther durch seine Haltung anscheinend nicht, denn der Kurfürst willigte – inzwischen war vom Nürnberger Reichsregiment am 20. 1. das Mandat gegen kirchliche Neuerungen erlassen worden – nicht in die Art, wie die kirchliche Umgestaltung vorgenommen worden war. Und als in Nürnberg weiter gegen Luther der Vorwurf erhoben wird, er leugne die beständige Jungfräulichkeit Mariens, wurde er von seiten der kurfürstlichen Regierung gebeten, zu diesem Vorwurf Stellung zu nehmen. Luther lehnt zunächst ab: „Es ist aber so ein arm barmhertzige lugen, das ich sye veracht, nicht wollte drauff anttwortten“, doch der Hof drängt und „Weyl ich aber umb anderer willen mus dyser lugen anttwortten“, so entsteht 1523 seine Schrift „Daß Jesus Christus ein geborner Jude sei“. –

Doch stand in Luthers Bibel nicht auch Exodus 20,4? Wie hielt es denn Luther damit? Luther versteht dieses zweite Gebot als Ergänzung der ersten: nicht die Bilder sind verboten, verboten ist ihre Anbetung. Die Bilder sind irrelevant. Alles hängt an ihrem richtigen oder falschen Gebrauch, das ist das Entscheidende. Und, erklärt Luther, das läßt sich nicht leugnen, man hat die Bilder falsch gebraucht. Aber was Karlstadt jetzt tut, ist weiter nichts als dasselbe mit umgekehrten Vorzeichen. Denn Karlstadt macht aus der Vernichtung der Bilder wiederum ein Gesetzeswerk. Er führt unter umgekehrten Vorzeichen in eine neue Gesetzlichkeit. – Nun kann man natürlich einwenden, daß ausgerechnet die Schrift Karlstadts „Von Abtuhung der Bilder“ mit einem Titelbild versehen ist (Berlin, Staatl. Museen, Stiftung Preuß. Kulturbesitz, Kunstbibliothek) (Abb.1). Aber einmal muß dazu gesagt werden, daß dasselbe Bild bereits vorher für mehrere Schriften Karlstadts verwandt worden war, und zum anderen zeigt es Abraham und Isaak auf dem Wege zur Opferung Isaaks. Die Opferung Isaaks aber ist ein Typos der Kreuzigung Christi. Doch darf es hierbei auch nicht übersehen werden, daß im Jahre 1520 – nachdem Luthers Schrift „De captivitate Babylonica . . .“ erschienen war – eine Predigt Luthers in Leipzig gedruckt wird mit der Darstellung einer Monstranz auf dem Titelblatt.

Luther lehnt die Bilder nicht ab, aber sie gehören zu den Dingen, die ein Christ nicht haben muß. Es kommt auf ihren rechten Gebrauch an, deshalb: kein Bild ohne Predigt. Das Bild kann nicht Ersatz der Predigt sein. Wenn, dann kann es nur die Predigt unterstützen, verdeutlichen, zur Aneignung des Gepredigten führen, Hilfe leisten, „zum ansehen, zum zeugnis, zum gedechtnis, zum zeychen“ dienen. Allein ist das Bild wertlos, kann es mißdeutet werden, und also gefährlich. Auf keinen Fall will Luther Stiftungen von Bildern, denn dahinter steht ihm der Gedanke der Werkgerechtigkeit. Deshalb sollen sich auch Bilder weniger in den Kirchen als vielmehr in den Häusern finden. Dort ist die

Gefahr der Anbetung und der Verehrung nicht in dem Maße gegeben wie etwa im gottesdienstlichen Raum. Unter diesem Aspekt kann Luther fast alle in der Kirche überkommenen Bilder gebrauchen. Einwände hat er höchstens gegen ein Bild Mariens, das sie als Himmelskönigin zeigt, gegen die Schutzmantelmadonna, die Fürbitterin, überhaupt das Bild des unbarmherzigen Richters Christus – nichts aber gegen Bilder der Heiligen, wenn sie sie darstellen eben als das zerbrechliche Gefäß, das Gott begnadet hat. Allerdings: Ein Altar in Lüneburg, der die Werke Christi zu denen des heiligen Franziskus in Parallele setzt, bezeichnet er als Gotteslästerung. Überhaupt müssen die Maler richtig malen. Da steht im Text, daß Abraham den Isaak mit einem Messer opfert, die Maler aber malen ein Schwert – das Schwert muß weg. Und wenn bei der Keuzigung Christi die Maler malen, daß Simon von Kyrene dem Herrn das Kreuz tragen hilft, dann ist das falsch. Denn man hat Simon das Kreuz alleine auferlegt. Andererseits: Wenn Mose mit Hörnern dargestellt wird, dann entspreche das zwar nicht dem Text der Schrift, aber nichts desto trotz, der Glanz, der auf dem Angesicht des Mose gelegen habe, der komme durch die Hörner ganz gut zum Ausdruck. Mose also soll seine Hörner getrost behalten. – Das Bild hat von vornherein eine didaktische, eine pädagogische Aufgabe. Es soll verdeutlichen, unterstreichen, nahebringen, ja man sollte rundherum von solchen Bildern, die Ereignisse, die Geschichten der Schrift darstellen, umgeben sein. Das Evangelium sollte „gepredigt, gemalt, geschrieben und gesungen" werden, wünscht sich Luther. Den wohlhabenden Bürgern schlägt er vor, doch die Hauswände außen mit biblischen Darstellungen bemalen zu lassen, das wäre etwas Vernünftiges, da könnten sie ihren Reichtum nutzbringend für ihre Nächsten anwenden. Er schlägt sogar vor, die Mauern des Friedhofs – ihm der eingefriedete Hof, losgelöst von der Kirche, vom Altar, d.h. vom locus sacer – mit Bildern aus der heiligen Geschichte, wie er sagt, zu versehen, eben um auch an diesem Ort Hoffnung der Auferstehung aufzupflanzen. Bilder sollen also sein, es kommt nur auf ihren rechten Gebrauch an, und dieser rechte Gebrauch der Bilder wird gewährleistet durch die rechte evangelische Predigt. Ob das Bild, ob der Künstler dabei zu seinem Recht kommt, wird nicht gefragt.

Luthers reformatorisches Denken in Bildern seiner Zeit: zunächst einige Darstellungen, die etwas von dem Auftreten Luthers widerspiegeln. Ein kolorierter Holzschnitt von Hans Holbein d. J., 1522 entstanden, stellt Luther durch Beischrift als Herkules Germanicus dar (Zürich, Zentralbibliothek, Ms. A2, S. 150) (Abb. 2). Von dem Mönch, dem das Fell des nemäischen Löwen über die Kutte gelegt ist, liegen mit der Keule des Herkules erschlagen, bereits Aristoteles, St. Thomas, Scotus, Occam, Nikolaus von Lyra am Boden. Ein Mönch flieht entsetzt, aber Hoogstraten hat er fest im Griff, und der Papst –

gefesselt und erwürgt – hängt am Strick, den er mit den Zähnen hält. Hinter diesem Herkules Germanicus ein junger, unbeschnittener Baum! – Was auf den ersten Blick Luthers Tat imponierend vor Augen zu stellen scheint, läßt je länger, desto mehr fragen, was denn überhaupt bleibt. – Erasmus ist Luther der dux tumultum, dem die tranquilitas abgeht. –

Anders dagegen Luther als Herkules bei Peter Fischer d. J. 1524 (Federzeichnung, aus Goethes Besitz, Weimar, Nation. Forschungs- und Gedenkstätten) (Abb. 3). Der unbekleidete Luther, den Schild (des Glaubens) auf dem Rücken, führt – in der Haltung des aus der Vorhölle befreienden Christus – Juventutus, die gefesselte Consciencia und die Plebs mit geschultertem Dreschflegel aus der brennenden Kirche dem Auferstandenen zu. In der römischen Kirche (Sedes Apostolica Roma) liegt die Statue des Papsttums wie ein gestürztes Götzenbild am Boden, und die Laster der Superbia, Avaritia und Luxuria flüchten in die Tiefe der Ruine. Die gegenüberliegende Bildhälfte zeigt einen thronenden Herrscher. Ihm zur Seite Fides, Spes und Caritas, während Justitia ihm die Augen verbindet. – Hier in Nürnberg wird nicht nur Luthers Tat verherrlicht, sondern zugleich der Hoffnung auf einen gerechten christlichen Herrscher Ausdruck gegeben.

Aus der Cranach-Werkstatt in Wittenberg geht 1545 eine Reihe von neun Einzelblättern für Luthers im gleichen Jahr erschienene Schrift „Wider das Papsttum zu Rom vom Teufel gestiftet“ hervor. Der Holzschnitt „Ortus et origo Papae“ (Abb. 4) daraus zeigt nach Luther die Geburt des Papstes und seiner Kurie aus dem Kot des Teufels. Verschärft werden hier in diesem Bereich Traditionen der Einblattholzschnitte bereits des 15. Jahrhunderts fortgesetzt, wie sich Ähnliches ja etwa auch für die Papstkritik des dem Erasmus zugeschriebenen „Julius exclusus“ anführen läßt.

1534 hat Lucas Cranach d. Ä. für die erste vollständige Ausgabe der Luther-Bibel wie schon für das Septembertestament von 1522 Holzschnitte zur Apokalypse geliefert. Der Holzschnitt 21 zu Kap. 17 (in: Biblia / das ist / die gantze Heilige Schrifft Deutsch. Mart. Luth. Wittemberg, Hans Lufft 1534, Wolfenbüttel, Herzog August Bibliothek, Inv. Nr. Bibl. S. 4°, 11) (Abb. 5) stellt die babylonische Hure, gekrönt mit der Tiara, auf dem siebenköpfigen Drachen dar. Vor ihr kniet „alle Welt“ und betet sie an. Im Hintergrund stehen Johannes und der Engel, der ihm dieses Schauspiel zeigt, wobei man die Vermutung äußern darf, daß Johannes hier wohl die Züge Luthers tragen soll. – Dezember 1522 hatte Cranach noch die Tiara vom Haupte der babylonischen Hure für die zweite Auflage des Septembertestaments auf Geheiß des Kurfürsten entfernen müssen!

Der Holzschnitt „Krönung zweier Teufel zum Papst und Sultan“ des Matthias Gerung – um 1550 entstanden – (Braunschweig, Herzog

Anton Ulrich-Museum, Inv. Nr. 5714) (Abb. 6) ist insofern von besonderem Interesse, weil hier anscheinend nicht nur auf die beiden Ungeheuer aus Apokalypse 13 angespielt wird, sondern darüber hinaus eine spezifische Schrift Luthers im Hintergrund zu stehen scheint. Zwei greuliche Teufel, die Schwänze ornamental verschlungen, sitzen einander gegenüber. Der eine hält den großen Schlüssel Petri, der andere, mit kahlem Kopf und lang herabhängendem Schnauzbart, führt das Schwert. Über ihnen halten kleine Teufel einmal die Tiara, zum anderen einen Turban. – In seiner Schrift „Vom Kriege wider die Türken“ 1529 hatte Luther erklärt, der Papst sei die Seele des Antichrist, der Türke aber sein Leib. Beide gehören zusammen, so wie Leib und Seele zusammengehören.

Ein weiterer Holzschnitt Gerungs (Braunschweig, Herzog Anton Ulrich-Museum, Inv. Nr. 5697) (Abb. 7), gleichwohl um 1550 entstanden, zeigt Luther als den „starken Engel“ nach Apokalypse 10, ähnlich dem starken Engel der Dürerschen Apokalypse von 1498. Breitbeinig, überlebensgroß steht Luther, angetan mit seinem Doktortalar, über einem Wasser und reicht – gleich jenem Engel der Apokalypse – dem von Kaiser und König angeführten Volk das Buch, aus dem Flammen lodern wie auch aus dem Munde Luthers. Sein Blick aber ist erhoben zu dem am Himmel in einer Wolkenaureole erscheinenden Gottvater. Wie jener Engel dem Johannes, reicht Luther allem Volk das Buch – die Bibel – zum Verschlingen, das süß im Munde ist wie Honig, aber grimmen wird im Bauch (Apoc. 10,8 f).

Das „Passional Christi und Antichristi“ Lucas Cranach d. Ä. Wittenberg, 1521, stellt in dreizehn Holzschnittpaaren antithetisch Leiden und Demut Christi dem Hochmut und der Hoffart des Papstes gegenüber, der sich darin eben nicht als Stellvertreter Christi, sondern als der Antichrist zu erkennen gibt. Zwei Vergleichspaare seien herausgegriffen: Christus fällt unter dem Kreuz – dem steht ein Bild des Papstes, getragen auf der sedia gestatoria, gegenüber (Abb. 8). Oder: Christus kniet vor Petrus, wäscht ihm die Füße und küßt sie, während auf dem Gegenbild sich der Papst von den vor ihm knienden Königen den Fuß küssen läßt (Abb. 9) – nicht zuletzt auch Illustration zu Luthers Satz aus De captivitate von 1520: „papatus est robusta venatio Romani episcopi“. Und ähnlich darf man vielleicht auch hinter den vielfältigen Darstellungen der Arbeiter im Weinberg, bei denen auf der einen Seite Papst und Klerus die Pflanzung zerstören, auf der anderen die Reformatoren sie hegen und pflegen, eine Anspielung auf den Einleitungssatz der Bannandrohungsbulle gegen Luther „Erhebe dich, Herr, eine Wildsau will deinen Weinberg verwüsten“ mit vermuten.

Fast als ein Passional der alten und der neuen Kirche laut Beischriften könnte man einen kolorierten Holzschnitt des Monogrammisten IW um 1550 (Nürnberg, Germ. Nationalmus. Inv.Nr. HB 24938) bezeichnen, der den Papst, bekleidet mit Alba und Stola, dazu die Tiara auf dem Haupte, als bösen Schächer im Kreuzigungsbilde zeigt (Abb. 10). Ein Teufel ergreift seine entweichende Seele, ein zweiter entfacht am Fuße seines dürren Kreuzes bereits ein Feuer, während die Seele des guten Schächers von einem Engel in Empfang genommen wird und sein Kreuz von unten her zu grünen beginnt.

Können diese Darstellungen noch mit einer Verschärfung der Polemik des 15. Jahrhunderts in Zusammenhang gebracht werden, so lassen sich weitere nur auf Luther selbst und seine theologischen Anschauungen zurückführen. Noch einmal ein Holzschnitt Hans Holbeins d. J. von 1523/24, aufbewahrt im Fitzwilliam Museum in Cambridge (Abb. 11). Auf der rechten Hälfte des Blattes blicken wir in den Chorraum einer Kirche, in deren Apsis der Thron des Papstes aufgeschlagen ist, der gerade einem knienden Kleriker ein Privileg überreicht. Rechts und links vor dem Chorgestühl – mit dem Mediciwappen unter der Tiara – sind Tisch und Kasten für den Ablaßhandel aufgestellt. Man zahlt links, empfängt in der Mitte und opfert rechts. Dieser kirchlichen Sündenvergebung ist auf der linken Hälfte des Blattes eine andere gegenübergestellt. In der Landschaft kniet König David, erhebt Manasse bittend die Hände, steht im Hintergrund gesenkten Hauptes ein armer „offen Sunder“ – über diese breitet Gottvater vergebend die Hände aus. Sündenvergebung Gottes und der Kirche – wobei die Natur als der Kirchenraum Gottes in Gegensatz zur Stein- und Mauerkirche gestellt wird. So „offen“ die Darstellung bleiben muß – geht sie über erasmianische Kritik hinaus? –, so darf doch hier wenigstens andeutungsweise auch auf Luthers Kritik am überkommenen Kirchenraum hingewiesen werden.

„Unterscheid zwischen der waren Religion Christi und falschen Abgöttischen lehr des Antichrists in den fürnehmsten Stücken“ ist ein Holzschnitt von zwei Stöcken Lucas Cranachs d. J. betitelt, der wohl nach Luthers Tode 1546 entstanden ist und die Ecclesia vera der Ecclesia falsa gegenüberstellt (Abb. 12). Rechts die falsche Kirche: Ein Mönch, der das Rund der Kanzel ausfüllt, predigt, doch was er predigt, wird ihm vom Teufel „eingeblasen“; Kleriker sind rundherum seine Zuhörer. Ein Mönch mit einer riesigen Votivkerze trägt Narrenschellen an der Kutte, einem anderen entfallen daraus Spielkarten und Würfel. An einem altarähnlichen Tisch verkauft der Papst gemeinsam mit einer Nonne Ablaßbriefe, deren Text in etwa dem Tetzelschen entspricht. Daneben die Weihe eines Altares, aber ein Teufel mit Narrenkappe führt die Priester an. Ein anderer hält eine Winkelmesse, wieder andere spenden die Letzte Ölung, ein Bischof weiht eine Glocke, und im Hintergrund umschreitet eine Prozession, eine Fahne mit dem Marienbilde voran, die Kirche. Aber der erzürnte Gottvater läßt Hagel auf sie alle fallen, und selbst die Fürbitte des heiligen

Franziskus fruchtet nichts. Auf der anderen Bildhälfte – durch eine Säule von dem falschen, abgöttischen Treiben getrennt – die wahre Religion Christi: Auch hier ein Prediger auf der Kanzel, Luther selbst, erleuchtet durch die Taube des Heiligen Geistes, verweist vor einer großen Zuhörerschaft auf das Lamm Gottes und den beim Vater fürbittenden Christus als den einzigen Mittler. Daneben Kindertaufe und Austeilung des Abendmahles unter beiderlei Gestalt. Kurfürst Johann Friedrich ist dadurch unter den Predigthörern Luthers herausgehoben, daß er ein großes Kreuz geschultcrt trägt. –

Das reformatorische Lehrbild aber nahezu schlechthin, das nicht nur Luthers Rechtfertigungslehre darzustellen versucht, sondern auf seine Anleitung selbst zurückgeht, ist die Antithese von Gesetz und Gnade. Dabei fällt auf, daß sich solche Darstellungen erst ab 1529 finden, d. h. nach Luthers Katechismuspredigten 1528 und dem Erscheinen des Großen Katechismus 1529. Lucas Cranach d. Ä. hat wohl 1529/30 nach seinem Gemälde „Gesetz und Gnade" in Gotha (Staatl. Museum) einen Holzschnitt mit dieser Antithese geschaffen (Weimar, Schloßmuseum) (Abb. 13). Er stellt – getrennt durch einen Baum – auf der einen Seite den Menschen unter dem Gesetz, auf der anderen unter der Gnade dar. Unter dem Gesetz jagen Tod und Teufel ihn dem höllischen Feuer zu. Der Fall Adams und Evas im Hintergrund deckt die Ursache dafür auf, und Moses, umgeben von Propheten, verweist nur auf das Gesetz. Über dem allem aber thront der Weltenrichter, hier noch umgeben von den Fürbittern Maria und Johannes dem Täufer. Ist der die Bildhälften trennende Baum auf der Seite des Gesetzes entlaubt, so grünt er auf der Seite der Gnade. Johannes der Täufer weist hier den Menschen auf den Gekreuzigten hin. Dessen Blutstrom trifft ihn durch den Heiligen Geist und reinigt ihn. Unterhalb des Kreuzeshügels der Auferstandene, der Tod und Teufel in seiner Auferstehung besiegt. Auf einem Berge oberhalb des Kreuzes steht Maria, zu der ein kreuztragender Engel herabschwebt, um so die plasmatio anzudeuten. Im Hintergrund noch die eherne Schlange und die Verkündigung an die Hirten – der Weltenrichter fehlt. –

Lucas Cranach d. J. hat dann dieses Schema 1541 als Titelholzschnitt für die zweibändige Bibelausgabe benutzt, allerdings „berichtigt" (Abb. 14). Die eherne Schlange ist hier der Seite des Gesetzes zugeordnet (wie schon bei Lucas Cranach d. Ä. 1529 auf dem Prager Gemälde dieses Typos), und Maria und Johannes der Täufer fehlen zu seiten des Weltenrichters. Hinzugefügt ist dagegen ein Kardinalshut auf dem Kopf des den Menschen verfolgenden Teufels.

Aber der eben angeführte Prager Typ des Themas weist noch eine andere, gewichtigere Veränderung auf. Als Beispiel für seine Verbreitung mag ein Gemälde Franz Timmermanns (Hamburger Kunsthalle Inv. Nr. 586) (Abb. 15) von 1540 dienen. Timmermann kam 1538 zur

Ausbildung zu Cranach nach Wittenberg und wurde dort auch mit Luther und Melanchthon bekannt. Seine Darstellung zeigt den Menschen unter dem Baum, neben ihm auf der Seite des Gesetzes, dessen Tafeln Mose hält, ein Prophet, auf der der Gnade Johannes der Täufer, und beide verweisen ihn auf den Gekreuzigten. Der Mensch kann sich also entscheiden – wie Herakles steht er am Scheideweg –, und eine Darstellung jenes Themas durch Dürer 1498 zeigt ebenfalls den be- und entlaubten Baum. Dieser Typus – der Mensch kann sich entscheiden – entweder für das Gesetz oder die Gnade – dieser Typus hat sich weit eher durchgesetzt als der sogenannte Gothaer.

Cranachs Epitaph in der Peter-und-Paulskirche in Weimar, das er für sich selbst gemalt hat und 1555 von seinem Sohn vollendet wurde, ist wohl das bekannteste Beispiel des Themas Gesetz und Gnade (Abb. 16). Cranach selbst steht hier unter dem Kreuz, und der Blutstrahl aus der Seitenwunde Christi trifft ihn direkt. Neben ihm Luther, der auf die Schrift verweist, die dessen gewiß macht: „Er ist nämlich für die Sünden der ganzen Welt gestorben. Nun aber ist vollkommen gewiß, daß ich ein Teil der Welt bin. Also ist auch vollkommen gewiß, daß er auch für meine Sünden gestorben ist." Am Fuße des Kreuzes das Agnus dei, wie auch auf anderen Darstellungen des Themas, doch stets ohne Kelch, im Gegensatz etwa zu Grünewalds Isenheimer Altar 1510. Das Blut Christi trifft den Sünder direkt – ohne irgendwelche Vermittlung.

Ein weiteres Bildthema für die Rechtfertigungslehre Luthers, und so erklärt sich seine weite Verbreitung – selbst an der Kanzel der Schloßkirche zu Torgau erscheint es –, wird die Darstellung Christi und der Ehebrecherin als Prototyp der Rechtfertigung des Sünders aus Gnaden allein (Abb. 17). „Wenn ich in die Sünde falle, stehe ich wieder auf und fahre nicht fort im Sündigen. Man stehet auf und wird der Sünde feind."

Ein Bildmotiv, das bis zur Reformationszeit in der Tafelmalerei überhaupt nicht begegnet, ist das der Kindersegnung Markus 10,13 (Abb. 18). Auch dazu Luther selbst: „Denn es ist allein Gottes Werk über alle Vernunft, welchem das Kind so nahe ist als der Alte, ja viel näher, und der Alte so ferne als das Kind, ja viel ferner. Wir sollen uns erwägen, daß wir schwach sind und bleiben, wenn es vollkommen wär, wär es der Himmel, wie die Kinder sind. Die können diese Kunst, fürchten sich nicht vor dem Tod. Wenn sie sterben, wischen sie in den Himmel wie Engel . . . fürchten nicht, wo sie hin sollen fahren. So sollten wir auch sein. Mein Hans Luther studiert nicht viel. Wie man ihm saget, so gehet er. Er folgt einfach dem Wort und fraget nicht viel, ob es recht sei oder nicht. Die Schwärmer aber fahren zu, wollen lang disputiern, wenn ihnen unser Herr Gott sagt: ‚Das ist mein Leib', wie es sich reime."

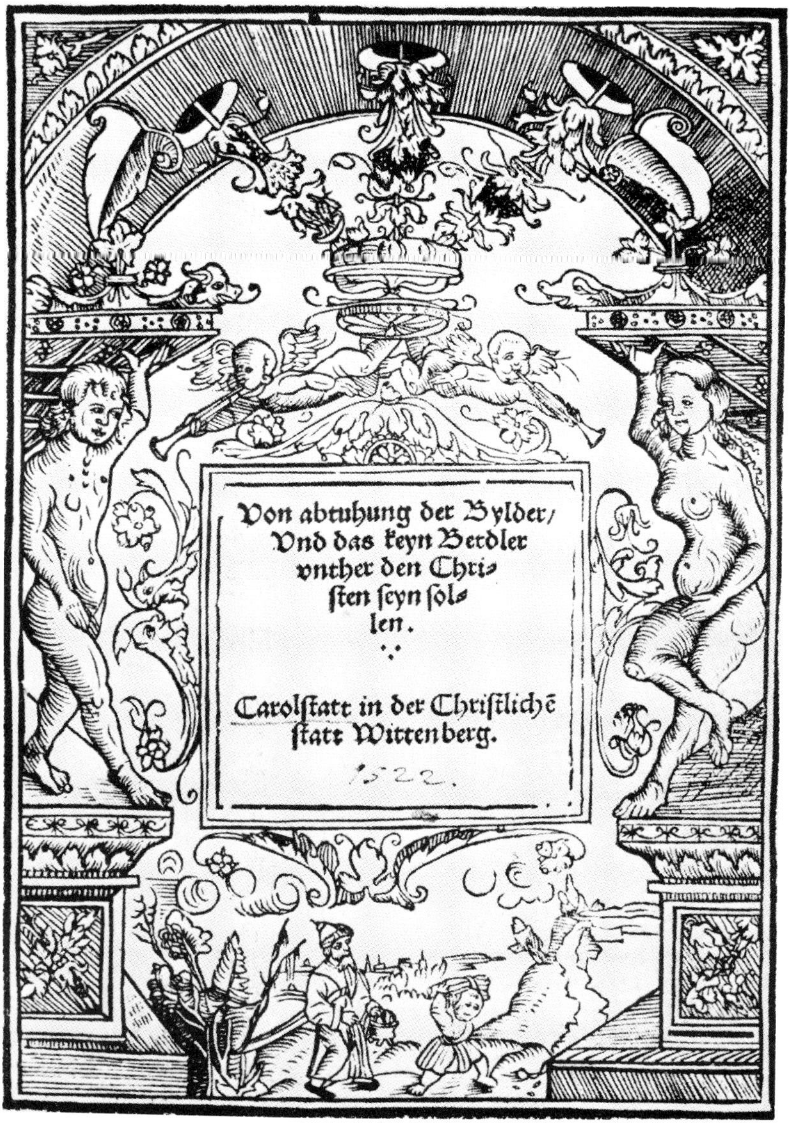

Abb. 1: Andreas Karlstadt, ›**Von abtuhung der Bylder, Vnd das keyn Betdler vnther den Christen seyn soll**‹, Wittenberg: Nickel Schirlentz, 1522, Berlin, Staatliche Museen, Stiftung Preußischer Kulturbesitz, Kunstbibliothek

Abb. 2: Hans Holbein der Jüngere, **Luther als Hercules Germanicus,** 1522, Faksimile nach einem kolorierten Holzschnitt mit Typendruck, 34,5 × 22,6 cm, Zürich, Zentralbibliothek Ms A 2, S. 150

Abb. 3: Peter Vischer der Jüngere, **Allegorie auf Luther,** 1524, Federzeichnung, Weimar, Nationale Forschungs- und Gedenkstätten

Abb. 4: Cranach-Werkstatt, **Geburt und erste Erziehung des Papstes,** 1545, Holzschnitt

Abb. 5: Lucas Cranach der Ältere, **Die babylonische Hure,** 1534, Wittemberg: Hans Lufft, 1534, Holzschnitt 21 zur ›Apokalypse‹, Kap. 17, aus: Biblia / das ist / die gantze Heilige Schrifft Deudsch. Mart. Luth. Wittemberg, Wolfenbüttel, Herzog-August-Bibliothek, Inv. Nr. Bibel-S. 4°, 11

Abb. 6: Matthias Gerung, **Die Krönung zweier Teufel zum Papst und Sultan,** um 1550, Holzschnitt, 23,8 × 16,2 cm, Braunschweig, Herzog Anton Ulrich-Museum, Inv. Nr. 5714

Abb. 7: Matthias Gerung, **Luther als ›starker Engel‹ gibt die Bibel aus,** um 1550, Holzschnitt, 23,4 × 16 cm, Bez. rechts unten mit ligiertem Monogramm MG Braunschweig, Herzog Anton Ulrich-Museum, Inv. Nr. 5697

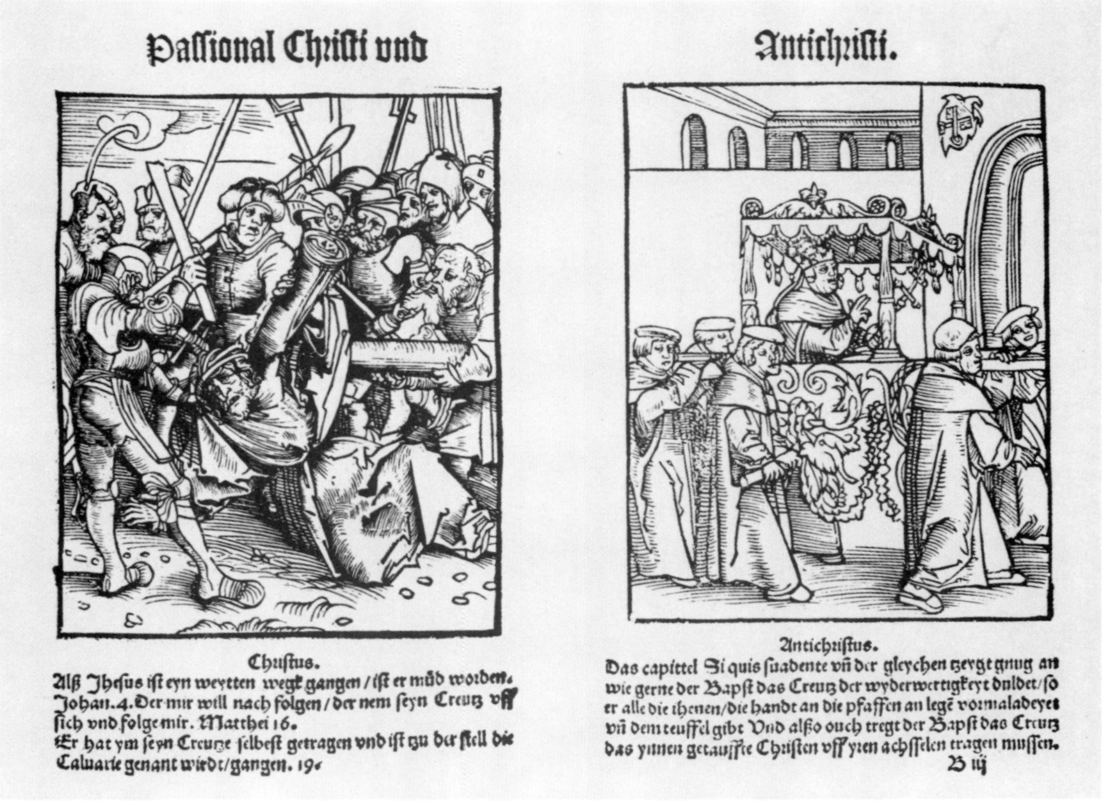

Abb. 8: Matthes Maler nach Lucas Cranach den Älteren, **Der unter dem Kreuz zusammenbrechende Christus – der Papst in der Sänfte,** Erfurt: Matthes Maler, 1521, Holzschnitt aus: ›Passional Christi und Antichristi‹, Inv. Nr. Ill. XVI, Erfurt, 1521

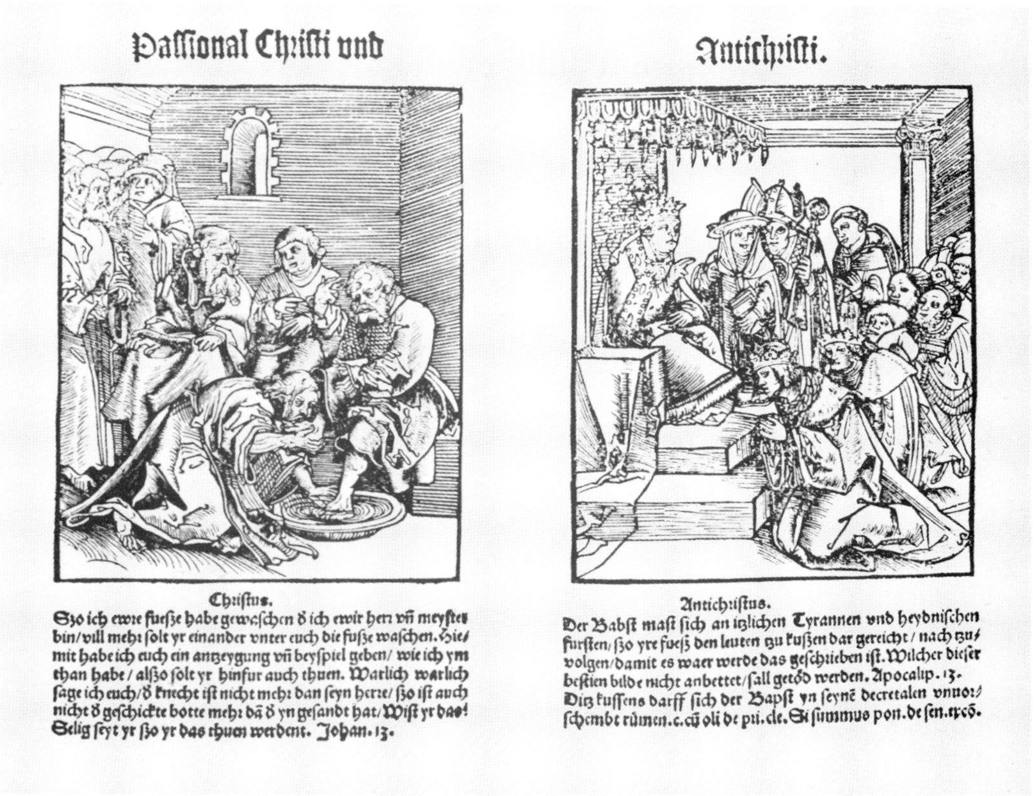
Passional Christi und

Antichristi.

Christus.

Szo ich ewre fuesze habe gewaschen d ich ewir herr vn̄ meyster bin/vill mehr solt yr einander vnter euch die fusze waschen. Hie/ mit habe ich euch ein antzeygung vn̄ beyspiel geben/ wie ich ym than habe / alszo solt yr hinfur auch thuen. Warlich warlich sage ich euch/d knecht ist nicht mehr dan seyn herre/ szo ist auch nicht d geschickte botte mehr dā d yn gesandt hat/ Wist yr das! Selig seyt yr szo yr das thuen werdent. Johan. 13.

Antichristus.

Der Babst mast sich an izlichen Tyrannen vnd heydnischen fursten/ szo yre fuesz den leuten zu kuszen dar gereicht / nach zu/ volgen/damit es waer werde das geschrieben ist. Wilcher dieser bestien bilde nicht anbettet/sall getöd werden. Apocalip. 13. Ditz kussens darff sich der Bapst yn seynē decretalen vnuor/ schembt rümen. c. cū oli de pri. cle. Si summus pon. de sen. exco.

Abb. 9: Lucas Cranach der Ältere, **Fußwaschung Petri – der Fußkuß des Papstes,** Holzschnitte aus ›Passional und Antipassional Christi‹, Wittenberg 1521

Abb. 10: Monogrammist IW, **Der Papst als böser Schächer am Kreuz,** um 1550, kolorierter Holzschnitt mit Typendruck, 29×33 cm, Nürnberg, Germanisches Nationalmuseum, Inv. Nr. HB 24938

Abb. 11: Hans Holbein der Jüngere, **Die wahre und falsche Vergebung der Sünden,** 1523/24, Holzschnitt, 8 × 27 cm, Cambridge, Fitzwilliam Museum, Inv. Nr. FMK 11891

Abb. 12: Lucas Cranach der Jüngere, ›**Unterscheid zwischen der waren Religion Christi vnd falschen Abgöttischen lehr des Antichrists in den fürnehmsten stücken**‹, 1546, Faksimile nach einem Holzschnitt von 2 Stöcken, 35,1 × 58,5 cm, Berlin, Staatliche Museen, Stiftung Preußischer Kulturbesitz, Kupferstichkabinett

Abb. 13: Lucas Cranach der Ältere, **Gesetz und Gnade,** 1529/30, Holzschnitt, 22,3 × 32,4 cm, Weimar, Schloßmuseum

Abb. 14: Lucas Cranach der Jüngere, **Gesetz und Gnade,** 1541, Titelholzschnitt zu: ›Biblia: das ist: die gantze Heilige Schrift: Deudsch / Auffs New zugericht. D. Mart. Luth.‹, Wittenberg: Hans Lufft 1541, Hamburg, Staats- und Universitätsbibliothek

Abb. 15: Franz Timmermann, **Gesetz und Gnade,** 1540, Öl auf Holz, 39,2 × 31,8 cm, Rechts am Grab Christi dat. »1540« und bez. »F«, Hamburger Kunsthalle, Inv. Nr. 586

Abb. 16: Lucas Cranach der Jüngere, **Die Erlösung,** Gemälde, 1555, Weimar, Stadtkirche

Abb. 17: Lukas Cranach der Ältere, **Christus und die Ehebrecherin,** Gemälde, 1532, Budapest, Nationalmuseum

Abb. 18: Lucas Cranach der Ältere, **Christus segnet die Kinder,** 1538, Öl auf Holz, 83,5 × 121 cm, oben die Inschrift: Vnd sie brachten kindlein zv ihm das er sie anrurete/ Marcus am x./1538, Hamburger Kunsthalle, Inv. Nr. 618

Abb. 19: Erhard Schön zugeschrieben, **›Klagrede der armen verfolgten Götzen vnd Tempelpilder . . .‹**, um 1530, Holzschnitt, 12,9 × 35 cm, Text von Hans Sachs, Nürnberg, Germanisches Nationalmuseum, Inv. Nr. H 7404

Abb. 20: Jakob Lucius, **Die Taufe Christi im Beisein Luthers und der Familie des Kurfürsten Johann,** um 1556/58, Holzschnitt mit Typendruck, von zwei Stöcken gedruckt, 26,7 × 54,2 cm, lateinisches Gedicht von Johann Willebroich (Vuillebrochius), München, Staatliche Graphische Sammlung, Inv. Nr. 116935

Abb. 21: Jan van Eyck, **Die Madonna des Kanonikus van der Paele,** 1436; Brügge

Ein Erhard Schön zugeschriebener Holzschnitt, um 1530 entstanden (Text Hans Sachs, Nürnberg, Germ. Nationalmus.) (Abb. 19), scheint zum Ausgangspunkt zurückzulenken, zum Bildersturm. Auf der linken Bildhälfte blicken wir in einen Kirchenraum, aus dem gerade die Bilder entfernt werden. Hier wird eine Madonnenstatue hinausgetragen, an anderer Stelle auf die Statue des Petrus mit der Spitzhacke losgegangen, eine Paulusfigur vor der Kirche ins Feuer geworfen, dem ein anderer den Kruzifixus geschultert entgegenträgt. Zurück bleiben ein leerer Kirchenraum, drei abgeräumte Altäre, entleerte Schreine. Neben der Kirche erblickt man einen reich gekleideten Bürger, zwei Frauen, die ihm folgen, eine überdimensionale Weinflasche und einen randvoll gefüllten Geldsack neben sich. Ein gewaltiger Balken wächst ihm aus dem Auge, doch tritt er auf einen andern mit einem kleinen Krug in der Hand zu und weist auf dessen Auge. „Was siehst du aber den Splitter in deines Bruders Auge und wirst nicht gewahr des Balkens in deinem Auge?" – Die satyrische Aussage des Holzschnittes wird unmißverständlich, nimmt man allein die Überschrift des ursprünglich zum Holzschnitt gehörigen Gedichtes hinzu: „Klagrede der armen verfolgten Götzen und Tempelbilder . . ." (nur noch in Gotha vollständig erhalten). Die Bilder sind irrelevant, es kommt auf ihren rechten Gebrauch durch den Menschen an. Der Mensch aber ist hier – trotz des Bildersturms – der gleiche, der alte, geblieben! –

Um 1556 stellt Jakob Lucius auf einem großen Holzschnitt von zwei Stöcken (München, Staatl. Graph. Sammlung, Inv. Nr. 116935) (Abb. 20) die Taufe Jesu dar, nicht am Jordan, sondern in der Elbniederung mit der Stadt Wittenberg im Hintergrund. Über Christus die Taube des Heiligen Geistes, von dem in den Wolken erscheinenden Gottvater gesandt. Links davon kniet die Familie Kurfürst Johanns des Beständigen, der sein Kurfürstentum im Schmalkaldischen Krieg 1547 durch Karl V. verloren hatte und ebenso seine Residenzstadt Wittenberg. Hinter dem knienden Kurfürstenpaar steht Luther, legt dem Kurfürsten die Rechte auf die Schulter und weist mit der Linken auf das Taufgeschehen, das hier zugleich zur Darstellung der Trinität wird – eine Geste, mit der etwa, auf dem Madonnenbild des Kanonikus van der Paele Jan van Eycks 1436, der heilige Georg den knienden Kanonikus bei der Himmelskönigin einführt (Abb. 21) oder auf dem sog. Diptychon von Melun des Jean Fouquet (um 1450) der heilige Stephanus den Étienne Chevalier oder bereits in der spätantiken christlichen Kunst auf dem Apsismosaik von San Vitale in Ravenna ein Erzengel den heiligen Vitalis bei dem thronenden Christus! –

„Zum ansehen, zum zeugnis, zum gedechtnis, zum zeychen" sollen die Bilder nach Luther dienen. Sie können aber wohl diese Hilfe nur leisten, wenn die Predigt dem Evangelium gemäß ist, denn: kein Bild ohne Predigt!

PETER MANNS

Begegnungen eines katholischen Theologen mit Martin Luther

Die Formulierung des Themas deutet an, daß die zu behandelnden Begegnungen eingebettet sind in sehr persönliche Erfahrungen, die ich in mehr als drei Jahrzehnten einer immer enger werdenden Gemeinschaft mit M. Luther machen durfte.

Daß ich hier schlicht „erzählen“ darf, wie ich mich von einem exemplarischen Schüler des Aquinaten ohne Anfechtung meines Glaubens zu einem geistlichen Sohn Vater Luthers und damit zu einem „katholischen Lutheraner“ mauserte, kommt meiner Begabung für die „narrative Theologie“ entgegen. Andererseits darf ich dabei von der Voraussetzung ausgehen, daß die persönliche Begegnung und Erfahrung auch in sachlicher Hinsicht Zugänge zu einer Theologie eröffnet, die wie die Theologie Luthers wesentlich von Erfahrungen lebt und darum nur als Theologia experimentalis sachgemäß verstanden wird.

Es entspricht dem persönlichen Charakter meines Beitrags, wenn ich einleitend ohne falsche Scham erkläre, daß ich Luther liebe, wie nach Paulus 1 Ko 4,14 die „geliebten Kinder“ die wenigen „Väter“ lieben, die sie in Christus durch das Evangelium „gezeugt“ haben. Hinter dieser Liebe steht ursprünglich das hermeneutische Postulat meines verstorbenen Lehrers J. Lortz, der mit Augustinus davon ausging, daß wir letztlich nur den Menschen wirklich verstehen, den wir lieben.

Rückblickend auf das vergangene Luther-Jahr darf ich dankbar feststellen, daß meine ungewöhnliche Liebeserklärung insgesamt ein erstaunlich positives Echo gefunden hat. Es ist andererseits nicht verwunderlich, daß im einzelnen auch kritische Stimmen gegen meine Liebe zu Luther laut wurden. Wenige katholische Rezensenten reagierten wie R. Bäumer entrüstet. Denn wie kann ein katholischer Theologe den notorischen Ketzer als „Vater im Glauben“ verehren? Wenige evangelische Rezensenten reagierten hingegen ausgesprochen mißtrauisch. Sie verdächtigten meine These als den hinterlistigen Versuch, den angeblich „protestantischen Luther“ „ökumenisch“ zu verharmlosen oder „katholisch“ zu domestizieren. Ich kann mein Anliegen nicht besser verteidigen als durch den schlichten Bericht darüber, wie es in langer, ehrlicher Entwicklung dazu kam, daß mir der „Ketzer“ Luther zum „Vater im Glauben“ wurde.

1. Wie für alle Luther-Forscher war auch für mich der Zugang zu den Grundanliegen des Reformators zunächst versperrt durch das Gebirge

seiner Werke. 120 Bände zählt die Weimarana in all ihren Abteilungen (Exegetische und theologische Schriften – Sermone und Predigten – Briefe – Tischreden – Deutsche Bibel mit wichtigen Vorworten). Ungefähr 90 Bände habe ich in drei Jahrzehnten gelesen, meditiert und aufgearbeitet. Das ist ein Luther-Studium von 2–4 Stunden täglich – ein Studium also, das Kopf und Wille, aber auch zähe Ausdauer und ein ungewöhnliches Sitzfleisch verlangt. Wer sich die mühsame Lektüre der lateinischen Schriften zu erleichtern versucht, indem er wie unsere Studenten gleich nach Übersetzungen greift, der findet nie in den bewegten Denk- und Sprachstil, nie in die immer wieder neu kreierte „Terminologie" Luthers hinein. Ähnliches gilt für die deutschen Schriften Luthers, für die es von vornherein keine Übersetzungen gibt, obgleich sie meist just in den Partien einer solchen bedürften, die uns auf Anhieb am verständlichsten erscheinen.

Hier liegt denn auch der Grund, warum die Weimarana bis heute ohne Register blieb – und warum dieses Register, wenn es demnächst in einer erdrückenden Anzahl weiterer Bände vorliegen wird, auch nicht annähernd die Hilfestellung ergibt, die das Schützsche Thomas-Lexikon seit mehr als einem halben Jahrhundert leistet. Nur durch die Vertrautheit mit Luthers Denk- und Sprachstil realisierte ich langsam, daß längst nicht alles, was auf den ersten Blick als unerträglicher Widerspruch erschien, in Wirklichkeit auch ein Widerspruch war. So ist etwa das „peccatum manens", das „peccatum magnificandum" oder das „peccator fieri" recht verstanden kein Widerspruch zur sanativ-realen Rechtfertigung, genau wie die starke Betonung des „fieri" und des „semper in motu" nicht dem „esse", oder das „totus iustus – totus peccator" nicht dem „partim iustus – partim peccator" und einer realen, „de bono in melius" verlaufenden Entwicklung widerspricht.

Lange Zeit habe ich zu der Einsicht gebraucht, daß es für eine ganzheitliche Luther-Interpretation einfach nicht ausreicht, von einzelnen sog. Hauptschriften – etwa von der Römerbrief-Vorlesung oder den Galaterbrief-Kommentaren einerseits bzw. von den berühmten Streitschriften gegen Latomus und Erasmus andererseits – und ihren extrem zugespitzten Ansätzen auszugehen. Luther korrigiert vielmehr die theologischen Spitzen-Thesen seiner Streitschriften nicht selten in seinen Predigten und in seinen katechetisch-pastoralen Äußerungen. Zu einer wirklichen Begegnung mit Luther kommt es also erst da, wo man seine Anliegen in ihrer verschiedenen Gestalt miteinander verglichen hat.

Meine Erfahrung im Umgang mit Luther hat mich im übrigen gelehrt, daß es gefährlich ist, seine Äußerungen systematisch zu überfordern. Luther liebt prägnante Formulierungen, die auf den ersten Blick scheinbar nur eine Deutung zulassen. So scheint Luther in seinem Amtsverständnis seit 1521 zunächst das auf göttlicher Stiftung beruhende und durch Ordination vermittelte kirchliche Amt durch das Priestertum aller Gläubigen ersetzt zu haben. Als Heinrich VIII. ihn auf diese Deutung festlegt und ihn der revolutionären Änderung der gott-gesetzten Ordnung zeiht, bestreitet er unter Berufung auf den Kontext, je diese Auffassung vertreten zu haben. Ähnlich reagiert Luther, als später die Antinomer unter Berufung auf frühe Äußerungen Luthers dem Gesetz und den Werken jede verbindliche Bedeutung absprechen. Aber auch Luthers Bestreitung des Opfercharakters der Messe oder sein leidenschaftlicher Kampf gegen den Papst als Anti-Christen gehen durch Überspitzung über sein eigentliches Anliegen hinaus.

Das schwierige und mühsame Geschäft einer allseits vergleichenden und stets auf die Ganzheit bedachten Deutung wurde für mich erst leichter, als ich nach einem Jahrzehnt erkannte, daß es so etwas wie einen „roten Faden" gibt, der das gesamte Werk Luthers durchzieht und folglich eine umfassende Auslegung seiner Anliegen erheblich erleichtert. Gemeint sind Luthers Vorlesungen und Predigten über die Genesis und die Gestalt des Patriarchen Abraham. Was er vermutlich schon zum Gegenstand seiner ersten Vorlesung machte, was er in der folgenden Zeit immer wieder in Gestalt von Predigten aufgriff, das behandelte Luther in Gestalt der „Großen-Genesis-Vorlesung" im letzten Jahrzehnt seines Lebens umfassend und abschließend. Abraham ist für Luther nicht nur „Vater im Glauben", sondern er ist der exemplarische Christ, mit dem er sich identifiziert und in dem er all seine Grundanliegen vollendet dargestellt sieht. Verdeutlicht an der Gestalt des „Sanctissimus Pater Abraham" verlieren Luthers Ansätze alle polemische Schärfe und Einseitigkeit, ohne ihre Tiefe und ihr Profil einzubüßen. Selbst die beunruhigende Vorstellung des „Deus ipse" aus Luthers Schrift „de servo arbitrio" begegnet sonst nur noch im Großen Genesis-Kommentar. Durch die Brille Abrahams und der Patriarchen gesehen, behandelt Luther selbst die Themen der Ekklesiologie ohne jede polemische Fixierung und Einseitigkeit. Dies gilt für seine Konzeption des kirchlichen Amtes und der Ordination wie für seine Hochschätzung der Sakramente (Taufe – Eucharistie – Rectus usus Clavium) und seine Sicht der Kirche als „Hospiz" für alle, die sich mit Abraham im Gehorsam des Glaubens auf den Weg gemacht haben.

Auf diesem Weg geschah es dann, daß Luther mir just durch seine Identifikation mit Abraham und Paulus zum geistlichen Weggefährten, zum Freund und zum Vater wurde.

2. Auf meine Begegnung mit Luther zurückschauend, ist mir jedoch klar, daß es außer der Beschäftigung mit dem Werk des Reformators noch einer anderen Vorbereitung bedurfte, die ich selbst gar nicht in der Hand hatte. Denn für die Begegnung eines katholischen Theologen

mit Luther ist es von ausschlaggebender Bedeutung, unter welchen Bedingungen und von wo aus er geistlich auf Luther stößt.

Was die Bedingungen betrifft, so war es für mich von großer Bedeutung, daß ich Luther gleichsam unter der Leitung des Altmeisters katholischer Luther-Forschung J. Lortz und als Mitarbeiter in dem von ihm gegründeten Institut begegnete.

Wichtiger noch als diese Bedingung scheint mir jedoch die Vorbereitung, die meinem Eintritt in das Mainzer Institut vorausging. Aus dem Krieg zurückgekehrt, hatte ich meine theologischen Studien an der Bonner Fakultät wieder aufgenommen. Inspiriert durch Freunde und die Lektüre von J. Pieper fing ich Feuer für Thomas v. A. Ich dachte sogar an eine Dissertation über den Appetitus rectus in der II/secundae der Summa theol. des Aquinaten. Wie meine Zettelkästen bis heute beweisen, stürzte ich mich mit großem Eifer auf die Texte. Als ich nach erheblichen Schwierigkeiten mit dem damaligen Direktor des Bonner Albertinums 1947 an die eben wiederbegründete Universität Mainz und in das dortige Seminar überwechselte, arbeitete ich – soweit ich als Asta-Vorsitzender überhaupt Zeit zum Studium fand – tapfer weiter an Thomas. Der Mainzer Moralist Prof. DDr. Joh. Kraus, in dessen Thomas-Seminar ich mich kräftig engagierte, war dann der erste, der ahnte, daß ich mit meinem „appetitus rectus" wohl nicht recht glücklich werden würde. Dafür kannte er aus einer Fußnote das gravierende Problem des „amour pur" – des Französischen unkundig sprach er ständig vom „amur porr"! –, um dessentwillen der ebenso wortgewaltige wie hinterhältige J. B. Bossuet – „l'Aigle de Meaux" – den feingeistigen Erzbischof Francois de Salignac Fénelon – „le Cygne de Cambrai" – mit Hilfe des Sonnenkönigs und seiner Gattin Madame de Maintenon fast als Häretiker zur Strecke gebracht hätte. Diese Anregung war für mich von entscheidender Bedeutung: Ich verschlang ganze Bibliotheken und verbrachte Monate in Pariser Archiven, um mich gleichsam im Sturzflug – beeinflußt durch H. Bremonds „Apologie pour Fénelon" – in den „cygne de Cambrai" zu verlieben. Als ich nach Jahren harter Arbeit mit der Dissertation fast fertig war, ließ ich auch dieses Vorhaben einfach liegen. Denn wer promoviert schon gern über ein Thema, das mir unter den damaligen Verhältnissen eher einen „Ketzer-" als einen „Doktor-Hut" eingebracht hätte? Immerhin war die immense Arbeit nicht völlig vergeblich. Denn ich hatte die wichtige, mich zunächst verwirrende Einsicht gewonnen, daß sich der biblische tief begründete und durch die Erfahrung der Heiligen bestätigte Ansatz des Amour pur im Rahmen der Scholastik ganz einfach nicht verteidigen ließ! Weder das Verhältnis von Liebe und Hoffnung noch die Konzeption der Sünde und der paradoxale Rahmen der Kreuzes-Theologie paßten zur theologischen Fragestellung des Aquinaten.

In das Jahr 1948 fällt sodann ein anderes, in diesem Zusammenhang signifikantes Erlebnis: In dieser Zeit vor der großen Liturgiereform feierten wir noch nicht den großen Oster-Nachts-Gottesdienst, sondern die mittelalterlichen Trauer-Metten! An diesem denkwürdigen Karsamstag fiel die Lesung über die Opferung des Isaak auf einen uradligen und ur-alten Domkapitular. Der Domherr Freiherr Geduld von Jungenfeld war außerdem stocktaub und trug als Hörgerät einen mächtigen Oliphant aus dem Horn eines Ochsen. Ein noch älterer Domherr kam dem tauben Kollegen zu Hilfe, indem er – die Lesung „anstechend" – ihm in das Horn hinein den bekannten Satz krächzte: „Abraham, Abraham. . . .!"

Solchermaßen angeregt, erwachte ich in meiner Stalle im finsteren Chorgestühl, um in meinem Liber usualis eine Lesung zu verfolgen, die ich oft gehört, aber in der Unschuld eines „ad mentem divi Thomae" geschulten Herzens nie in mich aufgenommen hatte. Die Wirkung auf meinen massiv katholischen Kinderglauben war furchtbar. Denn plötzlich sah ich mich der unlösbaren Frage konfrontiert, wie der heilige Gott dem getreuen Abraham die Bereitschaft zu einer Tat abverlangen konnte, die eindeutig den Tatbestand eines perfekten Mordes und Menschenopfers erfüllte. Die in 12 Semestern erworbene Theologie brach lautlos in sich zusammen! Ohne mich an der Krawallzeremonie zu beteiligen, mit der seit Jahrhunderten die Trauer-Metten ihr Ende fanden, eilte ich mit wehender Soutane ins Seminar zurück, um meine Not dem frommen Pater Spiritual zu beichten. Leider stand der gütige und weise Gottesmann meinem Problem völlig verständnislos gegenüber. Er begriff meine Frage ganz einfach nicht. Was sollte schon an Isaak besonderes sein, wenn Gott uns allen jeden Augenblick einen Dachziegel auf den Kopf fallen lassen könnte?

Durch so viel unerleuchteten Glauben gereizt, bemühte ich mich, dem Pater klar zu machen, daß Abraham kein Dachziegel war . . .! Als ich dann zur Verdeutlichung des Falles nach einem dolchartigen Brieföffner griff, der zwischen uns auf dem Schreibtisch lag, brach der verängstigte Pater das Gespräch ab und alarmierte den Regens. Zwar alarmierte der Regens seinerseits nicht die Polizei, aber Antwort wußte er nicht auf meine Fragen. So machte ich mich in jener denkwürdigen Osternacht schließlich selbst auf die Suche nach einer Lösung, die lange Zeit vergeblich blieb. Die Konsultation der Scholastiker endete negativ oder bestätigte die Einsicht, die ich schon in meinem Fénelon-Studium gewonnen hatte: sie antworten einfach nicht auf Fragen der Theologia Crucis. Das Interesse Ockhams und der Nominalisten für Fälle wie Isaak aber halfen nicht weiter, da sie – wie ich damals noch meinte – lediglich als Belege für den „Willkür"-Gott verstanden wurden. Daß man Isaak auch als Typos Christi und des Kreuzes-Opfers begreifen kann, entdeckte ich erst Jahre später, als ich mich im Zuge der Vorbereitung auf das Bernhard-Jubiläum intensiver mit der Exegese der Väter beschäftigte.

Diese Vorbereitung, mein erster Anfang im Lortz-Institut, war denn auch für meine gesamte künftige Forschung von ausschlaggebender Bedeutung: Gleichzeitig an Bernhard v. Cl. und Luther arbeitend, entdeckte ich plötzlich, daß beide – ähnlich wie Fénelon – bestimmt durch die biblische Frage nach der Gott geschuldeten Liebe eine Theologie entwickelten, die mit ihren paradoxalen Ansätzen – abgelesen am Kreuz Christi und bezogen auf die Erfahrungen einer christusförmigen Existenz – treffend als „Theologia Crucis" gekennzeichnet wird.

Damit dämmerte mir zugleich die Erkenntnis, daß ich – gleichsam an der Scholastik vorbei – einen durchaus katholischen Zugang zu Luther gefunden hatte, den Luther seinerseits im Gespräch mit Bernhard zeitlebens offen gehalten hatte. Wie wichtig dieser Kontakt für Luther war, erhellt eindrucksvoll aus der Wittenberger Reform der theologischen Studien um 1516. Denn man kann ohne Übertreibung sagen, daß die Theologie, die Luther, über die Scholastik hinweg und in scharfer Ablehnung der Ansätze des Erasmus wiederzuentdecken bestrebt war, in ihren Grundanliegen identisch ist mit der „monastischen Theologie" eines Bernhard v. Cl.

Der Zugang zu Luther hatte für mich natürlich auch seinen Preis. Denn je mehr ich mich über Bernhard oder Fénelon in Luther hineinlas und -dachte, desto mehr verschwand der „Doctor communis" aus meinem Blickfeld. Mit dem Verlust des Zugangs zu Thomas aber verschloß sich mir der große, so kunstvoll angelegte Garten der Scholastik überhaupt! Wenn ich heute eine Viertelstunde Thomas oder gar Duns Scotus lese, stellen sich stechende Kopfschmerzen ein! Ich will dabei diese sehr persönliche Erfahrung nicht wissenschaftlich valorisieren. Immerhin hat mir dieses Erlebnis geholfen, Luthers Klage zu verstehen, daß er in den spät-scholastischen Schulen seiner Zeit „Christus verloren habe". Der im 16. Jahrhundert einsetzende Abbruch der Kommunikation zwischen den verschiedenen Schulen und theologischen Richtungen ist gewiß aus diesem Zusammenhang zu verstehen. Für Luther ist eine Theologie unerträglich, die mit der Schrift umgeht „wie die Sau mit dem Habersack", oder mit Gott „wie der Schuster mit seinem Leder" . . .!

Für mich ergab sich denn auch aus dieser Erfahrung ein Widerspruch zu einer Lieblingsthese meines Lehrers, der immer wieder die Meinung vertrat, daß Luthers Entwicklung gewiß anders verlaufen wäre, wenn er den originalen und vor allem den „betenden" Thomas gekannt hätte. Bei mir verfestigte sich hingegen mehr und mehr die Überzeugung, daß dann der Abstoß-Effekt der Entdeckung Luthers vermutlich noch größer gewesen wäre!

An dieser Stelle muß ich denn wohl auch wenigstens mit einem Wort auf die Frage eingehen, was ich von dem Versuch meines Freundes O. H. Pesch halte, Luther und Thomas trotz aller Hindernisse zu einem Gespräch über die Rechtfertigung zu bringen. Meine ehrliche Antwort lautet: Das riesige, zu Recht immer wieder gepriesene Werk des Freundes demonstriert mit seinen 1010 Seiten die extreme Verschiedenheit unseres Weges zu Luther sowie die stupende Erudition des Autors auch auf dem Gebiet der Lutherforschung. Trotz der extremen Verschiedenheit des Weges und des Verfahrens muß ich jedoch dem Ergebnis der Untersuchung keineswegs grundsätzlich widersprechen. Denn schließlich behauptet O. H. Pesch nirgendwo, daß die Ansätze des Aquinaten einen idealen und maximalen Zugang zu Luther eröffnen. Zum Gespräch bringt er die beiden ungleichen Denker vielmehr dadurch, daß er aus den Ansätzen Luthers eine Reihe wichtiger Fragen herauspräpariert, um sich ihrer als „Schlüssel" zu bedienen für einen „systematisch-theologischen Dialog", der freilich ohne die hermeneutisch-erschließende Hilfestellung eines Dritten niemals in Gang gekommen wäre oder in Gang kommen würde. Von den angedeuteten Einschränkungen abgesehen, kann ich nur mit Freude konstatieren: O. H. Pesch hat überzeugend nachgewiesen, daß ein Dialog Luthers über die entscheidenden Grundfragen der Rechtfertigungslehre selbst dann nicht ohne ökumenisch höchst bedeutsame Frucht bleibt, wenn er mit dem Aquinaten geführt wird. Nicht einmal die durch Thomas repräsentierte und auf ihn festgelegte katholische Theologie macht eine Verständigung mit Luther grundsätzlich unmöglich, wie eine polemisch fixierte Kontroverstheologie Jahrhunderte zu Unrecht behauptete oder auch heute noch – man denke an Kardinal J. Ratzingers jüngste Luther-Schelte! – behauptet.

Freilich – und O. H. Pesch wird dies bestätigen – „die Begegnung" zwischen Luther und dem originalen „thomasischen" oder „thomanischen" Thomas (zu unterscheiden von den später geglätteten Ansätzen des „thomistischen Thomas"!) hat deutlich ihre Grenzen. Denn nicht das gesamte Werk des Aquinaten läßt sich von Luther her für den Dialog erschließen, der überdies als rekonstruiertes Gespräch nicht in jeder Hinsicht die Qualität eines wirklichen Gesprächs besitzt, wie Luther es zeitlebens mit Bernhard führte. Außerdem muß man wohl feststellen, daß sich der Dialog zwischen Luther und Thomas nicht ohne weiteres zum Dialog zwischen Luther und der Scholastik ausweiten läßt.

Die aufgezeigten Grenzen sprechen doch keineswegs grundsätzlich gegen die Gültigkeit des von O. H. Pesch unternommenen Versuches. Freilich macht diese Erwägung deutlich, daß der Dialog zwischen Luther und Thomas nicht nur die vorgeschlagene Ausweitung und

Vertiefung zuläßt, sondern daß sie derselben in ökumenischer Sicht auch dringend bedarf.

3. Damit stehe ich vor der Aufgabe, jene Begegnungen mit Luther inhaltlich und theologisch zu bestimmen, die mir der geschilderte Zugang ermöglichte. In den ersten Jahren der Zusammenarbeit mit meinem Lehrer J. Lortz beteiligte ich mich intensiv an dessen Suche nach dem „katholischen Luther". Gemeinsam entdeckten wir in der täglichen Arbeit an den Texten, daß Luther in all seinen Grundanliegen „viel katholischer" war, als wir ursprünglich anzunehmen wagten. Es dämmerte uns sogar die Einsicht, daß dies auch für das „Reformatorische" gelten könnte. Gemeinsam entdeckten wir auch, daß die 1939 entwickelte Fragestellung des „katholischen Luther" „Engführungen" enthielt, die korrigiert werden sollten. Dies galt von der berühmt gewordenen These vom „unkatholischen Katholizismus", den Luther in sich „niedergerungen" habe, oder von der „Wiederentdeckung des Katholischen", das er zwar jederzeit im Missale hätte finden können, das er aber tatsächlich für sich und „häretisch" wiederentdeckte. Lortz erkannte durchaus die Mißverständlichkeit seiner Thesen. Aber er weigerte sich hartnäckig, die eigenen Thesen in seinem Hauptwerk zu korrigieren. Denn man konnte sie schließlich auch richtig verstehen – und zwar so, wie Lortz sie immer verstanden hatte.

Mein Lehrer ertrug es jedoch, daß ich in der Frage der Korrektur nicht seiner Meinung war. Er ertrug es auch, daß ich mich von den Engführungen seines Ansatzes vor allem da befreite, wo die Frage nach dem „katholischen Luther" die Begegnung mit dem „originalen und authentischen Luther" erschwerte oder sogar unmöglich zu machen schien. Denn es ging ganz einfach nicht an – und dieser Überzeugung war auch mein Lehrer –, Luther alles Wahre und Wegweisende in seinen Ansätzen als „katholisch" zu enteignen und ihm lediglich das „Häretische" als originale und eigene Leistung zu überlassen.

Mehr und mehr intrigierte mich dabei die Frage, ob als „katholisch" – im Sinne der Regel des Vinzenz von Lerin – nur das zu gelten hat, was immer, überall und von allen für „katholisch" gehalten wurde? Oder ob man Neuansätze, Entdeckungen und Vertiefungen auch dann als „katholisch" qualifizieren dürfe, wenn sie als solche und in dieser Gestalt in der Theologie der Vorzeit nicht zu finden sind? Ich dachte dabei an Luther, der zwar im Sinne des „sola scriptura" jede radikale Neuerung als Häresie verwirft, der aber umgekehrt nie vergißt, daß wir der Wegführung des Geistes bedürfen, der uns immer tiefer in die ganze Wahrheit einführt.

Ich dachte dabei aber auch an das Motiv der „reinen Liebe", die sich in Luthers geistlichem Leben und in seiner Theologie als die alles bewegende Frage nachweisen läßt, obgleich sie trotz eindeutiger Verankerung in der Schrift und in der Erfahrung der Heiligen bis heute weder die Anerkennung des katholischen Lehramtes noch die Anerkennung der evangelischen Luther-Forschung hat finden können.

Im Schlaglicht dieser Frage kam es zu Begegnungen mit Luther, die zwar den Ansatz meines Lehrers nicht sprengten, aber doch weit über ihn hinausgingen.

a) Im Lichte dieser Frage gelangte ich zunächst zu einem neuen Verständnis der sog. Kloster-Kämpfe Luthers. Was den jungen, höchst gewissenhaften und sensiblen Mönch in die Krise trieb, ist nachweislich die im Zusammenhang der Beichte von ihm geforderte „Liebes-Reue". Nach den Regeln der Erfurter Augustiner-Eremiten reichte die „Galgen-Reue", motiviert durch die Furcht vor dem Fegefeuer oder der Hölle, nicht zur Vergebung der Sünden. Nur der Pönitent, der seine Sünden aus reiner Liebe zu Gott bereute, durfte der Lossprechung sicher sein. Luther hat trotz größter Anstrengung den Akt vollkommener Liebesreue nicht zu realisieren vermocht. Sollte er dabei Gabriel Biel gefolgt sein, der meinte, daß der Mensch „ex puris naturalibus" zur vollkommenen Gottesliebe befähigt sei, so mußte die wiederholte vergebliche Anstrengung zwangsläufig die Krise verschärfen. Auch die Sündenangst wurde bei dieser Grundhaltung größer, da angesichts der geforderten Liebe der Unterschied zwischen „schwerer" und „läßlicher Sünde" für das Bewußtsein verschwamm. Es kommt hinzu, daß die sonst vorbildlichen Beichtväter Luthers Problem ziemlich verständnislos gegenüberstanden. So forderte Staupitz ihn auf, nur handfeste Sünden zu beichten und sich nicht mit dem „Puppen und Humpelwerk" abzuquälen, das er für Sünde hält! Von daher lebt Luther während seiner Klosterzeit in einem schweren Konflikt, der immer aufbricht und krisenhafte Steigerungen erfährt, der aber andererseits nicht zur Dauerkrise hochstilisiert werden darf. Die Beichtkrise als solche treibt Luther jedenfalls nicht aus dem Kloster. Noch weniger erscheint Luther deswegen als pathologischer Fall und als neurotischer Beicht-Skrupulant, als der er in der Forschung immer wieder dargestellt wurde. Die in der Menschenführung sehr erfahrenen Ordensoberen hätten einem „kranken Luther" niemals die Karriere ermöglicht, die der junge Luther tatsächlich im Orden macht. Wer sich ein wenig auf die Frage einläßt, der sich Luther konfrontiert fühlt, eine Frage übrigens, die nicht der Mensch, auch nicht die Theologie, sondern Gott selbst an uns richtet, der wird sich hüten, die daraus folgende Krise als frommen und überspannten Unsinn abzutun. Wohl aber leuchtet hier der Weg auf – ein Weg, den Luther nicht eigenmächtig geht, sondern den er geführt wird.

b) Was nun den Weg Luthers betrifft, so ist er als Weg des Glaubens zweifellos ausgerichtet auf die Gerechtigkeit vor Gott, die wir allein durch den Glauben empfangen. Andererseits behaupte ich mit Gewißheit, daß wir Luthers „sola fide“ nur dann in seinem Sinn verstehen, wenn wir es gleichsam als Antwort auf die Frage nach der Gott geschuldeten Liebe begreifen.

Dies leuchtet nicht auf Anhieb ein – ja es verschwindet sogar aus dem Blickfeld, wenn man unmittelbar nach Luthers Theologie der Agape fragt. Denn wo immer Luther das Problem direkt angeht, da geschieht es in Auseinandersetzung mit seinen Gegnern und fixiert auf ihm fremde Positionen. So wettert er voller Entrüstung gegen die „Sawtheologen“ aus dem Lager der Spätscholastik, die mit Gabriel Biel behaupten, der Mensch sei „aus seinen natürlichen Kräften“ der vollkommenen Gottesliebe fähig. Noch schärfer reagiert Luther, wo es um die Abwehr des scholastischen Ansatzes der „Fides-Charitate-formata“-Lehre geht. Denn dieser Ansatz bringt nicht nur den Glauben um seine fundamentale Bedeutung für die Rechtfertigung, sondern er widerspricht nicht weniger Luthers Konzeption der Liebe. Denn für ihn ist die werkhafte Erfüllung des Gesetzes ohne die frohmachende totale Hingabe der Liebe keine Charitas. Luther kann daher unter diesem Gesichtspunkt die katholische Charitas – „maledicta Charitas“ – verfluchen, oder die programmatische Forderung formulieren: „Loco charitatis ponimus fidem“! Mehr noch, er kann in diesem Zusammenhang eine These entwickeln, die fortan als die genuin reformatorische Konzeption der Liebe gelten sollte. Danach ist der Mensch nur im Glauben offen für Gott, während die Liebe es nur mit den Menschen und den Werken des Gesetzes zu tun hat, mit denen Gott ohnedies nichts anfangen kann.

Diese und andere Theologumena erweisen sich jedoch schlagartig als fiktive Ansätze der Polemik, wenn man sie an den Grundanliegen Luthers und damit an jener Grundfrage nach der Gott geschuldeten Liebe mißt, die als Movens die gesamte theologische Entwicklung Luthers in Gang bringt und bis zum Ende in Gang hält, ohne daß es ihm gelungen wäre, seine Antwort in Gestalt einer allseits abgeklärten Lehre vorzutragen.

Auch hinter dieser These steht letztlich eine Erfahrung im Umgang mit Luther. Jahrzehntelang war meine Bemühung, die innere Einheit der Theologie Luthers aufzuzeigen, daran gescheitert, daß bei ihm jeder Begriff mit jedem anderen zusammenzuhängen schien, ganz wie in einem elektrischen System, in dem durch Kurzschluß alles ineinander verschmolzen ist. Verständlich wurde mir das Phänomen erst, als ich erkannte, daß im Lichte der Grundfrage in der Tat alle Haupt-Begriffe nur aus ihrer Beziehung zur Liebe ihren vollen Sinn erhalten. Dies gilt für Begriffe wie „Lex“ und „Evangelium“, für „Fides“ und „Humilitas“, für das „peccatum manens“, das „peccatum magnificandum“, das „peccator fieri“ und das „simul iustus et peccator“ oder für

Begriffe wie die „iustificatio", „Iustitia passiva", oder die „impletio legis" und die „libertas" des „novus homo".

Was hier nicht allseitig und umfassend dargestellt werden kann, sei nachstehend wenigstens an den wichtigsten Grundbegriffen verdeutlicht:

Das *„Gesetz"* ist für den Menschen eine Überforderung dadurch, daß die bloß werkhafte Erfüllung des Gesetzes durch die „opera legis" nicht ausreicht. Nur wer der „voluntas legis" folgend als „voluntarius ad legem" das Gesetz aus spontaner und frohmachender Liebe zu Gott und dem Nächsten befolgt, der erfüllt in Wirklichkeit das Gesetz. Luther betont in seinem Verständnis der Gott geschuldeten Liebe vor allem die Spontaneität der Liebeshingabe, die weit über den Willen hinausgeht.

Das Gesetz wird damit zur heilsamen Überforderung für den Menschen: Es offenbart uns die bleibende Unfähigkeit zu solch spontaner Liebeshingabe als das eigentliche Wesen der „Sünde". Auf sich selbst verkrümmt – „curvatus in seipsum" – kann der von Gott abfallende Mensch in allem nur noch das „seine" und sich selbst suchen. Von daher aber mißbraucht er durch seine „kranke Liebe" Gott, die Mitmenschen und die Schöpfung.

Wo wir uns jedoch im Glauben die Augen öffnen lassen für diese Sünde – Luther bezeichnet sie darum auch förmlich als „peccatum sola fide credendum" –, da wird die Liebesforderung des Gesetzes für uns zur heilsamen und rettenden Überforderung, sofern sie uns in die Arme Christi treibt. Denn die für uns unerreichbare vollendete Gottesliebe wird zur bestimmenden Kraft unseres Lebens, sofern wir „sola gratia" und „sola fide" die Gerechtigkeit und Liebe Christi ergreifen. Von daher erhält dann Luthers „simul iustus et peccator" seinen eigentlichen Sinn: „Sünder" sind wir, sofern wir in diesem Leben die geforderte Liebe in ihrer Vollendung nicht erreichen; „Gerechte" sind wir aber schon jetzt, sofern die liebende Hingabe des Glaubens die Hingabe der Liebe ersetzt. Angesichts dieser Ausrichtung auf die frohmachende Liebe kann Luther daher von dem „fröhlichen Glauben" sprechen, der durch seine Hingabe bewirkt, daß die „sub contraria specie" verborgene Liebe durch den Tod hindurch ihrer Vollendung entgegenreift.

Ich breche hier eine Erwägung ab, die ich in nächster Zeit zusammen mit dem finnischen Luther-Forscher T. Mannermaa in Gestalt einer „Theologie Luthers" zusammenfassend und abschließend behandeln werde. Bis dahin kann ich nur auf meine Studie im I. Band der Festschrift für H. Jedin verweisen, in der ich unter dem Thema „Fides absoluta – Fides incarnata: Zur Rechtfertigungslehre Luthers im Großen Galater-Kommentar" den großen Fragenkomplex erstmals behandelt habe.

c) In dieser Studie aus dem Jahre 1965 war mir allerdings längst nicht die ganze Bedeutung bewußt, die meiner These für die Lutherforschung zukommt. Gemeint ist die höchst kontroverse Frage, wie Luther das „Reformatorische" genau bestimmt und wann er das „Reformatorische" entdeckt hat. O. H. Pesch hat in seinen Aufsätzen mit großer Akribie über den Status discussionis in dieser dornigen Frage berichtet und dabei klar erkannt, auf welch simple Weise ich mich von diesem unlösbar gewordenen Problem zu befreien gedenke. Wenn man vom Ansatz von J. Lortz und E. Iserloh absieht, sind sich die Forscher bei der Bestimmung des „Reformatorischen" darin einig, daß es sich dabei um einen in der Struktur *„antikatholischen"* Ansatz handelt. In der weiteren inhaltlichen Bestimmung herrscht hingegen eine ausgesprochen widersprüchliche Fülle von Thesen, deren Referat ich mir hier erspare. Widersprüchlich ist sodann die zeitliche Bestimmung der Entdeckung des Reformatorischen: vom Jahre 1512/13 bis zum Jahre 1518 könnte Luther nach der Darstellung der verschiedenen Forscher den im großen Rückblick von 1545 geschilderten Durchbruch erlebt haben. Als ich nun in meiner Biographie die dornige Frage zu behandeln hatte, kam mir plötzlich die folgende befreiende Einsicht: Wenn das „Reformatorische" wirklich im Ansatz „anti-katholisch" gewesen wäre und wenn Luther es nach den modernsten Darstellungen im Frühjahr 1518 entdeckt hätte, dann müßte der Historiker erwarten, daß der Reformator voller Entrüstung wenigstens einen Monat später sein Kloster verließ. Ohne komplizierte theologische Erörterung steht jedoch durch die schlichte Tatsächlichkeit fest, daß Luther bis über das Jahr 1524 hinaus im „schwarzen Kloster" verblieb und eigentlich erst für die Hochzeit mit Katharina die grünschillernde Kutte ablegte.

Daraus glaubte ich zwei wichtige Folgerungen ziehen zu dürfen: Einmal schien mir erwiesen, daß Luther nicht das Kloster verließ, sondern daß es längst hinter ihm zusammengebrochen war, bevor er sich zur Ehe entschied. Zum anderen aber schien mir erwiesen, daß Luthers „reformatorische Entwicklung" ausgelöst wurde durch die Frage, die weder als *„katholisch"* im Sinne der zeitgenössischen Theologie noch als *„reformatorisch"* im Sinne der evangelischen Lutherrezeption qualifiziert werden kann. Unter der Voraussetzung, daß meine These stimmt, darf ich daher den neu gewonnenen Ansatz gleichsam als „ökumenischen Ansatz" bezeichnen: Umgetrieben durch die ihn bewegende Frage nach der Gott geschuldeten „reinen Liebe" war Luther der Kirche seiner Zeit voraus: und zwar der „alten Kirche", die ihn so gern verbrannt hätte, ebenso wie der „eigenen" oder den „reformatorischen Kirchen" insgesamt, die sich durch ihre eigenwillige Reformation immer mehr von Luther absetzten. Wer Luthers Werk im Lichte dieser Frage theologisch und geistlich erschließt, erschließt gleichzeitig das ökumenische Potential des uns hinterlassenen Erbes.

d) Ausgehend von dieser Sicht seines Grundanliegens im Bereich der Rechtfertigungslehre erschien mir Luther fortan in neuem Licht. Das besagt nicht, daß ich das „Häretische" an dem übersehen hätte, der mir zum „Vater im Glauben" geworden war. Im Gegenteil – die im Luther-Jahr gebrauchte Formel „Luther: weder Ketzer noch Heiliger" scheint mir als negative Fragestellung – „weder Fisch noch Fleisch" – völlig ungeeignet, Luthers ökumenisches Potential zu erschließen. Luther war sich außerdem selbst der Tatsache bewußt, daß er in der geschichtlichen Situation der Kirche nicht der Wahrheit zu dienen vermochte, ohne den Häresieverdacht auf sich zu nehmen. Ein gutes Beispiel gibt uns der Ablaßstreit: Luther kritisiert mit gutem Recht von der Schrift her das Ablaßwesen seiner Zeit. Die durch den Ablaßhandel kompromittierte Kirche vermag sich im Grunde nicht gegen den Angriff zu wehren. Andererseits muß sie aus Gründen der Selbsterhaltung den als Häretiker brandmarken, der den Jahrhunderte hindurch zur Zufriedenheit der Christenheit munter betriebenen Handel mit der Gnade Christi als schriftwidrige Verirrung angreift. Anderer Art sind jene Häresien, zu denen Luther im Kampf gegen die Werkgerechtigkeit in Theologie und Praxis durch einseitige und überspitzende Formulierungen gelangte. Die zeitgenössische Theologie konnte einfach nicht begreifen, was Luther meinte, wenn er gerade das „gute Werk" als „Todsünde" bezeichnete oder den „freien Willen" des Menschen in jeder Hinsicht bestritt und den „geknechteten Willen" behauptete. Von wiederum anderer Art ist die Bestreitung des Opfercharakters der Messe, die ihm ursprünglich keine Schwierigkeit bereitete, ihm aber im Kampf gegen die unbestreitbaren Mißbräuche der Messe unvermeidlich erschien. Als Häresie mußten der alten Kirche sodann Luthers Bestreitung der Siebenzahl der Sakramente, insbesondere der Sakramentalität des Ordo, der Kampf gegen den Papst als Antichrist und seine Ablehnung der Heiligenverehrung erscheinen.

In all diesen Punkten geht es für den katholischen Theologen zunächst um Häresien von kirchentrennender Relevanz, die nicht durch leichtfüßige Konsense im Sinne wechselseitiger „Anerkennung" aus der Welt zu schaffen sind. Andererseits erscheint bei vorurteilsloser Betrachtung keine dieser Häresien als definitiv und unbehebbar um des Glaubens willen. Wer sich die Intentionen Luthers in all diesen Punkten vergegenwärtigt, hat auch den Weg gefunden, wie sich die jeweilige Schwierigkeit durchaus im Sinne der Anliegen Luthers und zum Vorteil für die katholische Wahrheit beheben ließe. In einer Situation, in der führende Theologen die Häresie für unvermeidbar halten, lehrt Luther uns, wie selbst die Häresie wiederum der Wahrheit zu dienen vermag, nicht aber die Wahrheit die Häresie einfach tolerieren muß.

e) In diesem Sinn erkannte ich allmählich, daß auch Luthers „sola scriptura“ nicht unbedingt als Leugnung des kirchlichen Lehramtes verstanden werden muß. Zwar ist es wahr, daß dieses Prinzip im unseligen Ablaßstreit gegen die Kirche eine Zuspitzung erfuhr, die ihm ursprünglich nicht zukam. Aber selbst in Gestalt der These von der „Klarheit“ der „sich selbst auslegenden Schrift“ erstarrt es nicht zum Prinzip biblizistischer Schriftauslegung. „Sola scriptura“, das ist für Luther vielmehr vor wie nach die „viva vox euangelii“ des der Kirche zur Verkündigung anvertrauten Gotteswortes. So gesehen sind aber auch die altkirchlichen Symbola, die Luther zeitlebens anerkannte, keine Gefährdung, sondern Schutz des Glaubens an das Evangelium. Mehr noch, zum Schutz der „pura doctrina Euangelii“ hält Luther sogar die Überwachung durch das kirchliche Lehramt der Bischöfe für legitim und angebracht.

Andererseits liefert das „sola scriptura“ die Predigt nicht der „wissenschaftlichen Exegese“ aus. Luther wird vielmehr nicht müde, vor den Gefahren theologischer Neugier und Hermeneutik zu warnen. Die Schrift ist keine „wächserne Nase“, die man erwärmt,um sie in die gewünschte Richtung zu verbiegen. Bei aller Hochachtung Luthers für die Philologie, für ihn entscheidet letztlich nicht die „Grammatica“, sondern die „Res“ über die Richtigkeit der Exegese.

Darum steht denn auch für Luther letzten Endes hinter dem „sola scriptura“ außer der Sorge um die absolute Unantastbarkeit der Wahrheit des Evangeliums die sichere Überzeugung, daß der „deus loquens nobiscum“ selbst die Warheit seines Wortes garantieren wird. Sicher, Gott will „durch Menschen“, insbesondere durch das Amt der Kirche zu uns sprechen. Aber deswegen liefert er sich nicht aus an die Menschen. Weder die Prediger noch die Exegeten sollten daher als „Bauchredner“ Gottes auftreten, um Gott sagen zu lassen, was wir gerne von ihm hören möchten.

f) Aber auch Luthers Lehre vom kirchlichen Amt verlor in den letzten Jahren durch das geduldige Eingehen auf die Quellen das Anstößige, das es lange Zeit für mich hatte. Denn was immer katholische Kontroverstheologen oder begeisterte Anhänger der „Reformation“ aus den Texten herauslesen, Luther hat trotz terminologischer Schwankungen und einer Fülle überspitzter Sätze auch nach der Entdeckung des allgemeinen Priestertums in der Schrift nicht das auf göttlicher Stiftung und der Sendung Christi beruhende geistliche Amt der Kirche zugunsten des Priestertums aller Gläubigen aufgegeben. Im Gegenteil, schon 1523 folgert Luther in seinem Rat an die Böhmen aus der Notwendigkeit des Amtes für die Existenz der Kirche – analog zur Heilsnotwendigkeit der Taufe für den einzelnen Menschen – das Recht zu Not-Ordination von Bischöfen durch die Gemeinde. Denn was geschieht mit der Kirche, die ihrem Wesen nach „Creatura verbi“ ist, wenn in ihr das Amt ausstirbt, weil der katholische Episkopat die Ordination verweigert? Nach Luthers Rat sollen die Böhmen fortan nicht mehr ihre Pfarrer nach Italien schicken, um sie von käuflichen Bischöfen ordinieren zu lassen. Sie sollen sich vielmehr einen geeigneten Bischof wählen und ihn im Vertrauen auf die Wirksamkeit des Wortes ordinieren, auf daß der so ordinierte Bischof fortan die verwaisten Gemeinden mit ordinierten Pfarrern versehe. Dieser Vorschlag Luthers klingt nur denen unannehmbar, die sich eine Notordination in Analogie zur Nottaufe nicht vorstellen können. Würde indes dieser Ansatz, der in der alten Kirche keineswegs ohne Belege ist, die kirchliche Anerkennung finden, dann wäre damit ein Weg gefunden, der ohne jede Relativierung in der bis jetzt unlösbaren Amtsfrage weiterführen könnte.

Es kommt hinzu, daß Luther in seinem Amtsverständnis keineswegs so „unkatholisch" dachte, wie es Gegner und Freunde des Reformators Jahrhunderte hindurch einhellig behaupteten. Wahr ist hingegen, daß Luther zeitlebens die Feier der Eucharistie nur dem ordinierten Amtsträger anvertrauen wollte, daß er trotz Ablehnung des „Character indelebilis" jede Re-Ordination untersagte, daß er durch die Schaffung der zentralen Ordination in Wittenberg mit einem vorbildlichen Ordinationsformular für eine geordnete Praxis sorgte, und daß er schließlich sogar Bischöfe ordinierte, die bereits ordinierte Priester waren.

Ich frage mich, warum ich so lange gebraucht habe, um diese Ansätze Luthers in mich aufzunehmen, Ansätze, die sich von der Römerbriefvorlesung an bis in den Großen Genesis-Kommentar und die späten Predigten hinein als mächtige Aussagen in Fülle nachweisen lassen. Offenbar brauchte es zu dieser Erkenntnis jene letzte Vertrautheit mit Luther.

g) Dies gilt denn auch für den letzten hier zu behandelnden Punkt, nämlich Luthers Sakraments- und Kirchenverständnis. Es ist eine irreführende Vorstellung, wenn immer wieder von Luther behauptet wird, er habe sich für die „Kirche des Wortes" und damit gegen die „Kirche des Sakraments" entschieden. Für ihn sind Wort und Sakrament eindeutig keine konkurrierenden, sondern korrespondierende Größen. Das Wort ist sakramental verfaßt und bewirkt als schöpferisches Wort, was es besagt. Umgekehrt lebt das Sakrament vom Wort, sofern es verkündet, was das sakramentale Zeichen bewirkt. Dennoch kommt dem Sakrament nach Luther eine vom Wort verschiedene, für uns unersetzliche Wirksamkeit zu. Im Sakrament spricht Christus uns nicht nur an wie durch das Wort, sondern in ihm ist er in Analogie zur Menschwerdung greifbar gegenwärtig: Im Sakrament will er von uns gefunden werden – im Sakrament greift er gleichsam mit der Hand nach uns, um uns auf den Weg zu führen, den wir ohne Sakrament unter den Füßen verlieren würden. Luther hat diese Sakramentsauffassung vor allem im Kampf gegen die Schwärmer entwickelt und vertreten. Als einzelne Sakramente nennt er an zahllosen Stellen Taufe, Eucharistie und den rechten Gebrauch der Schlüssel, der sich für Luther noch weithin mit der privaten Beichte deckte. Was Luther unter Sakrament verstand, läßt sich insbesondere an seiner Konzeption des Altarsakramentes ablesen. Seine Verwaltung ist dem kirchlichen Amt anvertraut und kann ohne ordinierten Pfarrer nicht gefeiert werden. Unerschütterlich hält Luther vor allem an der Realpräsenz Christi im Sakrament fest: unter den Gestalten von Brot und Wein ist Leib und Blut Christi wahrhaftig gegenwärtig. Luthers Ablehnung der Transsubstantiation mindert dabei nicht im geringsten den Glauben an die Realpräsenz. Genauso ungebrochen ist Luthers Lehre von der Taufe, einschließlich der Kindertaufe und der Beichte. Der taufende und absolvierende Pfarrer handelt im Auftrag und in der Stellvertretung Christi. Das Sakrament wird darum nicht in Gestalt der „oratio deprecativa", sondern in Gestalt der „Oratio indicativa" gespendet.

All dies verweist darauf, daß für Luther die Kriche im Sinne der augustinischen Unterscheidung nicht nur als die unsichtbare Heilsfurcht der wahrhaft Glaubenden und Heiligen, sondern zugleich als sichtbare Heilsanstalt zu bestimmen ist. Luthers Kirchenbild, denn eine theologische Lehre von der Kirche hat er uns nicht hinterlassen, ist überhaupt – ähnlich wie sein „simul iustus et peccator" – geprägt durch eine Fülle paradoxaler Aspekte. Nur die Zusammenschau all dieser Aspekte und Bilder wird dem Kirchenbild Luthers gerecht.

So ist die Kirche für Luther einerseits „creatura verbi", die ganz und gar vom Wort lebt und durch das Wort bestimmt wird. Andererseits ist jedoch das Wort als Predigt allein der Kirche anvertraut und erklingt nur in der Kirche.

Von daher ist Kirche dann für Luther nicht nur „discipula Christi", die zu seinen Füßen sitzend auf sein Wort lauscht, sondern sie ist zugleich „Sponsa", von der er in einer seiner Genesis-Predigten erklären kann: „Neminem habet supra se nisi Iesum Christum sponsum, sie hatt sein Euangelium, suum spiritum, baptisma, panem etc, quicquid illa facit, factum est in coelo et in terra . . . Die vermag alles, was Gott vormag... Drumb ists ein fein Ding in hoc matrimonio inter Christum et ecclesiam. Ihr leib und bauch sunt sacramenta, dar mitt und in welchen sie mich tregt."

So ist die Kirche für Luther zugleich „Gemeinschaft der Heiligen" und „Kirche der Sünder", „Infirmaria sanandorum", in der Christus uns gesund pflegt, oder der hier schon gegenwärtige Zugang zum „palatium sanorum", zum „Reich der Himmel", oder die „feste Burg" und das „aufgerichtete Zeichen".

Für Luther ist Kirche weiter das pilgernde „Gottesvolk" oder die „here Magd" und das „himmlische Jerusalem". Er erkennt die Kirche im Bilde „Mariens“, die Gottes Wort in ihrem Herzen bewegt und bewahrt, oder im Bilde der unfruchtbaren „Sara“, die glaubend in ihrem erstorbenen Schoß den Erben der Verheißung empfängt.

Noch paradoxaler ist Luthers Bestimmung, wo er die „wahre“ und „falsche Kirche“, die „Kirche Kains“ und die „Kirche Abels“ zusammenschaut. Sie liegen auf den Tod miteinander im Streit, aber für Luther steht fest, daß am Ende die „wahre Kirche“ siegen wird.

Von Luther können wir daher lernen, daß wir die „wahre Kirche“ nicht erst „basteln“ müssen, wie manche unruhig gewordene Ökumeniker gegenwärtig meinen. Und wir müssen die Einheit der Kirche nicht erst fabrizieren, weil sie für Luther letztlich nicht zerstört ist. Verborgen „sub contraria specie“ hat Gott sie für uns bewahrt. Er wird sie offenbar machen, wenn wir ausharren in der Nacht und im Gehorsam des Glaubens.

Wer bis dahin vorgestoßen ist, der glaubt Luther, daß er nie eine neue Kirche gründen wollte. Gleichzeitig versteht er, warum Luther das einzige Liebeslied, das er verfaßt hat, der Kirche widmete, und dies im Jahre 1536, als jede Versöhnung menschlich unmöglich erschien.

ULRICH KÜHN

Martin Luther – Geleit eines evangelischen Theologen

Die vorgegebene Thema-Formulierung zeigt an, daß es in diesem Referat um persönliche Erfahrungen mit Luther gehen soll, um den eigenen Weg mit Luther, also um ein Stück theologischer Autobiographie. Die damit verbundene Herausforderung möchte ich gern annehmen – auch um mir selbst Rechenschaft zu geben. Ich werde also nicht über „Luther in der evangelischen Theologie der 20. Jahrhunderts" sprechen[1]) und auch nicht über „Luther in den Wandlungen seiner Kirche".[2]) Natürlich ist der eigene theologische Weg mit Luther undenkbar ohne den Weg, den Luther in der nach ihm (gegen seinen Willen) benannten Kirche genommen hat, und ohne den Kontext zeitgenössischer theologischer Lutherdeutungen. Aber es ist doch, so denke ich, ein eigener Weg, der wie Geschichte überhaupt den Charakter des Einmaligen hat, allerdings *so* ein Angebot zu Gespräch und Gemeinschaft sein könnte.

Ich möchte in vier Schritten vorgehen. In den beiden ersten Schritten werden zwei Umwege oder auch Verfremdungserfahrungen in den Blick zu rücken sein (I, II), auf deren Hintergrund dann allererst (III) von der Entdeckung wesentlicher Einsichten des Reformators für das eigene theologische Denken die Rede sein wird. Den Abschluß (IV) bilden einige Überlegungen zu „Luther als ökumenisches Potential", so wie es meinem augenblicklichen Erkenntnisstand erscheint. Dies wäre zugleich ein geheimes Gesamtmotto; denn mein Weg mit Luther ist der Weg dessen, dem in wachsendem Maße die Bewegung von Christen und Kirchen aufeinander zu zur Maxime auch des theologischen Denkens geworden ist.

1. Der „lutherische" Luther

„Ich begann ein Lutheraner zu werden, weil meine Väter im Glauben Lutheraner waren."[3]) So könnte der Beginn des Geleites, das mir Luther gab, beschrieben werden. Es war ein konfessionelles Luthertum, das meine ersten Begegnungen mit Luther bestimmte. Mein Konfirmator war ein baltischer lutherischer Pfarrer, der uns Luthers „Kleinen Katechismus" lehrte. Wir mußten Fragen und Antworten noch auswendig lernen, und manchmal denke ich, es steht auch einem erwachsenen Theologen gut an, wenn er den Katechismus auswendig weiß. Als Sänger des Leipziger Thomanerchores wuchs ich im lutherischen Gottesdienst auf. Ich erlebte mit 17 Jahren die Generalsynode der Vereinigten Ev.-Luth. Kirche Deutschlands, die sich 1949 in der

Leipziger Thomaskirche versammelte.[4]) Als ich in Leipzig zu studieren begann, wurde alsbald Ernst Sommerlath mein Lehrer. Ernst Sommerlath war ein lutherischer Theologe besonders strenger Observanz. Er gehörte zu den entscheidenden Promotoren der konfessionell-lutherischen kirchlichen Zusammenschlüsse in Deutschland und auf Weltebene.[5]) In den Vorlesungen, die wir bei ihm hörten, zog sich wie ein roter Faden die Warnung vor allen unionistischen Tendenzen mit Kirchen reformierter Tradition hindurch. Zugleich machte er uns immer wieder deutlich: es kann uns letztlich nicht um die Person Luthers und seine Theologie gehen, sonders es geht um die lutherische *Kirche*, deren Grundlage das lutherische Bekenntnis ist. Die Confessio Augustana als „Grundbekenntnis der lutherischen Kirche" war regelmäßiges Thema systematisch-theologischer Seminare und wurde von uns in entscheidenden Formulierungen auswendig gewußt.

Aus Luthers Theologie waren es ganz besonders zwei Themenbereiche, die im Vordergrund des Lehrens und theologischen Arbeitens von Ernst Sommerlath standen. Der eine Bereich war die Sakramenten-, insbesondere die Abendmahlslehre. Der Akzent lag dabei auf dem älteren Luther, dem Luther des Abendmahlsstreites und der Katechismen, während beim jüngeren Luther (etwa in „De captivitate babylonica") sakramentstheologische Defizite konstatiert wurden. Das zentrale sachliche Anliegen, das Ernst Sommerlath uns vermittelte, war das Festhalten an der realen Gegenwart von Leib und Blut Christi unter den Elementen Brot und Wein. „Luther kommt es auf die substantielle Gegenwart Christi an."[6]) „Im Abendmahl ist eine besondere Verbindung mit Christus hergestellt, wie wir sie im Wort als dem Mittel des Geistes nicht haben."[7]) Insofern ist das Abendmahl die „Fortsetzung der geschichtlichen Gegenwart Christi".[8]) An dieser Stelle stehe Luther der römisch-katholischen Lehre näher als der reformierten, und die Konkordienformel habe eben dieses Erbe Luthers mit Erfolg verteidigt und für die lutherische Kirche gerettet. Ernst Sommerlath unterschied sich darin von anderen Lutherinterpreten, wie P. Althaus, H. Gollwitzer, H. Graß, die sich stärker am jüngeren Luther orientierten. Und Ernst Sommerlath war das einzige Mitglied der Kommission für die lutherisch-reformiert-unierten Lehrgespräche über das Abendmahl 1947–1957, das deren Ergebnis, die sog. Arnoldshainer Abendmahlsthesen von 1957, nicht unterschrieb. Ebensosehr hat er sich bis zum Ende seines Lebens gegen die sogenannte Leuenberger Konkordie von 1973 gewehrt.

Der andere Themenbereich, in dem Sommerlath eine akzentuierte Lutherdeutung vortrug, war die Lehre vom Amt der Kirche.[9]) Er wehrte sich mit Entschiedenheit dagegen – und führte dafür auch Luther ins Feld –, daß das geistliche Amt nur als eine Art Exponent des allgemeinen Priestertums angesehen werde, gewissermaßen als Delegierung von Aufgaben und Vollmachten, die allen Getauften zustehen. Nein: Das besondere geistliche Amt ist von Christus eingesetzt und steht der Gemeinde und dem allgemeinen Priestertum gegenüber. Und genau dies hören wir auch bei Luther.

Es gab Studenten, die diesen Thesen gegenüber durchaus kritisch waren, und auch in der kirchlich-theologischen Diskussion sind sie sehr umstritten gewesen. Es ist jedoch ein wesentliches Stück des Geleites, das mir Luther auf meinem theologischen Weg gegeben hat, daß ich diese Akzente und die daraus folgenden kirchlichen Konsequenzen mir voll zu eigen machte und am Ende meines Theologiestudiums allen Bestrebungen lutherisch-reformierter Kircheneinheit im Namen Luthers und der lutherischen Kirche ebenso skeptisch gegenüberstand wie mein Lehrer. Und ich vertrat wie mein Lehrer die These, daß die lutherische Kirche die Konfession der Mitte sei – zwischen reformierter Kirche auf der einen, römisch-katholischer Kirche auf der anderen Seite. Im Grunde könne nur eine Bekehrung aller anderen zum lutherischen Glauben den Weg zur Einheit der Kirche eröffnen.[10])

War es ein entfremdeter Luther, der dem Studenten sein Geleit gab?

2. Hinter Luther zurück

Es gehört zu den Geheimnissen geschichtlichen Werdens, daß Impulse mitunter zu Wirkungen führen, die von der Intention, mit der sie gegeben wurden, abweichen. Mein Lehrer Ernst Sommerlath regte mich dazu an, mich etwas ausführlicher mit Problemen und neueren Entwicklungen in der römisch-katholischen Theologie zu beschäftigen. Dies führte dazu, daß sich meine beiden Graduierungsarbeiten während meiner Assistentenzeit in Leipzig theologischen Themen aus der Gegenwart und der Traditon der katholischen Kirche widmeten. In unserem Zusammenhang, wo es um das Geleit geht, das mir Luther gab, ist vor allem die zweite Arbeit von Belang. Sie beschäftigte sich mit einem zentralen Thema aus der Theologie des Thomas von Aquin – mit der Absicht, den geschichtlichen Wurzeln gegenwärtigen katholischen Denkens ein wenig auf die Spur zu kommen. Das Ergebnis war für mich selbst und für viele andere überraschend. Am Ende stand nämlich nicht einfach das Bild eines Prototyps konfessionellen römisch-katholischen Denkens. Vielmehr war ein wesentliches Ergebnis meiner Studien die Einsicht, daß wir es in Thomas von Aquin mit einem keineswegs schon genügend gewürdigten Vätererbe auch der evangelischen Theologie und Kirche zu tun haben. Ich glaubte zu entdecken, daß Thomas nicht nur formell-zeitlich, sondern in der Sache, die er zu sagen hat, der noch ungeteilten westlichen Christenheit angehört. Dies war für mich um so bedeutsamer, als der Themenbereich, der mich bei Thomas beschäftigte, die „Theologie des Gesetzes“ war, also eben jener Bereich, in welchem nach Luther das entscheidende und auch unterscheidende Signum sachgerechter evangelischer Theologie zu sehen ist. „Fast die gesamte Schrift und die Erkenntnis der ganzen Theologie gründet in der rechten Erkenntnis von Gesetz und Evangelium.“[11]) Hier zu unterscheiden und richtig zuzuordnen ist nach Luther die höchste Kunst in der Christenheit.[12]) Die Entdeckung, die mich faszinierte, war die: Gewiß nimmt Thomas nicht einfach vorweg, was Luther zur Unterscheidung von Gesetz und Evangelium zu sagen hat. Jedoch begegnet bei Thomas eine Weise, von diesen Dingen zu reden, die beanspruchen darf, in der Heiligen Schrift, insbesondere in Paulus gegründet zu sein und die also unser ernsthaftes Gehör ebenso verdient wie die in diesem Bereich getroffenen Unterscheidungen Luthers.

Das Licht, das von Thomas her zurück auf Luther und seine theologische und kirchliche Bedeutung fällt, hat für mich die Bedeutung gehabt, bestimmte im evangelischen Raum bis heute gängige Urteile über die Einzigartigkeit Luthers in Frage zu stellen. Ich hatte die These zu revidieren, daß es zwischen dem Neuen Testament und Luther, ganz besonders in der mittelalterlichen Scholastik, nichts gegeben habe, was theologisch auf der Höhe des Neutestamentlich-Christlichen steht, und daß erst durch Luther das Licht des Christlichen nach eineinhalb Jahrtausenden wieder zu leuchten begonnen habe.[13]) Im Studium der Theologie des Thomas drängte sich vielmehr die Erfahrung und Einsicht auf, daß hier auf der Höhe des Mittelalters große und wahre christliche Theologie vorliegt, die völlig zu Unrecht als Ausdruck eines Verfalls der Theologie angesehen wurde. Gewiß bleiben bei Thomas wesentliche Fragen offen, und es stellen sich Einwände; aber gibt es einen theologischen Entwurf, wo das nicht der Fall wäre? Und ist etwa Luther davon ausgenommen? Thomas und das Mittelalter überhaupt treiben anders Theologie, als es dann bei Luther der Fall ist. Aber es ist durchaus nicht ausgemacht, daß Thomas weniger gültige Theologie vorträgt.

Eine zweite These mußte ebenso revidiert werden: nämlich, daß Luther die Theologie endlich von der Überfremdung durch die Philosophie befreit habe.[14]) Bei Thomas habe ich beispielhaft gelernt, daß es von der Philosophie – und auch speziell von Aristoteles – einen durchaus legitimen theologischen Gebrauch geben kann. Damit ist wiederum nicht gesagt, daß es nichts Bedenkliches gibt in der Art, wie Thomas auf Aristoteles zurückgreift. Aber die Denkformen, die Thomas – übrigens nicht nur von Aristoteles, sondern sehr deutlich auch etwa vom Neuplatonismus – übernimmt, sind als solche noch kein Beweis für eine „Gefangenschaft“ der Theologie in der Philosophie. Auch Luther hat sich philosophischer Denkformen für seine theologischen Aussagen bedient, etwa im Zusammenhang seiner Argumentationen im Abendmahlsstreit[15]) oder in der Anthropologie.[16]) Die Verwendung philosophischer Denkmittel und Kategorien ist für die evangelische Theologie nach Luther (angefangen mit der protestantischen Orthodoxie) selbstverständlich gewesen. Im Zusammenhang der Bultmann-Debatte im 20. Jahrhundert ist dies als hermeneutische Frage diskutiert worden, wobei sich eine philosophielose Theologie als Illusion erwies. Es kann also nur darum gehen, wie im konkreten Fall Philosophie im Raum der Theologie zu stehen kommt. Dem Thomas diente die Philosophie des Aristoteles – als weltzugewandte Philosophie – in erster Linie dazu, den Glaubensartikel von Gott dem Schöpfer der Welt und der Welt als Schöpfung eindrucksvoll auszuarbeiten.[17]) Der in der Reformation und seither oft erhobene Vorwurf, auf dem Wege der aristotelischen Tugendlehre sei es zu einer Theorie der Gerechtigkeit aus den Werken gekommen, verkennt die im hohen Mittelalter sehr genau vorgenommene und beachtete Unterscheidung der sog. erworbenen von den sog. eingegossenen, d. h. von Gott ohne unser Verdienst geschenkten Tugenden.[18]) Es ist eine Tragik zu nennen, daß Luther offenbar die große Theologie des Mittelalters, zumindest Thomas, nicht wirklich gekannt hat.[19]) Daß seine Polemik gegen die mittelalterliche Theologie Thomas nicht oder nicht direkt trifft, liegt auch an der unterschiedlichen Begrifflichkeit, gerade im Bereich der Rechtfertigungslehre.[20]) Wir wissen heute z. B., daß Luthers Glaubensbegriff, der seinem „sola fide" zugrunde liegt, mit umgreift, was in der mittelalterlichen Theologie Liebe (Gottesliebe) und Hoffnung heißt. Umgekehrt umfaßt die Liebe zum *Nächsten,* die Luther nur als *Folge* der Glaubensgerechtigkeit gelten lassen wollte, nicht, was im Mittelalter „caritas" als Freundschaftsliebe zu *Gott,* als selbstvergessenes Sich-Gott-Überlassen meint.[21]) In der Auslegung des ersten Gebotes durch Luther erscheint eine Erinnerung daran, wenn Luther sagt: „Wir sollen Gott über alle Dinge fürchten, lieben und vertrauen", und wenn er dieses als Anweisung zum Glauben versteht.[22]) Ein permanentes Mißverständnis hat auch die Rede des Thomas vom Evangelium als dem „neuen Gesetz" hervorgerufen. Hier ist ganz ausdrücklich nicht eine Summe von Vorschriften gemeint, sondern jene Gabe des verwandelnden Heiligen Geistes Gottes, die Paulus das „Gesetz des Geistes des Lebens in Christus Jesus" nennt.[23]) Aber auch Luthers Polemik gegen die Gefangenschaft der Sakramente im römischen System trifft Thomas nicht. Daß es ohne Glaube, Liebe und Hoffnung keine Heilswirkung des Sakramentes gibt, daß also ein von uns manipulierbarer Heilsautomatismus gerade ausgeschlossen sein soll, wußte das hohe Mittelalter ebenso wie Luther.[24])

Es ist in unserem Jahrhundert zu einem so noch nicht dagewesenen, gewissermaßen nachgeholten Gespräch zwischen Thomas und Luther gekommen, bei dem einander zwei große, ebenbürtige Theologen begegnet sind.[25]) Im Ergebnis dieses Gesprächs kann durchaus nicht davon die Rede sein, daß Thomas und Luther im einzelnen immer das Gleiche sagen. Ja, es ist über einzelne Aussagenunterschiede hinausgehend gemeint worden, es liegen hier zwei unterschiedliche Arten von Theologie überhaupt vor: O. H. Pesch hat von der „sapientialen" Theologie des Thomas im Unterschied zur „existentiellen" Theologie Luthers gesprochen; einer mehr betrachtenden steht eine aus der Angefochtenheit geborene und sie immer wieder artikulierende Theologie gegenüber.[26]) Aber gerade von einer solchen Einsicht her lassen sich dann auch Aussagenunterschiede leichter vermitteln: so etwa die Aussage Luthers über den Gerechten, der zugleich Sünder bleibt, mit der rein „sanativen" Rechtfertigungsauffassung bei Thomas. Es ist mir deutlich geworden, daß beide Theologen je auf ihre Art legitime christliche Theologie treiben, und daß deshalb Thomas als Vätererbe nicht einfach der katholischen Theologie zu überlassen ist, wie umgekehrt Luther auch für einen katholischen Christen und Theologen Vater im Glauben und theologischer Lehrer von Rang sein könnte.[27]) Der Schritt „hinter Luther zurück" hat mich im Blick auf das Geleit, das mir Luther bedeutet, gelehrt, das Luther *ein* Zeuge des Evangeliums ist, aber nicht der einzige und auch kein unvergleichbarer. Bei all seiner unerhörten Bedeutung ist Luther doch hineingenommen in die Wolke der Zeugen, die es vor und nach ihm gab. Gleichzeitig bedeutete diese Einsicht für mich, daß auch die nach Luther sich nennende Kirche nicht meinen darf, die allein wahre Konfessionskriche zu sein. Über Thomas ist mir ein ökumenisches Verständnis und ein ökumenisch verantwortbarer Umgang mit Luther und der lutherischen Kirche erschlossen worden, der mich von bestimmten Positionen meines Lehrers definitiv abrücken ließ.

3. Luther, der Zeuge des Evangeliums

Luther hat im Chor der Väter des Glaubens nun allerdings eine eigene und unverwechselbare Stimme: das wurde mir gerade auf dem Hintergrund der Begegnung mit Thomas bewußt. Dabei ist es nicht der große Deutsche, es ist auch nicht der Sprachschöpfer und auch nicht der Luther, dessen reformatorische Ideen den Hintergrund der sozialen Unruhen und Veränderungen im 16. Jahrhundert bildeten, der für mich maßgebend und faszinierend wurde. Dies alles ist gewiß sehr wichtig; aber für mich war es der Zeuge des Evangeliums, das er als Professor der Heiligen Schrift am Ende des Mittelalters und Beginn der Neuzeit vernommen und verkündet hat, der mir auf dem weiteren theologischen Weg sein Geleit gab, und dies oft auch in Spannung zu theologischen und kirchlichen Trends der Gegenwart. Insofern bekenne ich mich zu dem in den letzten hundert Jahren in der evangelischen

Theologie verstärkten Bemühen, Luther als Theologen neu zu entdekken und wiederzugewinnen. Die sog. Luther-Renaissance in den zwanziger Jahren unseres Jahrhunderts war ja Teil eines umfassenden Orientierungsprozesses der evangelischen Theologie auf ihre reformatorischen Grundlagen. Karl Barth selbst, an den dabei in erster Linie gedacht werden muß, hat freilich in vielem auch sehr kritsch über Luther und vor allem das Luthertum geurteilt.[28]) Daß die evangelische Theologie *nach* Barth und Bultmann die entscheidenden Absichten Luthers überhaupt nicht mehr aufgenommen habe und es zu einer Art „Luther-Vergessenheit" in der evangelischen Theologie gekommen ist,[29]) mag man als allzu pauschale Urteile bestreiten: das Luther-Gedächtnis anläßlich seines 500. Geburtstages ist tatsächlich weithin auch ein Ausdruck unserer Verlegenheit dem Reformator gegenüber gewesen.[30]) Natürlich kann es niemandem darum gehen, Luther unkritisch oder gewissermaßen komplett (im quantitativen Sinne) in die Gegenwart zu übernehmen. Es sind jedoch einige grundlegende Einsichten Luthers, die mir als evangelischem Theologen gerade im Konzert der Theologie des 20. Jahrhunderts besonders wichtig geworden sind und von denen ich meine, daß Luther uns hier für unser Zeugnis vom Evangelium unentbehrlich ist. Unter dieser systematisch-theologischen Blickrichtung möchte ich fünf Punkte herausgreifen:

a) Luther hat mich gelehrt, die Heilige Schrift von ihrer Mitte her auszulegen. Es gibt nach Luther so etwas wie einen „Kanon im Kanon". Nach den Vorreden der Septemberbibel von 1522 ist es der „rechte Prüfstein" der biblischen Bücher, „ob sie Christum treiben oder nicht",[31]) und Luther nimmt sich von daher die Freiheit, über den Jakobusbrief und die Apokalypse durchaus kritisch zu urteilen (zum Erschrecken vieler seiner heutigen Leser). Das Gefährliche einer solchen Option ist mir durchaus bewußt. Es könnte das ein Zeichen subjektiver Willkür in der Behandlung der Heiligen Schrift sein, und man muß fragen, ob das von katholischer Seite geäußerte Bedenken, Luther sei kein Vollhörer der Schrift gewesen,[32]) nicht an dieser Stelle einen deutlichen Anhaltspunkt hat. Immerhin wird man zugleich auf Luthers Respekt vor der maßgeblichen Bedeutung der altkirchlichen Dogmen verweisen dürfen, die (besonders beim späteren Luther) zeigen, daß er als Ausleger der Heiligen Schrift sich durchaus eingebunden wußte in die Auslegungstradition der Kirche – der alten und gesunden Kirche allerdings, wie er dann immer wieder hinzufügte.[33]) Aber die Lehrentscheidungen der alten Kirche weisen eben auf Christus, die Mitte der Schrift, hin und unterstreichen für Luther die von ihm angewandte Hermeneutik. Das spätere lutherische unterscheidet sich hier vom klassischen reformierten Schriftverständnis.

Daß die Mitte der Schrift ihr Auslegungskanon ist, hat für mich im gegenwärtigen theologischen Gespräch eine erhebliche Bedeutung gewonnen. Dies gilt insbesondere für unseren Umgang mit dem Alten Testament. Schon der Name „Altes Testament" ordnet diesen Teil der Heiligen Schrift auf das Neue Testament als das für uns maßgeblichere, durch Ostern definitiv begründete Zeugnis der ersten Christenheit hin und weist uns zu einem Gebrauch des Alten Testaments an, der sich z. B. vom Gebrauch des Judentums unterscheidet. Wir haben zu beachten, daß und in welcher Weise das Alte Testament von Christus her auch als überholt zu gelten hat, gerade in seinen politischen Dimensionen. Natürlich ist dann ebenso der umgekehrte Vorgang wichtig: Christus erschließt sich als das Zentrum der Schrift aus seinem Kontext, der in besonderem Maße das Alte Testament bildet. Es ist eine der entscheidenden Anweisungen Luthers an die Theologie, sich um die theologische Beschreibung des Zentrums der Heiligen Schrift zu bemühen – eine Beschreibung, die freilich im einzelnen möglicherweise anders als die Beschreibung Luthers selbst aussehen könnte, vielleicht auch als eine Bewegung, ein Prozeß zu beschreiben ist. Die Schrift in der uns vorliegenden, von der Kirche rezipierten Komposition *will* aber auf ihr Zentrum hin und von ihm her gelesen werden, was für die Interpretation z. B. auch der Jungfrauengeburt oder der Bilder vom Ende der Welt von erheblicher Bedeutung ist. Wenn das II. Vaticanum an dieser Stelle von der „Hierarchie der Wahrheiten" spricht, meint es dieselbe Sache, und es ist uns allen bewußt, welche Bedeutung diesem Hinweis für das ökumenische Gespräch zukommt.[34])

b) Luther hat mir durch seine Rechtfertigungslehre (über Thomas hinausgehend) gezeigt, was es um das Evangelium und die Gnade Gottes ist. Daß wir es im Evangelium mit einer die Herzen verwandelnden Macht zu tun haben; daß Inbegriff des Evangeliums die neuschaffende Gabe des Heiligen Geistes ist, das hat Thomas unvergleichlich erfaßt und zum Ausdruck gebracht.[35]) Aber daß die Barmherzigkeit Gottes nicht einfach darin zum Ziel kommt, daß durch Geist und Wiedergeburt ein neuer Mensch nach dem Bilde Gottes geschaffen wird, daß „Evangelium" darüber hinaus heißt: Gott gewährt seine Liebe und Vergebung gerade auch dem, der noch als Wiedergeborener Sünder ist und es bis zum Tode bleiben wird, und daß allein darin unser letzter Trost liegt: das hat über Thomas hinaus Luther einzigartig erfahren und gelehrt. Es ist Gottes gewißmachendes Wort, das mich in meiner Armut trifft, abholt, auffängt.[36]) Die Frömmigkeit aller Zeiten hat darum gewußt, die großen Beter haben es nie anders erfahren. Aber als theologische Einsicht ist es wohl erst von Luther so deutlich formuliert worden. Dabei ist durchaus zuzugeben, daß Luther hier auch über das hinausgeht, was bei Paulus ausdrücklich zu lesen ist: ein simul iustus ac peccator, wie es Luther erfuhr und lehrte, finden wir bei Paulus nicht.[37]) Paulus wußte zwar um ständige Rückfälle der Christen in die alte Existenz. Aber erst weitere Erfahrungen im Christsein machten es deutlich, wie grundsätzliche Bedeutung das hat, wie sehr sich daher die Situation des Anfangens, des Christwerdens, des Übergangs vom alten zum neuen Dasein täglich wiederholt; wie sehr also die Zuwendung Jesu zu den Sündern etwas ist, was gerade Christen von Tag zu Tag nötig haben. Es sind das Erfahrungen, die gegenwärtiges Christsein in besonders starkem Maße kennzeichnen. Ihre theologische Aufarbeitung dürfte bei Luther zu einem gewissen Höhepunkt gekommen sein, was zu einer Auslegung der biblischen Botschaft über ihre ursprünglichen Aussagen hinaus nötigte.[38])

Diese Einsicht in das Wesen des Evangeliums setzt sich bei Luther sofort um, z. B. in seine Theologie des Opfers Christi beim Abendmahl. Die katholische Messe war ihm so problematisch, weil jene bleibende Barmherzigkeit Gottes als das Entscheidende in ihr nicht mehr zum Leuchten kam, vielmehr der Gedanke des von uns darzubringenden Opfers, der eigenen Aufopferung an Gott, bestenfalls derjenige des Mitopferns mit Christus, bestimmend für das Verständnis des heiligen Abendmahls geworden war. In der ökumenischen Begegnung heute lernen wir die geistliche Bedeutung solcher Teilnahme am Opfer Christi, unseres Eintretens in die sich hingebende Bewegung Christi neu einsehen. Gerade dann muß uns Luthers kritische Einsicht aber maßgeblich bleiben. Denn es darf jene Dimension des eucharistischen Geschehens nicht übersehen werden, in der uns hier etwas zugewendet wird – Gottes zukommende und auch für den Christen bleibend nötige Barmherzigkeit –, was wir als solches nur empfangen, nicht aber selbst vollziehen können.[39]) Eine andere theologische Konsequenz aus der Rechtfertigungslehre ist Luthers theologisches Menschenbild: sein radikales Sündenverständnis zumal, aber etwa auch die Definition des Menschseins vom Röm. 3,28 her.[40])

Es ist diese Einsicht in das Wesen des Evangeliums nicht etwas, was gegenwärtig theologische Schlagzeilen macht. Vielmehr wird Luther hier einer Generation, die das Evangelium als weltverwandelnde Macht und die vom Evangelium her entspringende Weltverantwortung neu entdeckt hat, eher zu einer Zumutung. Mir scheint indessen, daß Luther gerade an dieser Stelle auf uns wartet. Haben wir nicht die Erfahrung gemacht, daß der Mensch sich überheben kann, wenn er sich als Befreier der Welt aufspielt? Und ist Luthers Rechtfertigungslehre, die ja die Unterscheidung von Gottes und des Menschen Werk lehren will, heute nicht um des Menschen willen so dringlich zu hören?[41]) Auch die Bedeutung, die das Phänomen der „Annahme“ des Menschen in der psychologischen Praxis und Theorie hat – also gerade des Menschen, der sich selbst zunächst überhaupt nicht annehmen kann, der mit seinen inneren und äußeren Leistungen am Ende ist und sich nach Wärme und Geborgenheit, nach Annahme und Vergebung sehnt –, deutet darauf hin, daß Luthers Einsichten noch eine erhebliche Zukunft vor sich haben könnten.[42])

c) Luther hat mich die Verborgenheit Gottes denken gelehrt, und er hat mir damit ein hilfreiches Wort beim gegenwärtigen Fragen nach Gott, im Blick auf die Glaubwürdigkeit unserer Rede von Gott heute gesagt. In „De servo arbitrio" (1525) begegnen bekanntlich zwei Weisen der Rede vom verborgenen Gott. Da ist zuerst die berühmte (nahezu singuläre) Passage, wo sich Luther in Auseinandersetzung mit Erasmus darüber Rechenschaft gibt, worauf es zurückzuführen ist, daß nur ein Teil der Menschen auf das allen angebotene Heilswort positiv reagiert. Liegt hier nicht eine unterschiedliche eigene Entscheidung aus der Freiheit des Menschen als Ursache zugrunde? Nein, sagt Luther, sondern es ist der verborgene, von uns schlechthin zu fürchtende Wille Gottes, der allein bewirkt, daß die einen zum Heil kommen, die anderen ihren Weg zum Unheil gehen. Das alles veranlaßt Luther zu sehr grundsätzlichen Aussagen: „Gott tut viel, das er uns durch sein Wort nicht zeigt, er will auch viel, das zu wollen er uns durch sein Wort nicht zeigt . . . Es genügt so viel zu wissen, daß es in Gott einen gewissen unerforschlichen Willen gibt, was aber er will, warum und inwiefern er es will, das darf man schlechterdings nicht erforschen, erfragen, sich darum kümmern oder daran rühren, sondern nur fürchten und anbeten."[43]) Wir sollen uns an das Verheißungswort der Gnade halten, das Wort des offenbaren Gottes – aber es gibt eben auch den verborgenen unerforschlichen Willen Gottes. Luther statuiert eine Dualität in Gott, die systematisch unbefriedigend bleibt und an die Grenze des Fatalismus gerät – das ist immer wieder kritisiert worden.[44]) Aber Luther bekommt damit etwas in den Blick, was gegenwärtigem Reden von Gott häufig abhanden gekommen ist: nämlich daß es dunkle, schicksalhafte Seiten, daß es eine zu fürchtende Unerforschlichkeit und Majestät des „ganz anderen" Gottes gibt, daß der Satz „Gott ist Liebe" nur auf diesem dunklen Hintergrund vor Verflachung bewahrt werden kann. Mir hat sich hier eine Möglichkeit erschlossen, Gott besser mit der wirren, desolaten, oft grausamen Welt zusammenzudenken, etwa auf der in Röm. 1,22 f. angedeuteten Linie.[45]) Es ist das ein durchaus fremdes Wort in unserer theologischen Lage.

Dann aber gibt es noch eine zweite Weise, wie Luther von der Verborgenheit Gottes redet. Es ist jene Verborgenheit, die Luther gerade *in* der offenbarenden Zuwendung Gottes wahrnimmt. „Damit Gelegenheit für den Glauben ist, muß alles, was geglaubt wird, verborgen sein. Es wird aber am tiefsten verborgen, wenn es dem Augenschein, den Sinnen und der Erfahrung gerade entgegengesetzt ist. Wenn Gott also lebendig macht, so tut er es, indem er tötet; wenn er rechtfertigt, so tut er es, indem er uns schuldig macht; wenn er uns in den Himmel führt, so tut er es, indem er uns zur Hölle führt."[46]) Es kehren hier Gedanken und Aussagen wieder, die Luther zuvor in seiner „theologia crucis" entfaltet hatte.[47]) Gottes Zuwendung zu uns hat die Gestalt des Kreuzes, er handelt mit uns wider den Augenschein. Er nimmt teil an unserem Leiden und an unserer Niedrigkeit. Die Verborgenheit Gottes besteht darin, daß er auf eine Weise begegnet, die Menschen normalerweise nicht erwarten. Er geht ein in Fleisch und Niedrigkeit, er geht ans Kreuz, er stirbt für uns. Die Rede vom Tode Gottes im Sterben Christi ist bei Luther angelegt, so sehr sie später als unerträglich empfunden wurde.[48]) Auch diese Weise, von Gottes Verborgenheit zu reden, hat mir geholfen, Gottes Gegenwart und heilsames Wirken in der Welt besser zu verstehen. Gott bleibt nicht unveränderlich über der Welt. Er unterzieht sich dem Geschick der Welt, wird mit den Leidenden solidarisch und treibt so sein Werk der Rettung.

Wiederum unterscheidet sich Luther von der Scholastik. Thomas lehrt uns, Gott als Geheimnis zu denken: Wir können von ihm im Letzten nur sagen, was er *nicht* ist – ein Stück negativer Theologie. Jene Dualität, die wir bei Luther finden, mit ihren harten Zügen im Gottesbild, begegnet uns bei Thomas ebensowenig wie Luthers Rede vom Eingehen Gottes in Leid und Tod; das philosophische Axiom von der Unveränderlichkeit Gottes setzte hier Grenzen. Dennoch ist Luthers Aussage nicht notwendig eine bloße Negation der Thesen des Thomas – auch die Bibel kennt eine Art Unveränderlichkeit Gottes, und das Wissen davon bleibt notwendig, wenn anders wir es mit Gott zu tun haben.[49]) Luther hat aber jene andere Seite in einer Weise betont, daß gerade hier ein Wort für unsere Gegenwart zu suchen und zu finden ist.

d) Luther ist mir Lehrer geworden im Begreifen dessen, was Kirche als Gemeinschaft der Glaubenden, als Volk Gottes ist. Bemerkenswerterweise gibt es in den theologischen Summen des hohen Mittelalters noch keine eigenen Traktate über die Kirche; die Ekklesiologie des Thomas, die sich dennoch findet, ist teils eine Lehre von Christus als Haupt der Kirche[50]), teils bestimmt von hierarchischen Elementen.[51]) Die letzteren sind es, die in den Auseinandersetzungen der Reformationszeit in den Vordergrund treten, nachdem es im Zuge der Auseinandersetzung um den Ablaß zu kritischen Anfragen Luthers und zum Streit um die kirchliche Autorität gekommen war. Nach Luther ist die Kirche nicht primär Institution, sondern zuerst und eigentlich Volk Gottes, Versammlung von Gläubigen um Wort und Sakrament. „Der Papst ist kein Volk, viel weniger ein heilig christlich Volk."[52]) Tatsächlich ist die Definition von Kirche, die wir wenig später bei R. Bellarmin finden, dem gar nicht *so* unähnlich, was Luther bekämpft.[53]) Daß ein ganz entscheidendes und grundlegendes Moment der Kirche als Volk Gottes das allgemeine Priestertum der Gläubigen ist, hat Luther neu ins Bewußtsein gebracht. Dazu gehört auch die Lehrverantwortung aller Christen, jedenfalls hat eine christliche Gemeinde Recht und Pflicht, über Lehre zu urteilen.[54]) Dies bedeutet freilich nicht, daß Luther einen schlechthin uninstitutionellen, antihierarchischen Kirchenbegriff vertritt. P. Manns hat völlig recht, daß Luther nicht nur Ämter (neben Wort und Sakrament) als unveräußerliches Kennzeichen der Kirche angesehen hat, sondern daß es seiner Intention entsprach, auch die überkommene kirchliche Verfassung beizubehalten, hätten nur die Bischöfe (und der Papst) dem Evangelium Raum gegeben.[55]) Aber eine gewisse „Indifferenz gegenüber den strukturellen Aspekten der Gemeinschaft" (L. Vischer)[56]) ist sicher nicht zu übersehen. Und daß Luther im Konfliktfall den Bischöfen und dem Papst den Gehorsam aufkündigt, zeigt die Sprengkraft seines ekklesiologischen Ansatzes: die Bischöfe und der Papst sollen dem Evangelium und der Kirche dienen, aber sie stellen als Institutionen keine *Garantien* für das Bleiben der Kirche in der Wahrheit dar. An dieser Stelle besteht der noch nicht ausgeräumte Konflikt bis heute.[57]) Daß uns Luther mit diesem ekklesiologischen Ansatz auch abgesehen von der konfessionellen Differenz erhebliche Probleme mit auf den Weg gegeben hat, kann natürlich nicht bestritten werden. In welchem Sinn gehören die zur Kirche, die zwar getauft sind, aber das allgemeine Priestertum der Gläubigen (oder gar den Willen, „mit Ernst Christen sein zu wollen") nicht realisieren? Welche institutionellen Hilfsstellungen darf sich die Kirche durch die weltliche Macht gefallen lassen (Stichwort: landesherrliches Kirchenregiment)? Aber das sind doch wohl Probleme, die in irgendeiner Weise jeder möglichen Ekklesiologie gestellt sind.

e) Wo es um das Geleit geht, das mir als evangelischem Theologen Luther gegeben hat und bislang gibt, sei schließlich die sog. Zwei-Reiche-Lehre genannt. Die evangelischen Kirchen in der DDR haben in den letzten 15 Jahren in neuer Weise gelernt, sich als Dienstgruppe in einer nicht-christlichen Gesellschaft zu verstehen. Dies ist ein entscheidendes Stück auch meiner eigenen theologischen und spirituellen Biographie. Ist Luthers Zwei-Reiche-Lehre dabei nicht einfach hinderlich, wenn ihr zentrales Anliegen (negativ) darin besteht, daß im Bereich von Gesellschaft und Politik die Weisen des Regiments Gottes *nicht* die Maximen der Bergpredigt und der Versöhnung in Christus sind, sondern das Schwertamt der Obrigkeit? Hier scheint das durch K. Barth u. a. entwickelte Modell der Königsherrschaft Christi im weltlich-politischen Raum konsequenter und christlich einleuchtender. Nun hat es um die Auslegung von Luthers Zwei-Reiche-Lehre viele Diskussionen gegeben,[58]) die u. a. das Ergebnis gezeitigt haben, daß Luther eine von uns als fatal empfundene Eigengesetzlichkeit des politischen Bereiches[59]) gerade nicht kennt und vertritt. Er weist die

Fürsten sehr deutlich auf ihre christliche, an der Liebe orientierte Verantwortung hin.[60]) Dies kann aber nicht ausschließen, daß die Verantwortung im politisch-gesellschaftlichen Bereich anderer Mittel bedarf, um Frieden und Gerechtigkeit zu schützen, als sie die Bergpredigt an die Hand gibt. Es sind gewiß Mittel, die im Lichte des endgültigen Willens Gottes eigentlich nicht sein sollten. Aber Gott benutzt auch die Mittel weltlicher Gewalt, um böse Neigungen von Menschen, die zerstörerisch werden, zu bremsen und zu beherrschen.[61]) An dieser Stelle ist mir Luthers Zwei-Reiche-Lehre im Ansatz zunehmend hilfreich geworden; ich sehe in ihr ein Problem aufgenommen, das seit den Zeiten des NT die Christenheit in ihrer ethischen Verantwortung immer beschäftigt und zu verschiedensten Lösungsfiguren geführt hat. Dabei glaube ich nicht, daß die von Luther vorgetragenen Gedanken das von der vorreformatorischen Tradition her Mögliche sprengen.

4. Luther als ökumenisches Potential

a) Das Geleit, das Luther mir als evangelischem Theologen bisher gegeben hat, hat sich mir im Rahmen der ökumenischen Dimension und Verantwortung der Theologie erschlossen. Ist dieser Ansatz der Begegnung mit Luther – zu der es gewissermaßen auf einem Umweg kam – nur eine persönliche biographische Notiz? Es sei zunächst noch einmal die bereits früher formulierte Zumutung an uns resumiert, die ein ökumenisch verantwortlicher Umgang mit Luther mit sich bringt. Luther ist nicht ein einsamer Gipfel nach Jahrhunderten völliger Dunkelheit. Er ist ein großer Zeuge des Evangeliums, aber er steht in der Kette der Zeugen, von denen besonders herausragende auch das Mittelalter aufweist. Luthers besondere geschichtliche Bedeutung darf nicht in Vergessenheit geraten lassen, daß es um Luther herum und vor ihm nicht nur Dunkelheit gab. So wie Luther gegenwärtigem katholischen Denken eine legitime Möglichkeit des Christlichen zu sein beginnt, so ist beispielsweise Thomas von Aquin für evangelisches Denken als Vätererbe zurückzugewinnen. Es werden dann auch die Grenzen Luthers von uns unbefangener zugegeben werden müssen. Das betrifft nicht nur die vieldiskutierte Polemik Luthers: gegen den Papst, gegen die Bauern, gegen die Juden. Gibt es nicht auch Fragen an Luthers Theologie selbst? Ist der Eindruck z. B. falsch, daß in ihr an manchen Stellen so etwas wie eine existentiale Engführung vorliegt? Mir hat sich das in zunehmendem Maße an der Sakramentstheologie Luthers gezeigt, die die verschiedenen Stadien seines theologischen Werkes gut erkennen läßt. Hat das „pro me“ der im Sakrament zugesprochenen und zugeeigneten Verheißung, das Gegenüber von Wort und Glaube[62]) nicht die ekklesiologische Dimension des sakramentalen Geschehens in den Hintergrund treten lassen: Sakramente als Feiern, als Vollzüge der Gemeinde vor Gott? Eine andere, durch die Zeit des zu Ende gehenden Mittelalters bedingte Grenze stellt der weitgehende Ausfall der missionarischen Dimension der Kirche dar. Ist Luther der Vielfalt und Unterschiedlichkeit des neutestamentlichen Zeugnisses immer gerecht geworden? Über Luther hinausgeführt worden sind wir auch in historischen und exegetischen Urteilen und damit – theologisch – in der Art, wie wir vom „Wort Gottes" sprechen. Natürlich muß in ähnlicher Weise auch Kritik an der mittelalterlichen Theologie geübt werden.

Luther ist einzubringen in die große Symphonie derer, die immer aufs neue versucht haben, das Evangelium für ihre Zeit auszulegen und zu bedenken. Gerade auch Thomas stand ja an vorderster Front, wo es galt, das Evangelium in seiner Gegenwart zu verantworten. Luther ist also ein ökumenisches Potential, sofern er nicht als einsamer Gipfel, sondern als Zeuge unter Zeugen angesehen wird. Daß er uns in mancher Hinsicht einmalige unübertroffene Einsichten hinterlassen hat, braucht dann nicht geleugnet zu werden.

b) Wenn man Luther als ökumenisches Potential zu würdigen versucht, muß sein praktischer und theologischer Kampf um den Kirchenbegriff noch einmal in den Blick treten. Hier ist wohl folgendes festzustellen: Luthers Kampf gegen das Papsttum war eine zunächst nicht beabsichtigte, wenigstens nicht theologisch programmierte Folge seiner Auseinandersetzung um den Ablaß, die Buße, die Rechtfertigung, in der es von seiten der Kirchenleitung wenig wirkliches Gehör und Verstehen gab, in der im Gegenteil die Kirchenleitung sich eines Versäumnisses ihrer pastoralen und theologischen Pflicht schuldig machte.[63]) Luther hat dann die These von der Irrtumsfähigkeit von Papst und Konzilien vertreten, aber er hat auch noch in späterer Zeit signalisiert: mit Bischöfen, ja mit einem Papst, der das „Evangelium" gelten lassen würde, möchte er gern Gemeinschaft haben.[64]) Für Luther handelte es sich um den Konflikt in der Alternative: Wahrheit oder Kirchenleitung. Wir müssen uns fragen: Ist ein solcher Konflikt wirklich undenkbar? Und wenn er sich ergibt: Liegt das Recht dann auf der Seite der Kirchenleitung? Das Plädoyer für die Wahrheit gegen die Kirchenleitung muß nicht aus der einen katholischen Kirche herausführen. Luther jedenfalls wollte diesen Konflikt in der Kirche durchstehen, und er könnte ein ökumenisches Potential für uns gerade in der Hinsicht sein, daß wir von ihm lernen, Konflikte um die Wahrheit – u. U. auch gegen die Kirchenleitung – in der Kirche auszutragen und dennoch beieinander zu bleiben. Theologisch ist hier näturlich die nach wie vor zwischen den Kirchen stehende, von den beiden Vatikanischen Konzilien festgeschriebene These von der Unfehlbarkeit des Papstes und des Bischofskollegiums angefragt. Ist diese These im Sinne des eben Gesagten interpretierbar?[65]) Praktisch setzt ein innerkirchlicher Konflikt um die Wahrheit eine erhebliche Hörbereitschaft auf beiden Seiten voraus: auf seiten der Kirchenleitung ebenso wie auf seiten derer, die gegen die Kirchenleitung streiten. Es ist am Tage, daß im Zuge der Auseinandersetzungen im 16. Jahrhundert auf beiden Seiten jene Fähigkeit zu hören zunehmend blockiert war.

c) Die eigentliche ökumenische Herausforderung bis in unsere Tage hinein stellt die Tatsache dar, daß aus dem Wirken Luthers eine neue kirchliche Formation hervorging. Ist die Entstehung einer eigenen reformatorisch-lutherischen Kirche eine Abweichung vom echten Luther?[66] Hat die Confessio Augustana, die Melanchthon verfaßt hat und die später eine Art Grundbekenntnis der lutherischen Kirche wurde, auf Kosten Luthers ihre Bedeutung erlangt?[67]) Mit diesen Fragen ist auch meine eigene Lebensgeschichte mit Luther noch einmal tangiert.[68]) Es kann an dieser Stelle gewiß nicht darum gehen, alles zu verteidigen, was im Namen Luthers kirchlich geworden ist und geschehen ist und was ich zeitweilig selbst vertreten habe. Aber *daß* es überhaupt zu lutherisch-kirchlichen Formationen gekommen ist; daß Gemeinden anfingen, sich unter dem Eindruck der evangelischen Verkündigung auch und gerade als *Gemeinden* neu zu verstehen und zu gestalten – ist das nicht eher ein Zeichen für die ekklesiale Qualität des Werkes Luthers, das mit den Stichworten „Subjektivismus" und „Individualismus" schon aus diesem Grunde nicht zureichend charakterisiert ist? Sprechender Ausdruck eben dieser gemeinde-erneuernden Kraft des Wirkens Luthers ist jenes „ecclesiae apud nos docent", auf das alle Lehraussagen der Confessio Augustana bezogen sind.[69]) Es war bei Abfassung und Verlesung der Confessio Augustana noch nicht an eine selbständige lutherische Kirche gedacht, sondern an die eine ecclesia Romana, mit der in Übereinstimmung zu stehen für die hinter der Confessio Augustana stehenden Gemeinden entscheidend ist. Daß eine Integrierung der Reformation in die alte Kirche nicht möglich sein würde, zeichnete sich allerdings schon ab – die Gründe sind vielfältig verschlungen und vermutlich nicht einseitig aufrechenbar. Die hier bestehende Problematik hat Luther in seinen ekklesiologischen Spätschriften in die Frage gekleidet: „Wer und was ist die Kirche?" Und dem Anspruch der Alt-Gläubigen, die wahre Kirche zu sein, hat er entgegengehalten: „Wie aber, wenn ich beweise, daß wir bei der rechten alten Kirche geblieben, ja daß wir die rechte alte Kirche sind, ihr aber von uns, das ist von der alten Kirche abtrünnig geworden, eine neue Kirche angerichtet habt wider die alte Kirche?"[70]) Wenn wir ökumenisch vorankommen wollen, dann dürfen wir diesen Anspruch, dieses Selbstverständnis der werdenden lutherischen Kirche nicht übersehen. Wir werden allerdings, nach einer Geschichte von 450 Jahren und nach einem halben Jahrhundert ganz neuer Begegnungen, diesen

Anspruch nicht mehr *gegen* die andere Kirche geltend machen, sondern uns fragen müssen, ob nicht beide Seiten mit Recht beanspruchen dürfen, das Erbe der alten wahren Kirche übernommen zu haben, wenn auch jeweils nur in partikularer Verwirklichung. Für die katholische Kirche stellt sich angesichts des Selbstverständisses der reformatorischen Kirchen die Frage, ob sie bereit sein könnte, in der lutherisch-reformatorischen Kirche in dem Maße wahre Kirche (und also auch „gültige" Ämter und „gültige" Eucharistiefeiern)[71]) zu akzeptieren, wie es umgekehrt von lutherischer Seite im Blick auf die katholische Kirche von heute geschieht.

Daß dennoch eine Defizienz (im Amt und auch in der Eucharistie) zu beklagen ist, die einfach in der Tatsache der kirchlichen Trennung besteht – auch das katholische Amt kann ja bislang nicht für die Gesamtkirche sprechen –, braucht dann nicht geleugnet zu werden. Aber das wäre eine Defizienz, die auf beiden Seiten gleichermaßen zu konstatieren und die nur durch wechselseitige Versöhnung zu beheben wäre.

d) Wenn wir Luther als ökumenisches Potential in Anspruch nehmen – und ich meine, das sollten wir miteinander tun –, dann kann es also nicht um einen gewissermaßen domestizierten und in diesem Sinne katholischen Luther gehen. Gerade der unbequeme (auch kirchlich unbequeme) Luther sollte heute als ein Stück des gemeinsamen Erbes angenommen werden, ein Erbe, das uns bereichert und das wir in seiner kritischen Potenz auszuhalten haben. Um noch einmal autobiographisch zu reden: das katholische Herz, das ich in mir entdeckt habe, ist ein Herz, in dem der kirchenkritische Luther einen festen Platz gewonnen hat. Ich glaube, daß nur der seine Kirche als die Kirche Gottes wirklich lieb hat, der sich nicht scheut, wenn es sein muß, kompromißlos die Wahrheit in diesem Hause zur Geltung zu bringen. Daß es immer um die Wahrheit zu gehen hat – das bedingt allerdings eine Hörbereitschaft auf allen Seiten, die etwas anderes ist als die Bereitschaft, sich äußerer Macht zu beugen. Es ist die Bereitschaft zu partnerschaftlichem, oder besser: konziliarem Miteinander in der Kirche, das als solches ein Zeichen und Zeugnis in einer friedlosen Welt sein könnte, die zu einem Miteinander noch nicht gefunden hat. Es ist dabei die Verantwortung aller Glieder des Volkes Gottes für die gute Botschaft ernstzunehmen, so wie im politisch-gesellschaftlichen Leben alle Menschen guten Willens zur Verantwortung gerufen sind. Gerade in diesem Sinne, meine ich, könnte Luther für den Weg der Kirche miteinander – der hoffentlich einmal der Weg in voller kirchlicher Gemeinschaft ist – und für ihr Zeugnis von zukunftweisender Bedeutung sein.

Anmerkungen

[1]) Vgl. dazu: E.-H. Amberg: Luther in der Theologie des 20. Jahrhunderts, in: ThLZ 108, 1983, Sp. 801–817.

[2]) H. Stephan: Luther in den Wandlungen seiner Kirche, Berlin 1951.

[3]) Mir ist ein literarisches Vorbild dieses Satzes, das ich im Augenblick nicht nachweisen kann, im Ohr.

[4]) Die Vereinigte Ev.-Luth. Kirche Deutschlands (VELKD) war als Gegenpol gegen den gesamtprotestantischen kirchlichen Zusammenschluß (Ev. Kirche in Deutschland = EKD) gegründet worden. Diese Zusammenhänge sind mir allerdings erst später deutlich geworden.

[5]) 1947 wurde der Lutherische Weltbund gegründet.

[6]) E. Sommerlath: Das Abendmahl bei Luther, in: H. Sasse (Hg.), Vom Sakrament des Altars, Leipzig 1941, S. 118.

[7]) Ebd., S. 115 f.

[8]) E. Sommerlath: Der Sinn des Abendmahls nach Luthers Gedanken über das Abendmahl 1527/29, Leipzig 1930, S. 47.

[9]) Vgl. E. Sommerlath: Amt und allgemeines Priestertum, in: E. Kinder, „Allgemeines Priestertum" im Neuen Testament u. a. Schr. d. Theol. Konv. Augsb. Bek. 5, Berlin 1953.

[10]) Diese These wurde schon vom konfessionellen Luthertum des 19. Jahrhunderts vertreten, z. B. von W. Löhe: Drei Bücher von der Kirche, 1845.

[11]) WA 7, S. 502, 34.

[12]) WA 36, S. 9, 28, vgl. S. 28, 33.

[13]) Eine dieser Einschätzung folgende Beurteilung der Scholastik zieht sich durch die protestantische Dogmengeschichtsschreibung und findet sich auch noch in neuen Darstellungen zur Theologie Luthers. Noch auf dem Internationalen Kongreß für Lutherforschung in Erfurt 1983 gab es solche Töne.

[14]) Vgl. W. Link: Das Ringen Luthers um die Freiheit der Theologie von der Philosophie, Berlin 1954.

[15]) Man denke nur an das Stichwort „Ubiquität".

[16]) In den Disputationsthesen „De homine" (1536) wird Aristoteles zunächst erstaunlich positiv aufgenommen, dann freilich radikal relativiert (WA 39 I, S. 175 ff.) .

[17]) Vgl. etwa J. Pieper: Hinführung zu Thomas von Aquin, München 1958, S. 165 ff.

[18]) Vgl. Thomas von Aquin, Summa theologiae 1 II, q. 62 ff.

[19]) Vgl. O. H. Pesch: Hinführung zu Luther, Mainz 1982, S. 22.

[20]) Man kann sich das an einzelnen Thesen der Disputatio contra scholasticam theologiam (1517), z. B. den Thesen 37, 42, 79, 87, 91, klarmachen (WA 1, S. 224 ff.) .

[21]) Dazu z. B. O. H. Pesch in O. H. Pesch/A. Peters. Einführung in die Lehre von Gnade und Rechtfertigung, Darmstadt 1981, S. 191 ff. „In der lutherischen Alternative gesprochen, gehört nach mittelalterlichem Verständnis die Liebe auf die Seite des Glaubens, nicht auf die der Werke." (S. 193) Daß bei aller sachlichen Gemeinsamkeit durch die unterschiedliche Terminologie eine Differenz der Denkstruktur und eine unterschiedliche Erfassung des Gleichen signalisiert wird, zeigt Pesch in: Die Theologie der Rechtfertigung bei Martin Luther und Thomas von Aquin, Mainz 1967, bes. S. 747. Vgl. auch ders.: Hinführung zu Luther, a. a. O., S. 162 ff.

[22]) Vgl. WA 7, S. 212, 14; WA 30 I, S. 133, 9.

[23]) Röm. 8,2; Thomas v. A, S. th. 1 II, q 106 ,1. Dazu: U. Kühn, Via caritatis, Göttingen 1965, bes. S. 192 ff.

[24]) Vgl. U. Kühn: Lehre und Ordnung der Taufe in der Hochscholastik, in: NZ Syst Th 12, 1970, S. 210.

[25]) Lit. bei O. H. Pesch: Hinführung zu Luther, a. a. O., S. 22. Anm. 25.

[26]) O. H. Pesch: Existentielle und sapientiale Theologie, in: ThLZ 92, 1967, Sp. 731–742.

[27]) P. Manns: „Katholische Lutherforschung in der Krise"?, in: P. Manns (Hg.), Zur

Lage der Lutherforschung heute, Wiesbaden 1982, S. 101: „Luther – Reformator und Vater im Glauben". Vgl. auch P. Manns: Martin Luther, Freiburg/Lahr 1982, S. 151.

[28]) Dazu vgl. E.-H. Amberg, a. a. O., Sp. 807 ff., was noch ergänzt werden könnte durch spätere Äußerungen Barths über Luther und die Deutschen.

[29]) Fr. Beißer: Kurze Notiz zur Bedeutung Luthers für die gegenwärtige evangelische systematische Theologie, in: P. Manns (Hg.), a. a. O. (o. Anm. 27), S. 78. – Für Ebeling vgl. den Hinweis bei Amberg, a. a. O., Sp. 801.

[30]) Vgl. Die Bemerkung von P. Manns in seinem Nachwort zu J. Lortz: Die Reformation in Deutschland, 6. Aufl., Freiburg 1982, S. 390: Im evangelischen Raum gebe es ein Verhältnis zu Luther, „das in seiner akademisch kühlen Distanziertheit nicht nur für eine gesunde Selbstkritik zeugt, sondern das bei behutsamer und eingehender Betrachtung durchaus Symptome einer geheimen Lutherophobie erkennen läßt, die mir gefährlicher erscheint als das analoge Phänomen bei katholischen Theologen." Man wird dabei natürlich fragen müssen, welche Faktoren eigentlich zu einem teilweise so gebrochenen Verhältnis zur Sache Luthers geführt haben und ob man dem nur mit Scheltworten beizukommen vermag.

[31]) Vorrede auf die Episteln des Jakobus und Judas: WA DB 7, S. 384, 26.

[32]) J. Lortz: Die Reformation in Deutschland, a. a. O., S. 402, 407.

[33]) Vgl. bes. die Schrift Luthers „Von den Konziliis und Kirchen" (1539) WA 50, S. 509 ff.

[34]) Der Ausdruck begegnet im Ökumenismusdekret des Vat. II: UR n. 11. Dazu: U. Valeske: Hierarchia Veritatum, München 1968.

[35]) Vgl. o. Anm. 23.

[36]) Der Gesichtspunkt des gewißmachenden Wortes bestimmt besonders die Luther-Interpretation von G. Ebeling.

[37]) Vgl. dazu P. Althaus: Paulus und Luther über den Menschen, Gütersloh 1951.

[38]) Ein besonders berühmtes Beispiel ist die Interpretation von Röm. 7 als Aussage über den Zustand des Christen, die sich freilich auch schon vor Luther findet.

[39]) Dies ist in den Thesen des „Ökumenischen Arbeitskreises evangelischer und katholischer Theologen" von 1982 zum Opfercharakter der Eucharistie sicher mit gemeint, wenn von der „Teilhabe" am Selbstopfer Christi gesprochen wird, hätte aber vielleicht noch einen stärkeren Akzent verdient. (Das Opfer Jesu Christi und seine Gegenwart in der Kirche, hg. v. K. Lehrmann u. E. Schlink, Freiburg/Göttingen 1983, bes. S. 231 ff.) .

[40]) M. Luther: Disputatio De homine, These 32 (WA 39 I, S. 176, 33) .

[41]) Dies wird besonders eindrücklich herausgearbeitet von E. Jüngel: Zur Freiheit eines Christenmenschen. Eine Erinnerung an Luthers Schrift, München 1978.

[42]) Vgl. dazu die Studie der Theologischen Kommission des Bundes der Ev. Kirchen in der DDR über „Annahme und Rechtfertigung" (dazu liegt vor der Bericht der Kommission in: Mitteilungsblatt des Bundes der Ev. Kirchen in der DDR, Nr. 1/2 v. 10. Sept. 1981, S. 2–5).

[43]) WA 18, S. 685, 27; S. 686, 1.

[44]) Zur Diskussion vgl. den Aufsatz von M. Möller: An Deus sit ridiculus, in: KuD 30, 1984, S. 71–96.

[45]) Vgl. das dort mehrfach wiederkehrende „Gott gab sie dahin . . ."

[46]) WA 18, S. 633, 7.

[47]) W. v. Loewenich: Luthers Theologia crucis, München 1954[4]; dazu verschiedene Arbeiten von J. Vercruysse.

[48]) Vgl. die im Karsamstaglied „O Traurigkeit, o Herzeleid" vorgenommene Änderung des ursprünglichen Wortlautes der 2. Strophe „O große Not, Gott selbst liegt tot" in: „O große Not, Gotts Sohn liegt tot". Dazu: E. Jüngel: Gott als Geheimnis der Welt, Tübingen 1977[2], S. 84 f.

[49]) Vgl. z. B. Ps. 102, 28 (Luther) : „Du aber bleibst, wie du bist, und deine Jahre nehmen kein Ende." Ähnlich Ps. 90, 2.

[50]) S. th. III, q. 8.
[51]) Z. B. S. th. 2 II q. 1, 10.
[52]) WA 50, S. 625, 9.
[53]) Die Kirche ist ein „coetus hominum“ mit den Merkmalen des gleichen Glaubensbekenntnisses, der Teilhabe an denselben Sakramenten und unter der Leitung des römischen Papstes (Disp. de controversiis christianae fidei, 1586/93, lib. III c. 2).
[54]) Vgl. Luthers Schrift: Daß eine christliche Versammlung oder Gemeinde Recht und Macht habe, alle Lehre zu urteilen und Lehrer zu berufen, ein- und abzusetzen (1523) WA 11, S. 408 ff. Noch kürzlich habe ich bei katholischen Gesprächspartnern ein Erschrecken über diese ekklesiologischen Konsequenzen Luthers erlebt.
[55]) P. Manns: Martin Luther, a. a. O., z. B. S. 123.
[56]) Vgl. den Hinweis bei H. Lutz: Luthers Zögern, in: Merkur 37, 1983, H. 7, S. 806. Vgl. auch U. Kühn: Kirche (HST 10), Gütersloh 1980, S. 35 f.
[57]) Die Festlegung der beiden Vatikanischen Konzilien im Blick auf die Unfehlbarkeit von Papst und Bischofskollegium haben den Garantiegedanken leider festgeschrieben. Dem steht allerdings der ekklesiologische Ansatz der Kirchenkonstitution des Vat. II beim Gedanken des Volkes Gottes gegenüber sowie das gegenwärtige ökumensiche Bemühen um eine Wiedergewinnung des Bischofsamtes und die Überlegungen zu einem völlig neu strukturierten gesamtkirchlichen Petrusdienst (vgl. zu letzterem etwa: Papsttum als ökumenische Frage, München/Mainz 1979).
[58]) Zur Lit. vgl. O. H. Pesch, a. a. O. (o. Anm. 19), S. 229, Anm. 3. B. Lohse: Martin Luther, München 1981, S. 190 ff. u. 207 f.
[59]) Im Raum der DDR-Theologie hat es vor einiger Zeit fatale Symptome einer Erneuerung dieser Trennungs-These gegeben.
[60]) So z. B. in der Schrift „Von weltlicher Obrigkeit“ (1523).
[61]) Vgl. dazu den von Landesbischof J. Hempel auf der Herbsttagung 1982 der Ev.-Luth. Landessynode Sachsens gehaltenen Vortrag „Weiteres Nachdenken über christliche Friedensverantwortung“, in: Amtsblatt d. Ev.-Luth. Landeskirche Sachsens 1983, S. B. 10–14.
[62]) O. Bayer: Promissio, Göttingen 1971, sowie die Luther-Interpretationen von G. Ebeling.
[63]) S. Hendrix: Luther and the Papacy, Philadelphia 1981, vertritt die These, daß Luthers Polemik gegen den Papst sich überhaupt an dessen Versäumnis seiner pastoralen Pflicht entzündet habe.
[64]) Vgl. noch die berühmte Äußerung Luthers im Gal. Komm. v. 1531: WA 40 I, S. 181, 1. 12.
[65]) Ökumenisch hoffnungsvoll dürfte nur die Bitte um Neuinterpretation, nicht die Aufforderung zum Widerruf sein. Eine solche Neuinterpretation findet im Raum der katholischen Theologie bereits statt, vgl. z. B. den erwähnten Band „Papsttum als ökumenische Frage“ (1979).
[66]) In diesem Sinne könnte z. B. die Unterscheidung verstanden werden, die P. Manns zwischen dem ursprünglichen Luther und dem, was als Reformation dann kirchlich geworden ist, vornimmt (Martin Luther, a. a. O., S. 116, 151, 159).
[67]) P. Manns: Zum Vorhaben einer „katholischen Anerkennung der Confessio Augustana“: Ökumene auf Kosten Martin Luthers?, in: ÖR 26, 1977, H. 4, S. 426–450.
[68]) Vgl. oben Abschn. I dieses Vortrags.
[69]) Mit dieser Wendung beginnt der Art. 1 der Conf. Augustana, und auf sie bezieht sich dann das „item docent“ der folgenden Artikel.
[70]) WA 51, S. 478, 17. 34.
[71]) Vgl. die berühmte Formulierung des Ökumenismusdekrets, daß die Reformationskirchen „propter sacramenti Ordinis defectum genuinam atque integram substantiam Mysterii eucharistici non servasse“ (UR 22). Das lutherisch-katholische Dokument „Das geistliche Amt in der Kirche“ von 1981 versucht mildernd, „von einem ‚defectus ordinis‘ im Sinne eines Mangels an der Vollgestalt des kirchlichen Amtes zu sprechen“ (n. 77), ist aber vom römischen Lehramt bislang nicht rezipiert worden.

JOHANNES BROSSEDER

Lutherbilder in der neuesten Literatur zum Thema: Martin Luther und die Juden

Wer sich informieren will, welches Bild 500 Jahre nach Luthers Geburtstag Menschen des ausgehenden 20. Jahrhunderts sich vom Wittenberger Reformator des 16. Jahrhunderts angefertigt haben und mit sich tragen, der wird nicht umhin können, die vielfältigsten Publikationen im engeren und weiteren Umfeld des Jahres 1983 zu konsultieren, um sich hier sachkundig zu machen. Dabei wird er zunächst einmal auf eine solche Fülle und Vielfalt stoßen, die ordnendes Differenzieren in mehrfacher Hinsicht erforderlich macht.

Er wird – vielleicht als erstes – die Feststellung machen können, daß Lutherbilder in den wichtigsten vorhandenen Medien angefertigt wurden: in Film (auch Video), Funk und Fernsehen, im Theater, in Ausstellungen, in Tageszeitungen und Wochenzeitungen, in der kirchlichen Presse und Kleinpresse aller Konfessionen, in Magazinen, Bildmagazinen und Journalen,[1]) in allgemeinen kulturellen sowie in christlichen und spezifisch theologischen Zeitschriften und nicht zuletzt in Büchern. Die mit den Medien gegebene Darstellungsgrenze und deren jeweilige Reichweite seien dabei eigens hervorgehoben.

Des weiteren wird – zweitens – zur Kenntnis genommen werden müssen, daß evangelische Christen, Katholiken, Orthodoxe, Juden, atheistische Marxisten, Liberale, Agnostiker, Skeptiker, Atheisten etc. etc. sich jeweils zu Luther geäußert haben. Daß diese unterschiedlichen „Zugehörigkeiten“ nicht ohne jeden Einfluß auf die Lutherdarstellungen geblieben sind, liegt offenkundig zutage.[2])

Eine dritte Differenzierung ist angebracht: Wissenschaftliche Veröffentlichungen sind zu unterscheiden von auf wissenschaftlichen Ergebnissen fußenden populärwissenschaftlichen, von pseudowissenschaftliche, von ganz und gar unwissenschftlichen, von einfach entsetzlichen und von solchen Darstellungen, die mit dem Dargestellten historisch und sachlich nichts zu tun haben, sondern bloß dessen Namen tragen, ansonsten aber Produkt des Autors sind.[3])

Eine vierte Differenzierung – diese hier jetzt beschränkt auf die wissenschaftlichen Veröffentlichungen – ist erforderlich: Kirchenhistoriker, Systematische Theologen, Profanhistoriker, Kulturphilosophen, Psychologen, Mediziner, Germanisten – sie alle präsentieren Luther. Weitere Differenzierungen sind benennbar (z. B. die Lutherbilder in den einzelnen Ländern weltweit; die Lutherbilder, die durch den Grad der existentiellen Betroffenheit durch die zentralen Themen Martin Luthers evoziert sind, wobei durchaus z. B. ein Marxist betroffener und gerechter zugleich als der eine oder andere Katholik oder auch als der eine oder andere Protestant zu urteilen in der Lage ist), doch seien sie nicht weiter entwickelt.

Alle Differenzierungen können jedoch nicht einfach nebeneinandergestellt werden, sondern – und das ist charakteristisch – laufen alle zugleich ineinander über. Das macht es auch so schwierig, jetzt schon zu sagen, welches Bild 500 Jahre nach Luthers Geburtstag Menschen des ausgehenden 20. Jahrhunderts sich vom Wittenberger Reformator des 16. Jahrhunderts angefertigt haben und mit sich tragen. Erste Eindrücke, welch böses Erwachen dem, der sich wissenschaftlich-theologisch mit Luther befaßt hat, möglicherweise hier noch bevorsteht, können durchaus schon gewonnen werden, wer nur einen Blick in die von H. Süssmuth[4]) und H. Kremers[5]) jeweils herausgegebenen Bände wirft. In dieses böse Erwachen gehört, daß heute durchaus auch umfassende Lutherbilder kreiert worden sind und kreiert werden können, die exklusiv aus einem Teilaspekt im Werk des Reformators erhoben worden sind, diesen isoliert vom Zentrum der Theologie des Reformators präsentieren bzw. von zusammenhanglos präsentierten Teilaspekten auf das Ganze des Reformators schließen; ja, man kann sogar die Feststellung machen, daß lediglich eigene Interessen bestimmte Lutherbilder schufen, ohne Rücksicht darauf, ob das so Geschaffene noch wirklich etwas mit Luther zu tun hat. Nicht frei von solcher beobachtbarer Tendenz sind manche Äußerungen, die im näheren und weiteren Umkreis von Luthers 500. Geburtstag zu dem Thema „Luther und die Juden“ erschienen sind. Die Behandlung dieses Themas erfordert gerade von Christen und Deutschen eine ungewöhnliche Sensibilität: christliche und deutsche Sensibilität für die jüdischen Opfer eines christlichen Antijudaismus und des deutschen Antisemitismus, dessen schlimmste Gestalt der nationalsozialistische Rassenantisemitismus war. In diese Sensibilität hinein gehören das klare Bekenntnis von vielfältiger Schuld und das Dazustehen, aber auch die klare Benennung von Täterschaft und Verantwortlichkeit: Nicht im Namen Jesu Christi, sondern im Namen des arisch-heldisch-deutschen biologistischen Rassenwahns sind in unserem Jahrhundert 6 Millionen Juden grausamst ermordet worden. Dabei kann keineswegs geleugnet werden, daß auch Christen diesem Rassenwahn anhingen und diese – aber auch ganz andere, wie Julius Streicher – sich ihrerseits nicht scheuten, judenkritische Äußerungen des Neuen Testamentes und antijüdische und antijudaistische Stimmen aus der gesamten christlichen Tradition als das Herzstück des Evangeliums und des Christentums auszugeben und sie dem Rassenantisemitismus zuzuführen.[6]) Objektiv muß hier von Reduzierung des Christlichen auf das „Antijüdische“, von vollständiger Verzerrung der christlichen Perspektiven und Themen und zusätzlich von deren *Subsumierung* unter den

Rassenantisemitismus gesprochen werden, wenngleich nicht wenige Rassenantisemiten, auch christliche, sich propagandistisch als die wahren Sachwalter des Christentums ausgaben, um Anhänger ihrer Weltanschauung unter Christen zu bekommen. Diese Sehweise verkennt keineswegs, daß durchaus in der Geschichte des Christentums im Namen Jesu Christi verachtet, verfolgt, vertrieben, gefoltert und gemordet wurde, wobei in der mittelalterlichen und spätmittelalterlichen christlichen Herrschaft die Häretiker immer dem Tod, die Juden dagegen einer differenzierteren Palette christlicher Grausamkeiten ausgesetzt waren.[7]) Für die Opfer macht es keinen Unterschied, in wessen Namen sie zu leiden hatten. Sehr wohl aber sind Täter, die um die auch öffentlich sich durchgesetzt habenden kulturgeschichtlichen Errungenschaften seit der Aufklärung wußten, die die Entdeckung des Toleranzgedankens, der Religionsfreiheit und anderer humaner Kulturgüter hinter sich hatten (z. B. volle Gleichheit aller Bürger eines Staates vor dem Gesetz in Rechten und in Pflichten) und im Wissen um sie diese bekämpften, ganz anders zu bewerten als solche, die davon keine Ahnung haben konnten. Sucht man nach den Wurzeln des neuzeitlichen Antisemitismus, so stößt man natürlich auch auf die überkommenen christlichen antijüdischen Sprech- und Handlungsweisen. Aber ob diese als solche positiv den neuzeitlichen Antisemitismus evoziert haben, ist mir jedenfalls als Lösung so zu einfach, zu oberflächlich und zu kurzschlüssig. Im Zusammenhang der Geschichte des neuzeitlichen Antisemitismus ist m. E. der christliche Anteil viel entscheidender nicht in der christlichen Lehre, sondern in der im 19. Jahrhundert (2. Hälfte) zu beobachtenden christlichen Weigerung zu sehen, die Einsichten der Aufklärung des 17. und 18. Jahrhunderts als Wahrheitseinsichten wirklich zu übernehmen und diese mit der überlieferten Wahrheitsrede sachlich angemessen zu konfrontieren. Erst auf dem Boden verweigerter Aufklärung hatte voraufklärerisches christliches Sprechen über und mit Juden im 19. Jhdt. überhaupt wieder eine Chance; in diesem Zusammenhang ist mitzusehen, wie die Verweigerung wissenschaftlicher Einsichten im Bereich der Philosophie, der Geschichtswissenschaften und der Naturwissenschaften im 19. Jahrhundert ja auch sonst die überlieferte Gottesrede der christlichen Kirchen „sprachlos“ und „teilnahmslos“ werden ließ, womit die Kirchen sich selbst auch um deren kritisches Potential brachten. Die allgemein zu beobachtende und verbreitete christliche „Teilnahmslosigkeit“ auf der Ebene wissenschaftlicher Einsichten ist auch als theologische und praktische Teilnahmslosigkeit gegenüber den Juden in der 2. Hälfte des 19. Jahrhunderts und im 20. Jahrhundert namhaft zu machen, die so wirklich theologisch nicht mehr hingenommen werden kann.

Bei diesen Andeutungen sei es jetzt zunächst belassen, um die in der neuesten Literatur zum Thema „Luther und die Juden“ präsentierten Lutherbilder erörtern zu können. Ich knüpfe dabei an eigene Untersuchungen aus dem Jahre 1972 an, in denen neben anderem der Fragestand bis zu diesem Zeitpunkt zusammenzufassen versucht wurde.

Als 1972 meine eigene Studie, die sich mit Luthers Stellung zu den Juden und deren Interpretation und Rezeption im 19. und 20. Jahrhundert befaßte, veröffentlicht wurde,[8]) schien es, als sei bei im einzelnen unterschiedlichen Akzentuierungen nach langem Dissens in der Forschung ein ganz grundlegender Konsens erreicht, der sich in die Feststellung fassen läßt: nur dann werde man Luthers im wesentlichen identisch gebliebene theologische Sehweise und Beurteilung und seine *widersprüchlichen* (1543 Vertreibung – 1523 volle gesellschaftliche Integration) praktischen Ratschläge zur Behandlung des nachneutestamentarischen zeitgenössischen Judentums angemessen erfassen, wenn man seine Äußerungen zu dieser Frage in den Zusammenhang der zentralen Themen seiner Theologie stellt und von diesen aus beurteilt. Das führt dann zu der Einsicht, daß in der Rechtfertigungsbotschaft nach wie vor das Zentrum christlichen Glaubens angesprochen ist und auch heute in Geltung zu bleiben hat, während Luthers Konkretion dieser Botschaft (in Theologie und Praxis) gegenüber den Juden wirklich nicht mehr aufrechterhalten werden kann und abgelehnt werden muß. Aber gerade von diesem 1972 so greifbar nahen Konsens sind wir heute wieder, überblickt man die Literatur, die zu diesem Themenkreis erschienen ist, weit entfernt. Über die Ursachen soll hier nicht spekuliert werden, vielmehr seien die unterschiedlichsten Lutherbilder dargelegt und in ihrer Problematik erörtert.

Die erste nach 1972 erschienene umfangreichere Monographie zu dem Thema verfaßte der Germanist C. Bernd Sucher.[9]) Sein Buch will eine Interpretation von Luthers Stellung zu den Juden aus germanistischer Sicht gewinnen. Um sich nicht den Einwand einzuhandeln, in einen fachfremden Bereich sich einzumischen, will er in seiner Studie die Methode anwenden, „so wenig wie möglich“ Luthers Theologie zu berücksichtigen. Er möchte statt dessen „Luther beim Wort“ nehmen, weil er der Überzeugung ist, Luthers Äußerungen zu den Juden in Schriften, Briefen, Tischgesprächen und in verstreuten Bemerkungen in den frühen Vorlesungen *„ohne* die in anderen Werken und Vorlesungen eingearbeitete Theologie zu betrachten und zu interpretieren“ (alle Zitate in der Vorbemerkung ohne Seitenzahl). Luthers Sprache wählt sich der Autor als Kriterium seiner Untersuchung (VIII); Luthers Äußerungen geht er nicht chronologisch nach, er versucht vielmehr, sie in den unterschiedlichsten (literarischen) Gattungen (Vorlesungen, Tischgespräche, Schriften) aufzuspüren, wobei die Darlegungen in Briefen und Predigten den anderen subsumiert werden (IX). Mehrfach betont der Verfasser, er habe als einziger die Tischgespräche umfassend dokumentiert und lege auf sie besonderen Wert (Vorbemerkung, ohne Seitenzahl; und IX und X), um dann freilich selbst zugeben zu müssen, daß diese Äußerungen „dürftig“ sind (283), was allgemein bekannt war, insbesondere den Theologen, die sich mit dem Thema beschäftigt haben und denen er in der Vorbemerkung vorwirft, sie hätten das sachliche Gewicht der Tischreden verkannt. Nach einem aus allgemeinen Handbüchern und Lexika erstellten kurzen geschichtlichen Abriß der Geschichte der Juden in Deutschland (1–31) werden der Pfefferkorn-Reuchlinsche Streit um die Konfiszierung des Talmud (32–42) und Luthers Stellungnahme zu diesem Streit erörtert (43–45). Im zweiten Kapitel wird Luthers Stellung zu den Juden in Schriften, Vorlesungen, Tischgesprächen, Predigten und Briefen dargelegt (46–124). Das dritte Kapitel versucht einen forschungsgeschichtlichen Überblick zu dem Thema (125–199), dem Sucher seine „erneute Interpretation aus nicht theologischer Sicht“ folgen läßt (200–293). Bibliographie und Literaturverzeichnis beschließen das Werk (294–316). Suchers Ergebnis – in der Vorbemerkung vorweggenommen – lautet folgendermaßen:

„In der Auseinandersetzung ging und geht es noch heute um die primäre Frage, ob sich in Luthers Stellung zu den Juden ein Wandel vollzogen hat oder nicht. Dabei ist die These, daß Luther in seiner Meinung, wie man praktisch mit den Juden umgehen solle, einen Wandel durchgemacht habe, er aber im Ganzen eine theologische Kontinuität wahre, in den letzten zwanzig Jahren die meist vertretene. Durch detaillierte Textvergleiche gelingt uns der Nachweis, daß Luthers Stellung zu den Juden nicht als „Wandel“ oder „Kontinuität“ beurteilt werden darf; sondern als eine regressive Entwicklung gewertet werden muß: Mit Beginn der ersten Psalmenvorlesung (1513–1516) entwickelt Luther allmählich den Gedanken an eine Missionierung der Juden. In der Schrift „Dass Jesus Christus ein geborner Jude sei“ von 1523 erreicht diese Idee ihren Kulminationspunkt: Luther meint, daß mit Hilfe des gereinigten Evangeliums und eines freundlichen Umgangs eine Vielzahl der Juden missioniert werden könne. Luthers Hoffnungen erfüllen sich jedoch nicht, vielmehr muß er 1532 von einer gegnerischen jüdischen Missionsbewegung erfahren. Diesen jüdischen Aktivitäten tritt Luther erst 1538 – und in recht gemäßigtem Ton – entgegen. Diesen gemäßigten Ton muß man jedoch 1543 in dem Werk „Von den Juden und ihren Lügen“ vermissen. Hier tritt Luther für scharfe Maßnahmen gegen die jüdischen Mitbürger ein und rechnet nur noch mit einigen, vereinzelten Konvertiten. Erstmals in der Forschung wird in unserer Arbeit die Periode zwischen 1523 und 1543, in der Luthers Stellungnahmen zu den Fragen, ob die Juden missioniert werden können und wie man mit ihnen umzugehen hat, auffallend ambivalent sind, mit zur Interpretation herangezogen. Diese schweigsame (!) Periode ist die Zeit, die Luther für seine Regression braucht: Luther kehrt 1543 zu den anfänglichen Ideen zurück: in seiner theologischen Aussage ist Luther 1543 zu seinen Ansichten der ersten Psalmenvorlesung regrediert, in praktisch-politischer Hinsicht geht der alte Luther auf eine Stufe vor 1513, zu einem mittelalterlich-katholischen Standpunkt zurück" (Vorbemerkung, ohne Seitenzahl).

Luthers „regressive Entwicklung" habe dabei ihre Ursache, so einfach ist das für Sucher, in „seiner Krankheit" (286). Entscheidend für Suchers Interpretation sind der Rekurs auf das Werk von Paul J. Reiter, Martin Luthers Umwelt, Charakter und Psychologie sowie die Bedeutung dieser Faktoren für seine Entwicklung und Lehre. Eine historisch-psychiatrische Studie. 2 Bde, Kopenhagen 1937 und 1941, sowie der Rekurs auf Erik H. Erikson, Der junge Mann Luther. Eine psychoanalytische und historische Studie, München 1964.

Eine Bewertung von Suchers Studie hat zunächst einmal die Maßstäbe und die Methode zu berücksichtigen, die der Verfasser sich selbst gesetzt hat. Eine Studie aus germanistischer Sicht wäre in der Tat mit Sicherheit ein Gewinn für einen Theologen, wenn Suchers Studie nur eine solche wäre. Das selbstgesteckte Ziel der Askese in Theologie und deren Nichtberücksichtigung bei der Interpretation von Luthers Judenschriften vermag der Autor aber überhaupt nicht einzuhalten, da er auf fast jeder Seite seines Buches Luthers biblisch-exegetische Begründungen und theologische Erörterungen mit zu referieren gezwungen ist. Insofern ist sein Buch selbst der beste Beweis dafür, daß man Luthers Stellung zu den Juden unter Außerachtlassung seiner Theologie nicht einmal darstellen, erst recht nicht angemessen erörtern kann. Die vom Verfasser beabsichtigte germanistische Perspektive präsentiert sich aber erkennbar nur in einem theologischen Dilettantismus bei gleichzeitiger Kritik neben partieller Würdigung an allen theologischen Studien zu dem Problem. Die Germanistik dürfte sich zu Recht diffamiert fühlen, würde man sie durch Begriff und Sache eines theologischen Dilettantismus erschöpfend charakterisieren wollen. Dabei wäre es in der Tat höchst lohnenswert, Luthers Sprache im Zusammenhang seiner Äußerungen zu den Juden, Türken, Rotten, Papisten, Heiden, Scheinchristen zu untersuchen.

Aber auch in seinem Ergebnis bietet Sucher kein aus germanistischer Sicht gewonnenes Bild. Er zieht die Germanistik übergreifende Beurteilungsmaßstäbe nichtgermanistischer Art aus der Psychoanalyse heran, um im Begriff der „regressiven Entwicklung" Luthers Haltung zu den Juden als *ein Ganzes* zu begreifen, ohne – wie es die Theologen tun und was Sucher übel vermerkt – nach Luthers Theologie, die im wesentlichen sich nicht gewandelt hat, und den praktisch-rechtlichen Folgerungen, die sich bei Luther gewandelt haben, unterscheiden zu müssen, wie Kurt Meier sehr zu Recht in einer ausführlichen Rezension festgestellt hat.[10]) Aber auch die Kritik an den Theologen (Holsten, Maurer, Meier, Brosseder) vermag Sucher selbst nicht durchzuhalten. Mitten im Ergebnis seiner Untersuchung feiert die von Sucher so heftig attackierte Unterscheidung von Theologie und Praxis fröhliche Urständ, wenn er schreibt: „Half uns der Begriff der ‚Entwicklung', Luthers Haltung zu den Juden als Ganzes zu sehen, nicht nach Theologie und Praxis zu trennen, oder zu beurteilen nach den Höhe- und Tiefpunkten, 1523 und 1543, so haben wir für unser Thema mit dem Begriff ‚Regression' einen Typus von Entwicklung gefunden, der Luthers Äußerungen zu den Juden in jeder Weise trifft. In praktisch-politischer (!) Hinsicht geht der Luther von 1543 auf eine Stufe vor 1513, zu einem katholischen Standpunkt zurück; in theologischer (!) Hinsicht jedoch, in seiner Meinung über die Missionierung der Juden, ihrer Exegese und ihrer Bestrafung durch den Zorn Gottes unterscheidet sich der Luther von 1546 nicht von dem der ersten Psalmenvorlesung" (290/91).

Zu Suchers Studie müßte im einzelnen noch sehr viel mehr gesagt werden; insbesondere bedürfen zahlreiche Einzelheiten einer Korrektur. Auf drei Korrekturen kann hier aber nicht verzichtet werden: Es ist einfach eine Diffamierung der Studien von Kurt Meier und meiner eigenen, zu behaupten, wir würden Luthers Stellung zum Judentum nur deshalb von seinen theologischen Voraussetzungen aus deuten, „um Luther auch in allen seinen Äußerungen über die Juden rezipierbar zu machen" (196). Es ist mir einfach zu dumm, hier all die Seitenzahlen in Kurt Meiers und meiner eigenen Arbeit aufzuzählen, wo wir darlegen, daß zwar Luthers Rechtfertigungsglaube nach wie vor eine zu rezipierende Größe ist, nicht jedoch Luthers Konkretion dieses Glaubens gegenüber dem zeitgenössischen Judentum, aus Gründen, die ausführlich erörtert werden. Ebenso muß die absurde Unterstellung zurückgewiesen werden, *ich* hätte Luthers brutale Ratschläge an die Obrigkeit aus dem Jahre 1543, wie diese mit den Juden verfahren solle, verharmlost, indem ich sie „nur als eine andere Form der Barmherzigkeit" bezeichnet hätte (258). Einmal abgesehen von der Tatsache, daß sich an der von Sucher angeführten Belegstelle kein diesbezüglicher Hinweis meinerseits befindet, ist es Martin Luther selbst, der seine harten Ratschläge eine „scharfe Barmherzigkeit" nennt. Die damit gegebenen Probleme sind von mir erörtert worden, aber nirgendwo im Sinne der genannten Unterstellung. Unhaltbar ist schließlich Suchers Bewertung der Schrift Luthers von 1523 „Daß Jesus Christus ein geborener Jude sei" als Missionsschrift, mit der Luther eine Vielzahl der Juden missionieren zu können hoffte, ebenso die Rede, Luther entwickle bis 1523 so ganz allmählich den Gedanken an eine allgemeine Judenmissionierung. Luther rechnete zeit seines Lebens immer nur mit einigen wenigen, die sich zum Evangelium bekehren würden, niemals jedoch mit einer Vielzahl. Bekehrung bleibt bei Luther die Ausnahme, das Volk als Ganzes ist verstockt und steht unter Gottes Zorn. Suchers diesbezügliche gegenteilige Aussagen überzeugen so wenig wie die vielen Vorläufer, die seine These schon hatte und die diese These nur deshalb aufstellen können, weil sie Luther ohne den *theologischen* Zusammenhang interpretieren. In den Arbeiten von Meier,[11]) Oberman[12]) und meinen eigenen[13]) wird darüber ausführlich gehandelt.

Das von Sucher verfaßte Gesamtbild Martin Luthers als einer Persönlichkeit, die eine regressive Entwicklung durchlaufen habe, vermag nicht zu überzeugen. Dieses Lutherbild gehört in das Reich der Legende. Daß es geschaffen wurde, hat zwar die Literatur vermehrt, die Wissenschaft aber nicht bereichert.

Walther Bienert[13a]) stellt in seinem Quellenbuch auszugsweise die wichtigesten Äußerungen Luthers über die Juden (in modernes Deutsch übertragen) aus den Jahren 1513–1546 zusammen. Luthers Ausführungen sind seinen Vorlesungen, Schriften, Briefen und den Tischreden entnommen. Sie ermöglichen es, die spannungsreiche Bandbreite der theologischen und praktischen Sehweise des Judentums durch Luther zusammenhängend zur Kenntnis zu nehmen. Die Vorstellung der Texte Luthers erfolgt nach chronologischen Gesichtspunkten in sechs Kapiteln (I: Luthers Judenbild in seiner frühreformatorischen Zeit 1513–1516; II: Das Aufblühen der Reformation: Von den Thesen bis Worms 1517–1521; III: Von der Wartburg bis zur Coburg 1521–1530: Luthers Engagement für die Juden beim Aufbau der Gemeinden; IV: Luthers kritsches Abwarten: 1530–1537; V: Luthers Weg zum Antijudaismus: Vom Reformator zum Dogmenwächter und Kirchenpolitiker 1538–1543; VI: Der Ausklang bis zu Luthers Tod 1543–1546). Eine zum Thema hinführende Einleitung eröffnet (11–17), eine zusammenfassende Würdigung mit Nachwort (181–202) beschließt den Textteil. Bibliographie (203–220), Personenregister, Bibelstellenregister und Begriffsregister vervollständigen den Band (221–239). Die einzelnen Textauszüge aus den Schriften Luthers (insgesamt 115 kürzere und längere werden vorgestellt) versieht der Verfasser jeweils mit einer historischen, inhaltlichen und sehr oft auch urteilenden Einleitung. Die *Problematik* dieser Studie liegt in den Urteilen des Verfassers über Luther und dem darin enthaltenen Lutherbild. Ohne sich um den gegenwärtigen Forschungsstand zu kümmern, trägt der Verfasser Urteile über Luther vor, die schlicht absurd sind und deshalb möglich wurden, weil nicht nur die Forschung zur Frage von Luthers Stellung zu den Juden, sondern die *gesamte* Lutherforschung einfach ignoriert wurde. Bienerts These lautet: der *Reformator* Luther habe einen Dialog mit den Juden zu führen begonnen (vgl. zusammenfassend 195, aber auch 181 u. ö.), *der Dogmenwächter und Kirchenpolitiker* aber

(Luther ab 1538) verfiel in antijüdische Ausfälle (115, 181, 195 u. ö.). Die Judenfeindschaft des Dogmenwächters und Kirchenpolitikers gehöre nicht zur reformatorischen Theologie, sondern sei spätmittelalterlich-vorreformatorische Theorie und Praxis; letztere könne man als angehängte zeitbedingte Abirrung vom ersteren lösen und sich so dem „Reformator" Luther wieder anschließen (188 f.); dann könne man wieder einen Dialog mit den Juden führen, der heute selbstverständlich nur dann angemessen geführt werden kann, so Bienert, wenn die Lehren von der Gottheit Christi, von der Inkarnation, von der Präexistenz, von der Jungfrauengeburt, die Trinitätslehre u. a. aus dem Christentum eliminiert seien. So einfach ist das alles mit dem „Reformator"! Doch auch andere Bewertungen sind ebenso signifikant wie unsinnig: Das Mittelalter wird bei Bienert exklusiv (!) charakterisiert durch seine „Gläubigkeit an die ‚Kirche' als die absolute Alleinbesitzerin der Wahrheit" (116), und der Humanismus sei durch Toleranz ausgezeichnet (vgl. 20).

Das hier gezeichnete umfassende Lutherbild mit der scharfen Zweiteilung: hie der Reformator (dem wir uns anschließen), dort der Dogmenwächter und Kirchenpolitiker (dem wir uns versagen), vermag nicht zu überzeugen. Diese Zweiteilung überzeugt deshalb nicht, weil „der Reformator" einem unter der Hand zerfließt, wenn man sich auf den Weg macht, zu fragen, wodurch er denn im Gegensatz zum „Dogmenwächter" charakterisiert ist. Es ist gänzlich abwegig, einen Unterschied in Luther mit seiner angeblich unterschiedlichen Stellung zum Dogma festzumachen. Gerade der Luther von 1523, der nach Bienert einen Dialog mit den Juden zu führen begann, tut dies in einer Schrift, in der er sich massiv hinter das Dogma von der Jungfrauengeburt stellt. Luther ist 1523 genauso wie 1543 ein Wächter der mit der Hl. Schrift sachlich übereinstimmenden altkirchlichen Dogmen. Den undogmatischen und deshalb zum Dialog mit den Juden fähigen „Reformator" Luther gibt es nicht. Des Verfassers eigene erkennbare Aversion gegen „das Dogma" dürfte bei der Konstruierung dieses Lutherbildes Pate gestanden haben. Die Frage, ob „das Dogma" nicht einfach mitgenommen werden kann in das christlich-jüdische Gespräch heute, in der Hoffnung, in diesem Gespräch auch ein neues und tieferes Verständnis des eigenen Dogmas selbst zu gewinnen, wird nicht einmal gestellt. Keiner kommt aus einem Gespräch, das diesen Namen verdient, so wieder heraus, wie er hineingegangen ist. Das gilt auch für das Glaubensgespräch. Christen, die ihre eigenen essentiellen Glaubensgegenstände (z. B. die Trinitätslehre), über die in einem Gespräch gesprochen werden soll, aber schon vor dem Gespräch preisgegeben haben, dürften wohl kaum seriöse Gesprächspartner im christlich-jüdischen Glaubensgespräch sein.[14])

Eine gründliche Studie zu unserem Thema verfaßte der Tübinger, jetzt in den USA lehrende Reformationshistoriker H. A. Oberman in seinem Werk: „Wurzeln des Antisemitismus. Christenangst und Judenplage im Zeitalter von Humanismus und Reformation", Berlin 1981. Obermans Darstellung entspricht zu einem großen Teil der 1971 erhobenen Forderung Bernhard Lohses,[15]) es bedürfe endlich einer gründlichen *historischen* Studie zu unserem Thema. Obermans Anliegen ist es, deutlich zu machen, daß das Thema „Luther und die Juden" erweitert werden muß zum Thema „Die Juden im Zeitalter von Humanismus und Reformation". Es ist Obermans Verdienst, zu diesem Problem am ausführlichsten und gründlichsten im Zusammenhang geschrieben zu haben. So wird das Kapitel über Luther in den Zusammenhang mit Martin Bucer, Johann Calvin, Wolfgang Capito, Herzog Eberhart im Bart von Württemberg, Johannes Eberlin von Günzburg, Johann Eck, Erasmus von Rotterdam, Kurfürst Friedrich der Weise, Jakob von Hochstraten, Balthasar Hubmaier, Ulrich von Hutten, Justus Jonas, Josel von Rosheim, Philipp Melanchthon, Andreas Osiander, Johann Pfefferkorn, Johann Reuchlin, Huldrych Zwingli gerückt. Leider fehlt hier der Rechtsgelehrte Ulrich Zasius. Ergebnis: Abgesehen von Justus Jonas und Andreas Osiander hat niemand eine positive theologische Einstellung zu den Juden, auch nicht der Luther von 1523, der die Juden freundlich zu behandeln bittet. Oberman betont, daß man Luthers Sicht der Juden und des Judentums nur wirklich ansichtig wird (vgl. 125), wenn man begreift, daß die Judenfrage keine schwarze Sonderseite in Luthers Werk bildet, sondern zentrales Thema seiner *Theologie* ist: will man Luthers Ansichten zum Judentum wirklich zur Kenntnis nehmen, muß man Luthers Äußerungen in seiner Theologie verankern. Durchgängig in Luthers Theologie findet sich das Motiv des Kampfes gegen das Evangelium bei Ketzern, Heiden, Juden, eine Reihe, die später angereichert wird um Türken, Rotten und Papisten. (Die Reihe selbst ist bei Luther ein elementares methodisches Hilfsmittel der Bibelforschung.) Aber auch unter der Masse von Christen findet man kaum einen rechten Christen. Jetzt, wo das Evangelium neu ans Licht gebracht worden ist, entfacht der Teufel, der die Macht in der Kirche als Antichrist an sich gerissen hat, die endzeitliche Großoffensive (138) gegen die wahre Kirche. Nicht Haß, nicht frühe Kindheitserlebnisse, nicht schockierende Erfahrungen etc. sind die Ursache von Luthers späten und harten Judenschriften; sie sind nach Oberman vielmehr „Ausdruck von Luthers Lagebeurteilung der Kirche am Ende der Geschichte. Stand die Kirche schon immer unter dem Beschuß des Teufels, so gewinnt dieser Ansturm mit dem Anrücken der Endzeit an Vehemenz" (139). Die Reihung von antigöttlichen Mächten ermöglicht es der Christenheit, die Zeichen der Zeit zu lesen und die Epochen der Weltgeschichte im Fortschritt des Unglaubens zu unterscheiden. Schützt man den Unglauben und setzt sich für diesen ein, dann macht man sich auch noch fremder Sünde teilhaftig – und das, da die eigene Sünde schon groß genug ist und das göttliche Gericht über sie schon schrecklich genug sein wird. Aus diesem Geist heraus ist die außerordentliche Härte des Luther der Jahre 1538–1545 zu sehen: Papst, Türke und Juden als die Kräfte des Antichristen. Luthers „Judenschriften" gehören mit den Türken- und Papstschriften zu der einen unauflösbaren Gattung der Endzeitprophetie. Oberman resümiert: Bei dem alten Luther handelt es sich so wenig um Rassenhetze wie bei dem jungen um Solidarität: Das Motiv des „jungen" Luthers (immerhin war er 1523 schon 40!), die Juden freundlich zu behandeln, ist einfach dies, weil unter ihnen noch etliche künftige Christen sind. Von Judenfreundschaft, von Philosemitismus, vom *Dialog* mit den Juden kann, darin stimme ich Oberman zu, auch beim Luther der Jahre 1521–1523 wirklich nicht gesprochen werden. Nun mag eingewendet werden, Luthers Rat von 1523, die Juden voll in das gesellschaftliche und wirtschaftliche Leben zu integrieren und Luthers „scharfe Barmherzigkeit" von 1543, sie des Landes zu verweisen, seien „zwei Paar Stiefel". Das kann selbstverständlich nicht bestritten werden. Aber Luthers wachsende Überzeugung, die Endzeit stehe unmittelbar bevor, läßt im Jahre 1543 die Lösung von 1523 nicht mehr zu. Ein *theologischer* Bruch kann nach wie vor nicht konstatiert werden: die Kritik am Judentum als Religion ist 1523 genau so kompromißlos wie 1543. Oberman sagt: „Christentum und Judentum schließen einander aus, Reformation ist nicht Heilszeit für die Juden. Er rechnet nicht damit, daß Juden in Scharen Christen werden . . . Als Gemeinschaft bleiben sie wie Türken, Ketzer und falsche Christen unter der Ägide des Antichrist" (148). Dem Rest (Jes 10,20–22) soll der Zugang zum Wort eröffnet werden. Daher sollen wir mit ihnen freundlich umgehen, denn es sind noch Christen unter ihnen zukünftig. Das ist nach Oberman keine Sondertheologie für Juden, das gleiche gilt von Scheinchristen, Nichtchristen, Türken und Papisten (148). Es geht um die Aufrechterhaltung des Evangeliums in den Wirren der Endzeit (162).

Mit allem Nachdruck unterstreicht Oberman sehr zu Recht, daß es von Luther aus gesehen ein Thema „Luther und die Juden" nicht gibt (95). Das Judenthema kann und darf innerhalb der Theologie Luthers nicht verselbständigt werden. Damit bestätigt auch Oberman den schon zuvor von anderen ermittelten Sachverhalt und unterstreicht ihn nachdrücklich (95). Diskutiert werden sollte aber Obermans These, es sei „an der Zeit, sich dem Tatbestand zu stellen, daß die Judenfrage keine schwarze Sonderseite in Luthers Werk bildet, sondern zentrales Thema seiner Theologie ist" (125). Dieses müßte m. E. anders akzentuiert werden: Die Judenfrage ist bei Martin Luther keine eigenständige Frage, sondern eine Randfrage, die allerdings nur vom Zentrum seines theologischen Denkens aus angemessen begriffen werden kann. Daß man bei jedem Thema, das Luther erörtert, sehr rasch ins Zentrum seines theologischen Denkens geführt wird, kann nicht strittig sein. Nicht unproblematisch ist der von Oberman verwendete Begriff der „Judensonde“ (141; 164); er wird geprägt, um den bei Luther selbstverständlich nicht zu bestreitenden Sachverhalt zum Ausdruck zu bringen, daß – so sieht es Luther – die Kirche seiner Zeit, Häretiker und Juden – sich selbst rühmend – auf ihre eigene Gerechtigkeit bauen, sich selbst an die Stelle Gottes setzen und damit Gott nicht Gott sein lassen wollen; viel angemessener sind m. E., wenn von „Sonde“ gesprochen werden soll, die Begriffe „Christussonde“ oder die „Sonde des Rechtfertigungsglaubens“, oder die „Sonde der Unterscheidung vom Gesetz und Evangelium“. Diese Terminologie ist auch eher in Übereinstimmung mit Luthers Biographie zu bringen: Nicht an den Juden, sondern am Evangelium ging ihm auf, wie es um die Kirche seiner Zeit bestellt war – und dann erst wird bedeutsam, daß sie den Weg ging, den auch „die Juden“ gehen – nämlich die Suche nach dem Heil an Christus vorbei. An der Kirche seiner Zeit wurde ihm die gewaltige Abirrung vom Evangelium deutlich, in die hinein konnten dann die immer schon – auch von Luther selbst – so gesehenen (vgl. 1. Psalmen-Vorlesung) Häretiker und Juden mitgenommen werden; aber *bedrängend* und wirklich bedeutsam wurde dies doch erst durch die Entdeckung des *in der Kirche* nicht gelehrten und gelebten Rechtfertigungsglaubens, den er nicht in Auseinandersetzung mit Häretikern und Juden, sondern in Auseinandersetzung mit Lehre und Praxis der Kirche seiner Zeit entdeckt hat, die ihn dann freilich die Unheils- und Unglaubenskette Juden, Türken, Papisten, Häretiker, Rotten, Scheinchristen etc. aufstellen läßt. Auch Luthers wachsende Überzeugung – und dieser Gesichtspunkt kann so bruchloser mit dem zuletzt Genannten in Verbindung gebracht werden –, das Weltenende stehe unmittelbar bevor, hat ihren Ursprung in der ihm immer gewisser werdenden Überzeugung, daß in der Kirche der Antichrist herrscht, der sich an die Stelle Gottes setzt; und wenn das der Fall ist, dann steht nach der Apokalypse – so sieht es Luther – das Weltenende unmittelbar bevor. Der *Sache* nach sieht Oberman beides nicht sehr viel anders; aber in der *Terminologie* „Judensonde“ wird die sachliche Priorität der „Christussonde“ nicht angemessen zum Ausdruck gebracht.

Obermans Werk gehört mit zum Verdienstvollsten, was im Umkreis des Lutherjubiläums publiziert wurde. Keine Beschäftigung mit diesem Thema wird hinter die von ihm ermittelten Ergebnisse zurückfallen können.

Im Oktober 1985 erschien ein umfangreicher Sammelband „Die Juden und Martin Luther – Martin Luther und die Juden. Geschichte – Wirkungsgeschichte – Herausforderung“.[16]) Der Untertitel gibt gleichzeitig die dreigeteilte Zuordnung der Beiträge zu diesem Band wieder. Es ist gut, daß dieses Buch erschienen ist. Jüdische und christliche Autoren, Historiker, Systematiker und Praktische Theologen kommen hier zu Wort. Der Sammelband offenbart auf weiten Strecken das Chaos, das in dieser Frage nach wie vor herrscht. Es ist mitbedingt durch den Umstand, daß der Forschungsstand in dieser Frage oft nicht zur Kenntnis genommen wird. So stellt J. M. Schmidt[17]) die sonst nur noch von den Deutschen Christen und den Nationalsozialisten vertretene Auffassung in die Welt, Luthers Theologie sei in ihrem Wesen (!) antijüdisch. Die unkritische Verwendung des Begriffs „Wirkungsgeschichte" sowie Luthers Rekurs auf das Neue Testament, das noch nicht mit dem modernen exegetischen Instrumentarium erarbeitet werden konnte, sowie die thematische und zeitgeschichtliche Isolierung des Themas „Luther und die Juden" lassen eine solche wirklich schlimme These entstehen. Sie sei hier diskutiert.

Problematisiert werden muß zunächst der Begriff der „Wirkungsgeschichte", wie Schmidt ihn verwendet. Ohne jede Rückfrage wird die Berufung der „Deutschen Christen", aber auch völkisch-rassistischer Kreise auf Luthers Beurteilung des nach Christi Geburt lebenden Judentums als Wirkungsgeschichte *Luthers* ausgegeben. Die völkisch-rassistische und die nationalsozialistische Behandlung des Judentums einschließlich deren gesamter „theoretischer" Fundierung hat jedoch mit Luther einfach nichts zu tun. Die völkisch-rassistischen Zulieferer und die Deutschen Christen haben sich in aller Regel auf Luther berufen, um den Kirchen den Vorwurf zu machen, sie schämten sich ihrer „besten" (antijüdischen) Traditionsstücke und würden heute die Juden beschützen (was sie *als Kirchen* nicht getan haben). In der völkisch-rassistischen Judenhetze, der auch die Deutschen Christen zuzuordnen sind, wurde Luther – aber auch andere Vertreter der gesamten christlichen Tradition einschließlich des Neuen Testamentes – als Ornament benutzt, um den Kirchen „antijüdisches Versagen" und „projüdisches Verhalten" vorzuwerfen. Der Antisemitismus dieser Kreise hatte eindeutig rassistische Wurzeln. Der Rassenantisemitismus funktionierte *ohne* die nicht zu leugnenden antijüdischen Äußerungen aus der gesamten christlichen Tradition in sich selbst und aus sich selbst. Er benutzte die antijüdischen christlichen Traditionsstücke lediglich, um das „Versagen" der Kirchen im Kampf gegen das Judentum „bloßzustellen". Mit dieser Sicht der Dinge wird der Antijudaismus der christlichen Tradition keineswegs geleugnet, er wird hier auch nicht für ungefährlich gehalten, er wird damit auch nicht verharmlost oder gerechtfertigt, gesagt wird lediglich, daß der Nationalsozialismus und die seine Ideologie mittragenden Deutschen Christen *nicht der Wirkungsgeschichte Luthers,* sondern einer ganz anderen Wirkungsgeschichte angehören. Bonhoeffers implizite Inschutznahme Luthers in seinem Aufsatz „Die Kirche vor der Judenfrage" (1933) hätte hier schon hellhörig machen können: Bonhoeffer zitiert nämlich ausdrücklich aus Luthers sogenannten Judenschriften, um sie vor einer Inanspruchnahme durch den Antisemitismus der dreißiger Jahre zu bewahren. Dies führt zu einem zweiten Gesichtspunkt.

Die heute unumgängliche *Ablehnung* von Luthers judenkritschen Äußerungen und die Nichtübernahme und Verwerfung seiner eigenen, der Obrigkeit empfohlenen Ratschläge zur Behandlung von Juden sind Wirkungsgeschichte Luthers. Diese These bedarf der Begründung. Der Einstieg dazu sei bei der zentralen These J. M. Schmidts begonnen, Luthers Theologie sei in ihrem Wesen antijüdisch. Die These ist einfach schlimm, warum, das sei kurz erörtert. Luthers Äußerungen zum Judentum stehen nicht im *Zentrum* seines theologischen Nachdenkens, sondern am Rande. Daß dieser Rand nur vom Zentrum seiner Theologie aus angemessen begriffen werden kann, ist in der Forschung nicht bestritten. Wäre Luthers Rechtfertigungsglaube in seinem *Wesen* antijüdisch, dann wäre das Antijüdische das den Rechtfertigungsglauben *Konstituierende;* die den Rechtfertigungsglauben konstituierenden, sein Wesen ausmachenden Themen und Zusammenhänge könnten – jedermann leicht zugänglich – anhand von Luthers Freiheitsschrift und in jeder „Theologie Luthers" gelernt werden. Die zentrale Belegstelle für seine These hat Schmidt dem Deutschen (Großen) Katechismus entnommen (BSLK 661). Dort aber wird lediglich gesagt, daß die Glaubensartikel die Christen von allen anderen Leuten auf Erden „scheiden und sondern", „Denn was außer der Christenheit ist, es seien Heiden, Türken, Juden oder falsche Christen und Heuchler . . . so wissen sie doch nicht, was er gegen ihn gesinnet ist . . . darümb sie in ewigem Zorn und Verdammnis bleiben. Denn sie den Herrn Christum nicht haben, dazu mit keinen Gaben durch den heiligen Geist erleuchtet und begnadet sind." Juden stehen in diesem Zusammenhang, wie immer in Luthers Theologie, in einer Reihe mit Heiden, Türken, Häretikern, Scheinchristen, Nichtchristen, Rotten, Papisten, die Christus nicht annehmen und deshalb nach Luther der Verdammnis anheimfallen, wie neben anderen auch H. A. Oberman nicht müde wird, in dem auch von J. M. Schmidt zitierten Werk immer wieder mit Nachdruck zu unterstreichen. Daß ansonsten die Glaubensartikel bis heute Christen von anderen Menschen „scheiden und sondern", ist alleine weder unmenschlich noch antimenschlich, noch antijüdisch. Es sind wirklich nur die Christen, die die christlichen Glaubensartikel bekennen. Im Unterschied zu Luther und zu vielen Theologen der gesamten christlichen Tradition haben wir aber sehen gelernt, daß das Bekenntnis des christlichen Glaubens nicht gleichzeitig und notwendig das Wissen um die ewige Verdammnis für diejenigen mitliefert, die diesen Glauben nicht bekennen, zumal auch Christen das Heil nicht „haben", sondern – Christus anhangend – glaubend erhoffen und dem Gericht Gottes nicht entgehen werden. Daß wir das heute so sehen können, ist – neben anderem – originäre Wirkungsgeschichte von Luthers Glaubensbegriff, dem Herzstück, dem Kern und der Mitte seines theologischen Nachdenkens, dem *Wesen* seiner Theologie. Luthers Rechtfertigungsglaube, das Wesen seiner Theologie, bleibt unberührt erhalten, auch wenn wir seine „Exempel des Unglaubens" wirklich nicht mehr mitübernehmen können. Wäre das Antijüdische das Wesen seiner Theologie, dann fiele der christliche Glaube in sich zusammen, wenn das Antijüdische eliminiert würde. Letzteres ist aber zu eliminieren, ohne daß deswegen schon der christliche Glaube untergehen müßte. Abraham war für Luther „Vater im Glauben". Kein christlicher Theologe hat je inniger und schöner den Glauben Abrahams gepriesen und im angehangen als Martin Luther. Abrahams Glaube ist durch Martin Luther der Christenheit neu nahegebracht worden. Es ist Wirkungsgeschichte dieses Glaubens, wenn die heutige Christenheit die nach Jesu Geburt lebenden Juden in Kontinuität zu diesem Glauben und im Konnex dieses Glaubens zu sehen begreift, was Luther, aber auch allen großen Theologen der christlichen Tradition zu sehen verwehrt war. Das hier Genannte kann so auch als „kontrollierte Horizontverschmelzung" bezeichnet werden.

Wie in Schmidts Beitrag die Juden (Luthers Theologie sei in ihrem Wesen antijüdisch) von den Heiden, Türken, Scheinchristen, Heuchlern und uns sündigen Christen isoliert werden, die Luther stets zusammen sieht, so wird Luther selbst sowohl von seinen Zeitgenossen wie von der ganzen christlichen Tradition isoliert, in deren unauflöslichem Zusammenhang er gesehen werden muß. Besonders gravierend ist, daß Schmidt die neutestamentliche Redeweise über die Juden in ihrer *kostitutiven* Bedeutung für Luthers Beurteilung des nachneutestamentlichen Judentums radikal verkennt. Luther ist seit 1512 bis zu seinem Lebensende Professor der Heiligen Schrift gewesen; diese beherrschte er zudem auswendig. Mit Ausnahme der paulinischen These von der „Bekehrung der Juden am Ende der Tage" (Röm 11,25 ff.), die Luther zunächst vertreten hatte, später aber preisgab (Begründung: das Ende der Tage steht unmittelbar bevor, weil – im Anschluß an die Apokalypse – in der Kirche der Antichrist herrscht, der sich an die Stelle Gottes mitten in der Kirche gesetzt hat, Anzeichen einer Judenbekehrung sich aber nirgends einstellen), weicht Luther in seiner theologischen Beurteilung des Judentums keinen Millimeter vom Neuen Testament ab: Verwerfung, Zorn Gottes, Verstockung, Synagoge Satans, der Teufel als Vater der Juden etc. etc. finden sich samt und sonders schon im Neuen Testament. Dennoch kommt niemand – außer dem völkischen Rassismus und den Deutschen Christen – auf die absurde Idee, das *Wesen* der Theologien des Neuen Testaments als antijüdisch zu bezeichnen. Da Luther eine historisch-kritische Exegese noch nicht kennen konnte, hatte er kein wissenschaftliches Instrumentarium, welches es ihm *verwehrt* hätte, Aussagen des Neuen Testaments auf die Juden des 16. Jahrhunderts zu übertragen.

Diese Kritik an Schmidts Darlegungen erstreckt sich ausschließlich auf die Luther selbst betreffenden Passagen, nicht jedoch auf Schmidts instruktive Analysen zur Lage von Theologie und Kirche im Zusammenhang des Kirchenkampfes. Höchst instruktiv sind auch die Beiträge von Ben-Zion Degani[18]) (Die Formulierung und Propagierung des jüdischen Stereotyps in der Zeit vor der Reformation und sein Einfluß auf den jungen Luther), Stefan Schreiner[19]) (Was Luther vom Judentum wissen konnte), Pinchas E. Lapide[20]) (Stimmen jüdischer Zeitgenossen zu Martin Luther), Günther B. Ginzel[21]) (Martin Luther: „Kronzeuge des Antisemitismus"; Ginzel untersucht Antisemiten des 20. Jahrhunderts und deren Berufung auf Luther), Berthold Klappert[22]) (Erwählung und Rechfertigung). Klappert, der sich Obermans historische Analysen zu eigen macht, möchte in seinen systematischen Darlegungen die theologische Umkehr angesichts des Holocaust in der Umkehrung der reformatorischen Reihenfolge von „Rechtfertigung und Erwählung" zur Reihenfolge „Erwählung und Rechtfertigung" (unter Berufung auf Karl Barth) zum Ausdruck bringen und dabei die Rechtfertigungstheologie als angewandte Erwählungstheologie, die ihrerseits der umfassende theologische Horizont zur Bestimmung der jüdisch-christlichen Beziehungen sei, verstanden wissen (369; 406 ff.). Diese Umkehrung müsse vollzogen werden, um einen christlichen Antijudaismus künftig zu vermeiden. Kurz: Theologisch wird damit letztendlich die ganze Verantwortung für den Antisemitismus dem Rechtfertigungsglauben angelastet und implizit behauptet, jeder, der sich nicht die Kategorie der Erwählung als das erste zu sagende theologische Datum zu eigen macht, habe als Christ die Buße und Umkehr nicht vollzogen, die es zu leisten gelte. Die Intention Klapperts, einen theologischen Antijudaismus künftig zu verhindern, teile ich. Aber ich sehe beim besten Willen nicht ein, wie eine einfache theologische Themenumkehrung schon die Umkehr wirklich manifestieren soll. Selbst wenn die Rechtfertigungstheologie künftig angewandte Erwählungstheologie bleiben darf, dann stellen sich doch spätestens auf dieser Ebene sämtliche zwischen Christen und Juden strittigen Fragen der Christologie, der Soteriologie und der Ekklesiologie erneut. Kein theologisches Thema, das Christen artikulieren, ist vor dem Mißbrauch (auch vor dem Mißbrauch, den wir selbst damit treiben) schon von vornherein gefeit. Umkehr ist eine viel zu grundlegende Kategorie, als daß sie in einer Themenumkehrung schon vollzogen wäre. Auch und gerade auf dem Boden des Rechtfertigungsglaubens ist Umkehr nicht nur möglich, sondern Rechtfertigungsglaube ist gelebte und gelehrte Umkehr selbst, wie wir der Hl. Schrift und Luthers 1. Ablaßthese entnehmen können. Auch auf dem Boden des Rechtfertigungsglaubens ist eine theologische Neueinstellung der Christen zu den Juden zu gewinnen. Die nicht zu leugnenden, zwischen Christen und Juden sachlich strittigen Punkte gilt es in das christlich-jüdische Gespräch einzubringen, dessen Ergebnis nicht schon vor dem Gespräch, wenn es wirklich ein Gespräch sein soll, feststehen kann. Christen aber, die ihr eigenes Selbstverständnis als Kampfmittel gegen andere mißbrauchen, sich in ihrem Selbstverständnis auf Kosten und zu Lasten anderer profilieren, können sich auch nicht hörend und wahrnehmend auf den anderen einlassen. Der Glaube fordert dieses Wagnis des Gesprächs – wohin es uns führen wird, wird sich – unter Gottes Beistand – im Vollzug des Gesprächs selbst zeigen. Nicht die christlichen Lehren (z. B. Trinitätslehre), sondern gesprächsunfähige, mit Vorurteilen ausgestattete, mit diesen Lehren nicht wirklich umgehen könnende Christen sind damals wie heute das wahre Problem im christlich-jüdischen Gespräch, aber das sind diese nicht nur dort, sondern überall auch sonst. Wo im Christentum tatsächlich Falsches gelehrt wurde (z. B. der Gottesmord), so ist dieses selbstverständlich zu eliminieren. Das haben Christen aber heute angesichts ihres Umgangs mit Juden, der ihnen die Schamröte ins Gesicht treibt, wirklich sehen gelernt.[23])

In der Bibliographie wird über das Wichtigste, hier Behandelte hinaus eine Fülle von Autoren genannt, die sich zum Thema Luther und die Juden äußern. Die dort dargelegten Lutherbilder sind zumeist Bilder, die aller Lutherforschung zum Trotz einfach Verlängerungen jeweils früher eingenommener Positionen sind, die Kurt Meier und ich selbst einer eingehenden Erörterung unterzogen und in ihrer Problematik, oft auch Unhaltbarkeit, aufgewiesen haben.[24]) Leider muß im Zusammenhang des Themas „Luther und Juden" die Beobachtung gemacht werden, daß – und die vielfältig geäußerte Kritik an Obermans Arbeiten, insbesondere in dem von H. Kremers herausgegebenen Band, zeigt dies – es nicht ganz so einfach ist, zwischen Fakten und Meinungen über sie angemessen zu unterscheiden. Wer die Meinung, von Luther führe ein direkter Weg zu Hitler, aufrechterhalten will, der tut dies auch heute; er läßt sich darin auch durch nichts beirren, auch nicht durch Fakten, die das Gegenteil (allem Anschein zum Trotz) zutage fördern. Insofern gilt auch für den hier erörterten Problemkreis, daß die selbstgefertigten Bilder die langlebigsten sind. Wo sie in Frage gestellt werden, dort ist der Aufschrei am heftigsten. Es besteht wenig Hoffnung, daß sich daran in nächster Zukunft etwas ändern wird. Außer den im Text und in den Anmerkungen erwähnten Autoren und ihrer Studien sind besonders beachtenswert die Untersuchungen, die in dieser Bibliographie unter den Nummern 10, 29, 41, 43, 51, 52, 60, 68,

80 und 81 verzeichnet sind. Auf sie – aber auch auf einige andere – trifft selbstverständlich das soeben geäußerte kritische Urteil nicht zu.

Anmerkungen

1) Einen ersten – teilweise erschreckenden – Einblick in die Präsenz Luthers in den Massenmedien des Jahres 1983 liefert Hans Süssmuth (Hrsg.), Das Luthererbe in Deutschland. Vermittlung zwischen Wissenschaft und Öffentlickeit, Düsseldorf 1985. Nicht der Luther, der Gott, die Wahrheit, den Glauben, die „Seelsorge" usw. in das Zentrum seiner eigenen theologischen Existenz gestellt hatte, scheint im Mittelpunkt des öffentlichen Interesses, wie es sich in den Massenmedien ausdrückt, gestanden zu haben, sondern das tagespolitische Interesse des Jahres 1983 schneidert sich hier das Lutherbild zurecht, das es haben will.

2) Vgl. J. Brosseder, Martin Luther – 500 Jahre, in: Die Welt der Bücher. Sechste Folge. Heft 9 (Freiburg 1983) 385–391; Heft 10 (Freiburg 1983) 445–451; hier wird ein Einblick in ca. vierzig Neuerscheinungen aus Anlaß des Lutherjahres zu geben versucht; jetzt auch teilweise in: J. Brosseder, Luther-Bilder in der Buchliteratur zum Jubiläumsjahr 1983, in: H. Süssmuth (Hrsg.), Das Luthererbe in Deutschland, Düsseldorf 1985, 252–274 (die leider hier sich findenden 23 gravierenden sinnentstellenden Druckfehler gehen exklusiv zu Lasten des Herausgebers bzw. seines Mitarbeiterteams); J. Brosseder, Wenn marxistische Historiker Luther lesen, in: Orientierung 47 (1983) 262–264.

3) Siehe die allgemeine Bemerkung in Anm. 1.

4) Siehe Anm. 1.

5) Die Juden und Martin Luther – Martin Luther und die Juden, hrsg. v. H. Kremers, Neukirchen–Vluyn 1985.

6) Siehe ausführlich J. Brosseder, Luthers Stellung zu den Juden im Spiegel seiner Interpreten, München 1972, 156–209, aber auch 130–139; Kurt Meier, Kirche und Judentum. Die Haltung der evangelischen Kirche zur Judenpolitik des Dritten Reiches, Göttingen 1968, besonders 127–153 (Zur Interpretation von Luthers Judenschriften).

7) Siehe K. H. Rengstorf – S. v. Kortzfleisch (Hrsg.), Kirche und Synagoge. Handbuch zur Geschichte von Christen und Juden. Darstellung mit Quellen, 2 Bde, Stuttgart 1968–1970.

8) Siehe Anm. 6. und die Bibliographie Nr. 11.

9) Siehe die Bibliographie Nr. 72.

10) K. Meier, siehe Bibliographie Nr. 47.

11) K. Meier, Zur Interpretation von Luthers Judenschriften, in: K. Meier, Kirche und Judentum, Göttingen 1968, 127–153.

12) Siehe Bibliographie Nr. 54.

13) Siehe Bibliographie Nr. 11 u. 12.

13a) Siehe Bibliographie Nr. 8.

14) Wie solch ein Gespräch in der Sache über das Dogma und mit ihm vielleicht geführt werden könnte, dazu siehe: J. Brosseder, Zwei Fragen zum christlich-jüdischen Gespräch: zu Methode und Ziel des Dialogs sowie zur Christologie und Trinitätslehre, in: Freiburger Leitlinien zum Lernprozeß Christen Juden (Lernprozeß Christen Juden, hrsg. v. G. Biemer – E. L. Ehrlich, Bd. II), hrsg. v. G. Biemer u. a., Düsseldorf 1981, 201–211. Dazu siehe Peter von der Osten-Sacken, in: Berliner Theologische Zeitschrift 1 (1984) 326–331, hier: 330–331.

15) Bernhard Lohse, in: Lutherjahrbuch 1971, Hamburg 1971, 119.

16) Siehe Bibliographie Nr. 33.

17) Siehe Bibliographie Nr. 63.

18) Siehe Bibliographie Nr. 17.

[19]) Siehe Bibliographie Nr. 66.
[20]) Siehe Bibliographie Nr. 39.
[21]) Siehe Bibliographie Nr. 27.
[22]) Siehe Bibliographie Nr. 36.
[23]) Zur weiteren sachlichen Verfolgung dieses Problems verweise ich auf meinen Beitrag „Luther und der Leidensweg der Juden" (Bibliographie Nr. 12). Ferner C. Thoma, Christliche Theologie des Judentums, Aschaffenburg 1978; L. Volken, Jesus der Jude und das Jüdische im Christentum, Düsseldorf 1983; F. Mußner, Traktat über die Juden, München 1979.
[24]) Siehe Bibliographie Nr. 11 und K. Meier, Zur Interpretation von Luthers Judenschriften (oben Anm. 6).

Bibliographie zum Thema Luther und die Juden

Diese Bibliographie erfaßt *nicht* die nach 1970 erschienenen *Biographien* Luthers oder sonstigen Gesamtdarstellungen Luthers, in denen das Thema „Luther und die Juden" beiläufig mitbehandelt wird, sondern lediglich die Monographien und monographischen Abhandlungen zum Problemkreis „Luther und die Juden"; ferner erfaßt sie die Literatur, in der Luther nahezu oder ganz ausschließlich in der Perspektive dieses Themas erfaßt wird und darüber hinaus oft kein weiteres und darüber hinausgehendes Interesse an Luther zeigt; erfaßt wird auch die Literatur, in der spezielle Einzelprobleme zur Erstellung von Luthers Stellung zu den Juden erörtert werden. Erfaßt wird die Literatur, die nach 1970 erschienen ist. Die Literatur, die vor 1970 erschienen ist, ist erfaßt in meiner Studie: Luthers Stellung zu den Juden (s. diese Bibliographie, Nr. 11).

1. Arbeitsbuch Christen und Juden. Zur Studie des Rates der EKD. Im Auftrag der Studienkommission Kirche und Judentum hrsg. v. Rolf Rendtorff. Mit einem Vorwort der Vorsitzenden des Rates der EKD, Gütersloh 1979 (^{2}1980) (zu Luther: 229 f.).
2. Backhaus, Gunther, Die Augustana im Horizont des christlich-jüdischen Gesprächs, in: Luther 52 (1981) 72–78 (zu Luther passim).
3. Bein, Alexander, Die Judenfrage. Biographie eines Weltproblems. 2 Bde, Stuttgart 1980 (zu Luther ausführlich: Bd. I, 124–131; Bd. II, 62–67).
4. Ben-Chorin, Schalom, Enttäuschte Hoffnung. Martin Luther und die Juden, in: Welchen Luther feiern? Mit Beiträgen v. O. H. Pesch – R. Wohlfeil – B. Lohse – J. Brosseder – Sch. Ben-Chorin (Una Sancta, Sonderdruck), Meitingen–Freising 1984, 53–62.
5. Ben-Sasson, Haim Hillel, Geschichte des jüdischen Volkes. Bd. II: Vom 7.–17. Jahrhundert. Das Mittelalter, München 1979 (zu Luther und der Reformation: 318–326).
6. Bethge, Eberhard, Luther und die Juden, in: Evangelische Kommentare 16 (1983) 329–330 (Besprechung von Oberman).
7. Bethge, Eberhard, Dietrich Bonhoeffer und die Juden, in: Die Juden und Martin Luther – Martin Luther und die Juden, 211–248 (zu Luther: 223–225).
8. Bienert, Walther, Martin Luther und die Juden. Ein Quellenbuch mit zeitgenössischen Illustrationen, mit Einführungen und Erläuterungen, Frankfurt a. M. 1982.
9. Boendermaker, Johannes Peter, Der Graben war noch sehr tief. Martin Luthers zwiespältiges Verhältnis zum Judentum, in: Lutherische Monatshefte 18 (1979) 585–589.

10. Boendermaker, Johannes Peter, Martin Luther – ein ‚semi-iudaeus'? Der Einfluß des Alten Testaments und des jüdischen Glaubens auf Luther und seine Theologie, in: Die Juden und Martin Luther – Martin Luther und die Juden, 45–57.
11. Brosseder, Johannes, Luthers Stellung zu den Juden im Spiegel seiner Interpreten. Interpretation und Rezeption von Luthers Schriften und Äußerungen zum Judentum im 19. und 20. Jahrhundert vor allem im deutschsprachigen Raum (Beiträge zur Ökumenischen Theologie, Bd. 8), München 1972.
12. Brosseder Johannes, Luther und der Leidensweg der Juden, in: Martin Luther in beiden deutschen Staaten, hrsg. v. d. Politischen Bildungsstätte Helmstedt e. V., Helmstedt 1983, 69–97; nachgedruckt in: Die Juden und Martin Luther – Martin Luther und die Juden, 109–135.
13. Brosseder, Johannes, Ist Luthers Theologie in ihrem Wesen antijüdisch?, in: Das Luthererbe in Deutschland, hrsg. v. H. Süssmuth, Düsseldorf 1985, 148–151.
14. Brosseder, Johannes, Lutherbilder in der Buchliteratur zum Jubiläumsjahr 1983. Sachadäquate Vermittlung – Verzerrungen – Verkürzungen, in: Das Luthererbe in Deutschland, hrsg. v. H. Süssmuth, Düsseldorf 1985, 252–274.
15. Cohen, Carl, Die Juden und Luther, in: ARG 54 (1963) 38–51.
16. Cohen, Carl, Martin Luther and his Jewish Contemporaries, in: Jewish Social Studies 25 (1963) 195–204.
17. Degani, Ben Zion, Die Formulierung und Propagierung des jüdischen Stereotyps in der Zeit vor der Reformation und sein Einfluß auf den jungen Luther, in: Die Juden und Martin Luther – Martin Luther und die Juden, 3–44.
18. Ehrlich, Ernst Ludwig, Luther und die Juden, in: Judaica 39 (1983) 131–149.
19. Ehrlich, Ernst Ludwig, Luther und die Juden, in: Die Juden und Martin Luther – Martin Luther und die Juden, 72–88.
20. Eriksen, Trond Berg, Fra antisemitismens historie, in: Kirke og Kultur 85 (Oslo 1985) 489–499 (zu Luther: 496 f.).
21. Eschwege, Helmut, Die Synagoge in der deutschen Geschichte. Eine Dokumentation, Dresden 1980 (zu Luther: 65 f.).
22. Friedlander, Albert H., Martin Luther und wir Juden, in: Die Juden und Martin Luther – Martin Luther und die Juden, 289–297.
23. Friedman, Jerome, Sebastian Münster, the Jewish Mission und Protestant Antisemitism, in: ARG 70 (1979) 238–259.
24. Friedman, Jerome, The Reformation and Jewish antichristian Polemics, in: Bibliothèque d'humanisme et renaissance 41 (Genf 1979) 83–97.
25. Friedman, Jerome, The Reformation in alien eyes. Jewish perceptions of Christian troubles, in: The sixteenth century journal 14 (1983) 23–40.
26. Zur Geschichte der Juden im Deutschland des späten Mittelalters und der frühen Neuzeit, hrsg. v. Alfred Haverkamp. Redaktion: Alfred Heit (Monographien zu Geschichte des Mittelalters, Bd. 24), Stuttgart 1981 (zu Luther: 255).
27. Ginzel, Günther B., Martin Luther: ‚Kronzeuge des Antisemitismus', in: Die Juden und Martin Luther – Martin Luther und die Juden, 189–210.
28. Greive, Hermann, Die Juden. Grundzüge ihrer Geschichte im mittelalterlichen und neuzeitlichen Europa (Grundzüge, Bd. 37), Darmstadt 1980 (zu Luther: 112–114).
29. Grote, Heiner, Luther und die Juden, in: Materialdienst des Konfessionskundlichen Instituts Bensheim 34 (1983) 63–68.
30. Gutteridge, Richard, Open thy mouth for the dump. The German evangelical church und the Jews. 1879–1950, Oxford 1976 (zu Luther: 315–325).
31. Jansen, Hans, Christenlijke theologie na Auschwitz. Theologische en kerkelijke wortels van het antisemitisme, Den Haag 1981 (zu Luther: 147–154).
32. Jensen, Oddvar Johan, „Luther og Jødene", in: Luthersk kirketidende 119 (1984) 80–83.

33. Die Juden und Martin Luther – Martin Luther und die Juden. Geschichte – Wirkungsgeschichte – Herausforderung, hrsg. v. Heinz Kremers in Zusammenarbeit mit Leonore Siegele-Wenschkewitz und Berthold Klappert. Mit einem Geleitwort von Johannes Rau, Neukirchen–Vluyn 1985.
34. Jürgens, Heiko, Martin Luther und die Juden. Schuld und Erbe, in: Entwurf (1982) Heft 2, 59–63.
35. Karalus, Paul, Martin Luther und die Juden. Eine Herausforderung für die Fernsehproduktion 1983, in: Das Luthererbe in Deutschland, hrsg. v. H. Süssmuth, Düsseldorf 1985, 220–225.
36. Klappert, Berthold, Erwählung und Rechtfertigung, in: Die Juden und Martin Luther – Martin Luther und die Juden, 368–410 (zu Luther: 368–391).
37. Kremers, Heinz, Martin Luther und die Juden – ein Problem in Predigt und Unterricht, in: Die Juden und Martin Luther – Martin Luther und die Juden, 411–429.
38. Lapide, Pinchas E., Die Stellung zeitgenössischer Juden zu Luther, in: Die Reformation geht weiter. Ertrag eines Jahres, hrsg. v. Ludwig Markert – Karl Heinz Stahl, Erlangen 1984, 169–185.
39. Lapide, Pinchas E., Stimmen jüdischer Zeitgenossen zu Martin Luther, in: Die Juden und Martin Luther – Martin Luther und die Juden, 171–185.
40. Lehr, Stefan, Antisemitismus – religiöse Motive im sozialen Vorurteil. Aus der Frühgeschichte des Antisemitismus in Deutschland 1870–1914 (Abhandlungen zum christlich-jüdischen Dialog, Bd. 5), München 1974 (zu Luther: 210–213).
41. Lohse, Bernhard, Martin Luther. Eine Einführung in sein Leben und sein Werk, München ^{2}1982 (zu Luther und die Juden: 48 f; 95; 106 f.).
42. Das Luthererbe in Deutschland. Vermittlung zwischen Wissenschaft und Öffentlichkeit, hrsg. v. Hans Süssmuth, Düsseldorf 1985.
43. Maser, Peter, Luthers Schriftauslegung in dem Traktat ‚Von den Juden und ihren Lügen‘ (1543). Ein Beitrag zum ‚christologischen Antisemitismus‘ des Reformators, Judaica 29 (1973) 71–84, 149–167.
44. Maser, Peter, Erbarmen für Luther? Zu zwei neuen Büchern über den Reformator und die Juden, in: Judaica 39 (1983) 166–178 (Besprechung von Oberman und Bienert).
45. Maurer, Rudolf, Kirche kontra Israel. Ein Gang durch die Geschichte, in: Handlungsfelder des Glaubens: Kirche in dieser Zeit, hrsg. v. Kurt Rommel, Stuttgart 1979, 53–58.
46. Mayer, Reinhold, Judentum und Christentum, Ursprung – Geschichte – Aufgabe, Aschaffenburg 1973 (zu Luther: 96–99).
47. Meier, Kurt, Besprechung von C. Bernd Sucher, Luthers Stellung zu den Juden, in: ThLZ 104 (1979) 372–374.
48. Michaelis, Karl, Zum Thema: Luther und die Juden, in: Lutherische Monatshefte 23 (1984) 225–226.
49. Miesen, Karl-Jürgen, Das Luther-Gedenkjahr 1983 im Spiegel der Rheinischen Post, in: Das Luthererbe in Deutschland, hrsg. v. H. Süssmuth, Düsseldorf 1985, 194–204 (zu Luther und die Juden: 202–203).
50. Mills, Edgar, Martin Luther und the Jews. A Refutation to his book „The Jews und their lies“, Wien 1968.
51. Müller, Gerhard, Antisemitismus VI. 16. und 17. Jahrhundert, in: TRE 3 (1978) 143–155.
52. Müller, Gerhard, Tribut an den Geist seiner Zeit, Martin Luthers Stellung zu den Juden, in: Evangelische Kommentare 16 (1983) 305–308.
53. Oberman, Heiko A., Zwischen Agitation und Reformation: Die Flugschriften als ‚Judenspiegel‘, in: Flugschriften als Massenmedium der Reformationszeit. Beiträge zum Tübinger Symposion 1980 (Spätmittelalter und Frühe Neuzeit, Bd. 13), hrsg. v. Hans-Joachim Köhler, Stuttgart 1981, 269–289.

54. Oberman, Heiko A., Wurzeln des Antisemitismus. Christenangst und Judenplage im Zeitalter von Humanismus und Reformation, Berlin 1981.

55. Oberman, Heiko A., Luther, Israel und die Juden. Befangen in der mittelalterlichen Tradition, in: Martin Luther heute, hrsg. v. d. Bundeszentrale für politische Bildung, Bonn 1983, 65–71 (auch in: Das Parlament 33 (1983) Nr. 3 vom 22. 1. 1983, 12; siehe auch Oberman, Deutschland, Luther und die Juden).

56. Oberman, Heiko A., Luthers Beziehungen zu den Juden: Ahnen und Geahndete, in: Leben und Werk Martin Luthers von 1526 bis 1546. Festgabe zu seinem 500. Geburtstag. Im Auftrag des Theologischen Arbeitskreises für Reformationsgeschichtliche Forschung hrsg. v. Helmar Junghans, 2 Bde, Berlin 1983; Bd. I: 519–530, Bd. II: 894–904; nachgedruckt in: Die Juden und Martin Luther – Martin Luther und die Juden, 136–162.

57. Oberman, Heiko A., Deutschland, Luther und die Juden, in: Die Reformation geht weiter. Ertrag eines Jahres, hrsg. v. Ludwig Markert – Karl Heinz Stahl, Erlangen 1984, 159–169.

58. Pawlikowski, John T., Martin Luther and Judaism. Paths towards theological reconciliation, in: Journal of the American Academy of Religion 43 (1975) 681–693.

59. Poliakov, Leon, Geschichte des Antisemitismus, Bd. 2: Das Zeitalter der Verteufelung und des Ghettos, mit einem Anhang zur Anthropologie der Juden, übers. v. Rudolf Pfisterer, Worms 1978 (zu Luther: 119–127).

60. Rupp, Ernest Gordon, Martin Luther und the Jews, London 1972.

61. Rupp, Ernest Gordon, Martin Luther und the Jews, in: Nederlands theologisch tijdschrift 31 (1977) 121–135.

62. Saebø, Magne, Luther og Jødene, in: Luthersk Kirketidende 118 (1983) 641–646.

63. Schmidt, Johann Michael, Das Erbe Martin Luthers im Spiegel seiner Wirkungen auf die Judenfrage zu Beginn des Kirchenkampfes, in: Die Juden und Martin Luther – Martin Luther und die Juden, 319–350.

64. Schmidt, Johann Michael, Martin Luther und die Juden. Ein Problem für die Vermittlung?, in: Das Luthererbe in Deutschland, hrsg. v. H. Süssmuth, Düsseldorf 1985, 130–147.

65. Schreiner, Stefan, Jüdische Reaktionen auf die Reformation – einige Anmerkungen, in: Judaica 39 (1983) 150–165.

66. Schreiner, Stefan, Was Luther vom Judentum wissen konnte, in: Die Juden und Martin Luther – Martin Luther und die Juden, 58–71.

67. Schuder, Rosemarie, „Kein ausgeklügelt Buch". Gedanken über einige Probleme der Reformationszeit, in: Sinn und Form 36 (1984) 631–639.

68. Shachar, Isaiah, The Judensau. A medieval ant-Jewish motif and its history (Warburg Institute Surveys, Bd. 5), London 1974.

69. Siegele-Wenschkewitz, Leonore, Wurzeln des Antisemitismus in Luthers theologischem Antijudaismus, in: Die Juden und Martin Luther – Martin Luther und die Juden, 351–367.

70. Leo Sievers, Juden in Deutschland. Die Geschichte einer 2000jährigen Tragödie (Ein Stern Buch), Hamburg 1977 (zu Luther: 76 f.).

71. Stöhr, Martin, Martin Luther und die Juden, in: Christen und Juden. Ihr Gegenüber vom Apostelkonzil bis heute, hrsg. v. W. D. Marsch – K. Thieme, Mainz–Göttingen 1961, 115–140 (jetzt wieder abgedruckt in: Die Juden und Martin Luther – Martin Luther und die Juden, 89–108).

72. Sucher, C. Bernd, Luthers Stellung zu den Juden. Eine Interpretation aus germanistischer Sicht (Bibliotheca Humanistica & Reformatorica, Bd. 23), Nieuwkoop 1977.

73. Tal, Uriel, Lutheran Theology and the Third Reich, in: Speaking of God today. Jews und Lutherans in Conversations, hrsg. v. Paul D. Opsahl – Marc H. Tannenbaum, Philadelphia 1974, 87–96.

74. Thevs, Hildegard, Eduard Lamparters Beitrag zur Abwehr des Antisemitismus, in: Blätter für württembergische Kirchengeschichte 78 (1978) 146–186 (zu Luther: 164–166).
75. Vogler, Bernhard, La réforme et les Juifs, in: Rencontre Chrétiens et Juifs 47 (Paris 1976) 214–228.
76. Weyer, Adam, Die Juden in den Predigten Martin Luthers, in: Die Juden und Martin Luther – Martin Luther und die Juden, 163–170.

Nachtrag:

77. Ages, Arnold, Luther and the rabbis, in: Jewish quarterly review 58 (1967) 63–68.
78. Becker, Horst – Dobbert, Reinhard – Gjerding, Anker, Das Zeugnis der Kirche für die Juden (Missionierende Gemeinde, Bd. 16), Berlin 1968 (zu Luther: passim).
79. Kisch, Guido, Erasmus Stellung zu Juden und Judentum (Philosophie und Geschichte, Bd. 83/84), Tübingen 1969 (zu Luther: S. 9).
80. Meier, Kurt, Luthers Judenschriften als Forschungsproblem, in: Theologische Literaturzeitung 110 (1985) 483–492.
81. Surkau, Hans-Werner, Luthers Stellung zu den Juden, in: Martin Luther – der Streit um sein Erbe. Ringvorlesung des Fachbereichs Evangelische Theologie der Philipps-Universität Marburg im Wintersemester 1983/84, hrsg. v. H. M. Barth – H. Leipold (Monographia Hassiae, Bd. 11), Kassel 1984, 117–130.

JOACHIM SCHARFENBERG

Martin Luther in psychohistorischer Sicht

Plötzlich war es wieder da – das historische Interesse. Nach einer Generation von jungen Menschen, die geradezu mit Ingrimm entschlossen zu sein schien, sich von ihrer eigenen Geschichte abzukoppeln, füllten sich auf einmal wieder die historischen Seminare, überraschten die Besucherzahlen der Ausstellungen über das alte Ägypten selbst die Veranstalter, wurden Bücher über die Staufer und über Preußen in Riesenauflagen gekauft. Und nun offenbar auch Luther. Noch sind uns die exakten Zahlen nicht bekannt, wieviele Menschen an Luther-Feiern und Luther-Ausstellungen teilgenommen haben, wieviele Lutherbücher verkauft wurden, wieviele Sendestunden das Fernsehen dem 500sten Geburtstag des Reformators widmete, aber sie dürften erheblich sein.

Welche sind die Faktoren, die eine historische Gestalt wie die Martin Luthers 500 Jahre nach seiner Geburt zu einer faszinierenden Attraktion werden lassen? In welcher Weise vermag dieser Mann auch heute Massen zu bewegen? Wie kann er zum Repräsentanten wofür werden? Eine solche Fragestellung ist allenfalls dem Zeitgeschichtler interessant; der Historiker wird sie dem Bemühen gegenüber zurückstellen, Luther aus seinen Zeitumständen heraus zu verstehen, also etwa exemplarisch mit der Fragestellung, ob Luther als eine Gestalt des Mittelalters oder eher als eine der Neuzeit zu betrachten sei.

Die Frage jedoch, was „gibt oder nützt“ Luther dem heutigen Menschen und seiner biographischen Entwicklung, was trägt seine Gestalt bei zur Identitätsfindung von unseren gegenwärtigen Zeitgenossen – diese Fragestellung hat eine neue Disziplin geschaffen – die Psychohistorie, von der vorläufig noch offen bleiben muß, ob sie tatsächlich ein neues Licht auf historische Gestalten zu werfen vermag, ob sie eher geeignet scheint, die Gegenwart besser zu verstehen, oder ob ihre Reichweite lediglich darin sich erschöpft, zentrale innere Probleme und Konflikte derjenigen, die sie anwenden, zu bearbeiten. Mein Beitrag zur Lutherjahr-Nachlese soll sich in diesem Dreieck bewegen: Er wird sich nur zu einem Teil mit der Gestalt Luthers beschäftigen können, zum anderen sich jedoch auch ein Stück weit als Gegenwartsanalyse verstehen, vor allem aber auch die relativ neue psychohistorische Betrachtungsweise kritisch zur Diskussion stellen.

Ich versuche also zunächst die psychohistorische Betrachtungsweise von ihren Wurzeln her zu entwickeln, mich dann der Frage zuzuwenden, was sie eigentlich sichtbar macht, wenn man Luther als Patienten betrachtet, um dann die Frage anzudiskutieren, wofür das heutige Lutherbild evtl. repräsentativ sein könnte.

1. Was will eine psychohistorische Sichtweise?

1.1 Nach Wilhelm Diltheys berühmter Neuordnung des Wissenschaftskosmos versucht die erklärende (objektivierende) Betrachtungsweise, wie sie exemplarisch in den Naturwissenschaften entwikkelt wurde, das Einzelphänomen zu isolieren und nach dem Kausalitätsprinzip auf objektive hypothetische Gesetzmäßigkeiten zu reduzieren, während die verstehende (hermeneutische) Betrachtungsweise, wie sie in Geschichtswissenschaft und Psychologie entwickelt wurde, Subjekt und Objekt, Einzelphänomen und das „Ganze" in einer Zirkelstruktur verbindet, wobei variable „Zwischenstationen" nicht ausgeschlossen sind.

Mit seiner lapidaren Formulierung: „Die Natur erklären wir, das Seelenleben verstehen wir"[1]) hatte Wilhelm Dilthey gleichsam mit einem erkenntnistheoretischen Geniestreich einerseits der naturwissenschaftlichen Naturerklärung ihr relatives Recht zugestanden, andererseits den Geisteswissenschaften, zu denen er vor allem Geschichte und Psychologie rechnete, ihre besondere Methode, nämlich die hermeneutische, vorbehalten. Abgesehen davon, daß die rein objektivierende Betrachtungsweise auch in den Naturwissenschaften an ihre endgültige Grenze gestoßen zu sein scheint, wurde auch die von Dilthey geforderte Nähe und Gemeinsamkeit von Geschichtswissenschaft und Psychologie keineswegs durchgehalten. Auch die Psychologie geriet zunächst in den Sog der Naturwissenschaften, und da, wo sie sich als Tiefenpsychologie verstand, schien die Geschichte zunächst ein lange vernachlässigter Bereich zu sein, so daß eine Betrachtungsweise, die sich selbst als „psychohistorische" versteht,[2]) nur als eine Spätfrucht der Psychoanalyse angesehen wird, die erst in den letzten Jahren seit der Begründung eigener Zeitschiften sprunghaft an Bedeutung gewonnen hat, aber noch weithin auf den angloamerikanischen Sprachraum beschränkt zu sein scheint.[3])

Dies verwundert um so mehr, als ja die Psychoanalyse selbst, in der nun schon seit Jahrzehnten ein unfruchtbarer und noch unentschiedener Streit tobt, ob sie sich stärker als „erklärend" oder stärker als „verstehend" zu begreifen habe, eigentlich von allem Anfang an sowohl hermeneutische Elemente in sich aufgenommen hat wie auch in gewisser Weise auf einen historischen Deutungshorizont bezogen war. Wenn deshalb im folgenden, in einer Art Nachlese zum Luther-Jahr 1983, der Versuch unternommen werden soll, in einer kritischen Auseinandersetzung mit Erikson das Phänomen „Luther" in einer psychohistorischen Sichtweise zu betrachten, so erscheint es mir unerläßlich, den scheinbaren Umweg über das grundlegende „Paradigma"[4]) der psychoanalytischen Verstehens- und Deutungsvorgänge einzuschlagen.

1.2 Für die Verstehensvorgänge der klassischen Psychoanalyse läßt sich vereinfachend ein fünfgliedriger hermeneutischer Zirkel entwerfen, der das Wechselspiel von Übertragung und Gegenübertragung zwischen Analytiker (1) und Patient (2) mit einer vertieften Selbstwahrnehmung des Analytikers (3) einerseits sowie der Fokussierung auf ein zeitgenössisches Problem (4) andererseits durch den deutenden Rückbezug auf die Elemente der Überlieferung (5) miteinander zu verbinden sucht. Als einen Paradigmenwechsel innerhalb der Psychoanalyse kann exemplarisch der durch Heinz Kohut vollzogene Schritt gedeutet werden, auf der Ebene der Selbstwahrnehmung des Analytikers vom Vaterkonflikt zur Mutterproblematik, auf der Ebene der zeitgenössischen Fokussierung von der Sexualverdrängung zur Isolationsproblematik und auf der Ebene des geschichtlichen Deutungshorizontes vom Ödipusmythos zum Narzissosmythos überzugehen.

Der Weg der Psychoanalyse von einer objektivierenden Seelenmechanik zu einer hermeneutischen Wissenschaft auf dem Wege der Selbsterfahrung läßt sich am eindrucksvollsten in den bewegenden Briefen verfolgen, die ihr Begründer, Sigmund Freud, zwischen 1895 und 1900 während seiner „Selbstanalyse" an seinen Freund und damals einzigen wissenschaftlichen Austauschpartner Wilhelm Fliess geschrieben hat.[5]) Im „Entwurf einer Psychoanalyse" meinte Freud zunächst, ein physikalisches Seelenmodell gefunden zu haben: „Man bekam den Eindruck, das Ding sei jetzt wirklich eine Maschine und werde nächstens auch von selber gehen."[6]) Allein bald wird deutlich: „Die mechanische Aufklärung gelingt mir nicht."[7]) Zwei „Entdeckungen" sind es, die aus der Sackgasse herausführen: 1) „Irgend etwas in den tiefsten Tiefen meiner eigenen Neurose hat sich einem Fortschritt im Verständnis der Neurosen entgegengestellt."[8]) Damit wird die Selbstanalyse unerläßliche Voraussetzung jeden weiteren Erkenntnisfortschrittes. „Der Hauptpatient, der mich beschäftigt, bin ich selbst. Die Analyse ist schwerer als irgend eine andere."[9]) Nur gegen enorme Widerstände vermag er das „Intimste", für das „man sich immer den Mund verschließt", in einer professionellen deutsch-lateinischen Mischsprache auszudrücken: „. . . daß meine Libido gegen matrem erwacht ist . . ., und zwar aus Anlaß der Reise mit ihr (als 2½ jähriger), auf welcher Gelegenheit war . . . sie nudam zu sehen."[10]) Dem im Wissenschaftsideal seiner Zeit erzogenen Freud bedeutete eine solche Denkrichtung „eine Art von Wahnwitz . . . eine intellektuelle Hölle".[11]) Aber da macht er eine zweite Entdeckung, 2) daß nämlich „meine ganze Hysterie-Urgeschichte bereits bekannt und hundertfach publiziert ist, allerdings vor mehreren Jahrhunderten".[12]) Darin schließt er das, was er bei seinen Patienten erlebt, die Selbsterfahrung und die literarische Überlieferung zu einem Verstehenszirkel zusammen: Ich habe „die Verliebtheit in die Mutter und die Eifersucht gegen den Vater auch bei mir gefunden und halte sie für ein allgemeines Ereignis früher Kindheit . . . So versteht man die packende Macht des König Ödipus.“[13])

Wenngleich die verführerische Möglichkeit, die Anwendung des ödipalen Verstehensschlüssels auf eine allgemein-menschliche hermeneutische Psychologie auszuweiten, wieder aufgegeben werden mußte und die Psychoanalyse zunächst einmal wieder zur Bescheidenheit und Begrenztheit ihres ursprünglichen Ansatzes zurückfinden mußte – das grundlegende Paradigma blieb erhalten: Für einen diagnostisch möglichst klar abzugrenzenden Personenkreis – den der sogenannten Psychoneurotiker – stellte die durch analytische Selbsterfahrung gewonnene Bewußtheit des Analytikers hinsichtlich der eigenen ödipalen Problematik einen Spielraum dar, innerhalb dessen im affektiven Besetzungsfeld von Übertragung und Gegenübertragung und mittels der Horizontverschmelzung mit einem Stück der im antiken Mythos gespeicherten Menschheitserfahrung die Verschränkung von Verstehen und Erklären möglich wird, die ein Stück erweiterten Freiheitsraumes gegenüber den Einschränkungen eigener Unbewußtheit zur Verfügung stellt. In dem Maße, in dem die offenbar gesellschaftlich mitbedingten ödipalen Neurosen zurückgingen, setzte die Anwendung des gleichen Paradigmas auf erweiterte Kenntnis frühkindlicher Entwicklungsschritte sowie auf vertiefte Introspektionsmöglichkeiten einen zweiten Fokus frei, der wiederum durch Bezugnahme auf den antiken Mythos – diesmal den Narzissos-Mythos – als Verstehenshorizont gewonnen wurde und somit eine zweite Gruppe von sogen. „narzißtischen Persönlichkeitsstörungen“ der psychoanalytischen Behandlung zugänglich machte. Auf diesem Stande steht die klassische Psychoanalyse weithin noch heute.

1.3 Während der durch C. G. Jung vollzogene Paradigmenwechsel als eine Ausweitung des Verstehenshorizontes in Richtung auf das kollektive Unbewußte angesehen werden kann, die zu einer Aufwertung der Bedeutung von Religion und Mythologie auch für den „modernen Menschen“ führt, versucht die psychohistorische Betrachtungsweise idealtypisch eine Einengung auf den Fokus der Identitätsproblematik vorzunehmen und den mythologischen Deutungshorizont durch die historische Gestalt als den Repräsentanten einer „Ideologie“ zu ersetzen.

Das eigentliche Problem der psychohistorischen Betrachtungsweise scheint mir nach dieser These also darin zu bestehen, ob und wie das Verhältnis des Verstehens zwischen dem Menschen der Gegenwart und der historischen Gestalt als Deutungshorizont ein wechselseitiges Verhältnis sein kann, d. h. ob von einer Anwendung dieser Methode

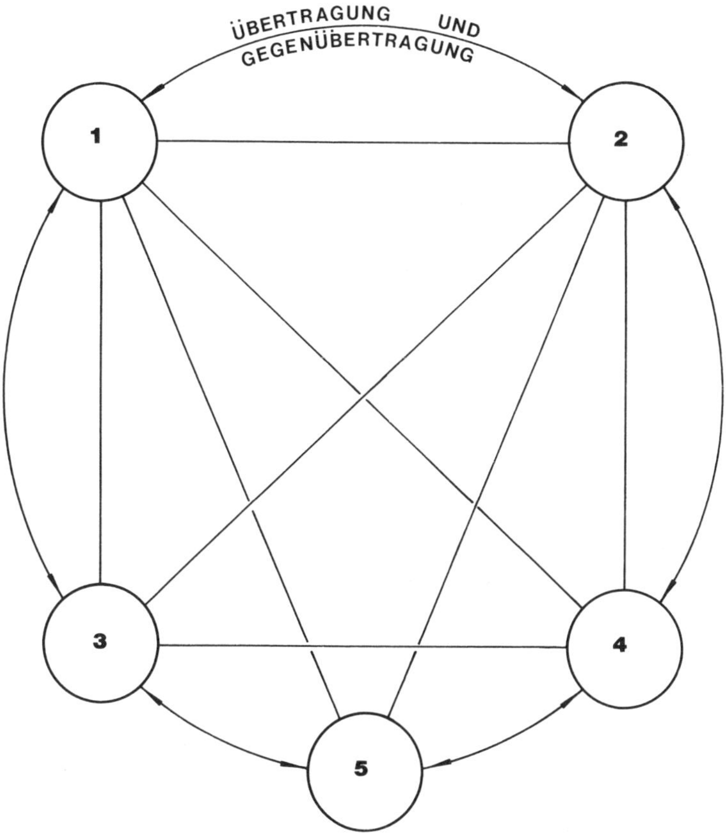

1. Analytiker

2. Patient

3. Vertiefte Selbstwahrnehmung des Analytikers
   bei Freud: Vaterkonflikt
   bei Kohut: Verschmelzungswünsche

4. Fokus der zeitgenössischen Problemlage:
   bei Freud: Sexualverdrängung
   bei Kohut: Isolationsproblematik

5. Historisch-mythologischer Deutungshorizont
   bei Freud: Ödipus-Mythos
   bei Kohut: Narzissos-Mythos

auch Aufschluß über die historische Gestalt selber zu erwarten sein kann oder nur über den Menschen der Gegenwart, der mit dieser Gestalt auf irgendeine Weise in Berührung kommt?

Vorstellbar würde auch die erste Möglichkeit, wenn wir annehmen, daß unsere Kenntnis von Luther durch Gewährsleute vermittelt sei, die sich bewußt oder unbewußt genötigt sahen, bestimmte Elemente seines Gesamtwerkes zu unterdrücken oder zu verdrängen.

Für den Umgang mit den Quellen würde sich der Satz ergeben: Je symbolnäher und deshalb auch mehrdeutiger Luther geschrieben hat, um so wahrscheinlicher ist es, daß die Lutherinterpretation auf immer neue Züge des literarischen Gesamtwerkes zu stoßen vermag.

Da Luthers Gesamtwerk keineswegs als widerspruchsfreies Gesamtsystem anzusehen ist, muß man wohl oder übel – wie bei allen religiösen Quellen – die Vorstellung von einer endgültigen Entdeckung des „wahren" und „wirklichen" Luther aufgeben und sich auf eine sorgfältige Analyse der Wirkungsgeschichte konzentrieren.

2. *Der ideologische Mythos von Luther als Patient*

Gemessen an der idealtypischen Entfaltung der psychohistorischen Betrachtungsweise weist Eriksons Lutherinterpretation eine Reihe von Inkonsequenzen auf, die letztlich darauf zurückzuführen sein dürften, daß der psychohistorische hermeneutische Zirkel nicht durchgehalten wird, innerhalb dessen Luther als Deutungshorizont für das Verstehen des heutigen Menschen angesehen werden muß. Es entsteht der ideologische Mythos von Luther als Patient.

Als „eine Art Motto" für sein Luther-Buch verwendet Erikson den Satz von Sören Kierkegaard aus den Tagebüchern: „Luther . . . ist ein für die Christenheit äußerst wichtiger Patient."[14]) Zwar versucht sich Erikson dagegen abzugrenzen, daraus zu folgern, daß Kierkegaard Luther „als Patienten im Sinne eines klassischen ‚Falls' ansah",[15]) und versucht, sein „Patientsein" als eine religiöse Haltung zu qualifizieren, doch bleibt die Mißlichkeit aller psychoanalytischen Literaturinterpretation, daß über weite Strecken des Lutherbuches hin der Versuch gemacht wird, ihn über den Abstand von 500 Jahren hinweg zu analysieren, ihn tatsächlich „auf die Couch zu legen" und ihn nicht als möglichen Deutungshorizont für die Konflikte des Menschen heute heranzuziehen, wie es der bereits idealtypisch entwickelten psychohistorischen Betrachtungsweise eigentlich entsprechen müßte. Diese Inkonsequenz im Ansatz scheint mir dafür verantwortlich zu sein, daß Erikson gelegentlich zu historisch unhaltbaren Schlußfolgerungen kommt, die denn auch den Ansatzpunkt der Kritik darstellten und bedauerlicherweise zu einer Diskreditierung des ganzen Werkes bei den Historikern geführt haben. Um den eigentlichen Wert der psychohistorischen Betrachtungsweise herauszuarbeiten und zur Diskussion stellen zu können, muß deshalb dieser ideologische Mythos von Luther als dem Patienten ein wenig weiter verfolgt werden.

2.1 Indem Luther in die Rolle des Patienten eingesetzt wird, muß das lebendige Wechselspiel von Übertragung und Gegenübertragung durch den historischen Vermittlungsprozeß in Gestalt einiger „klassischer“ Luther-Interpreten ersetzt werden, deren Gemeinsamkeit darin besteht, daß sie offenbar geprägt sind von einem gewissen „Objektivitätsmythos“.

Natürlich ist Erikson als erfahrener Analytiker nicht so naiv anzunehmen, das Herzstück jeder Psychoanalyse, das lebendige Spiel und Widerspiel von Übertragung und Gegenübertragung einfach überspringen zu können.[16]) Er ist sich darüber im klaren, „daß alles, was während der Behandlung gesagt und getan wird . . . sorgfältig umgeformt werden muß, bevor es auf die allgemeine menschliche Beschaffenheit bezogen wird“.[17]) Dazu dient ihm einerseits der Ideologiebegriff, den er mit dem nachdenkenswerten Satz definiert, ihm liege die Tendenz zugrunde, „zu gegebener Zeit Tatsachen für Ideen und Ideen für Tatsachen verantwortlich zu machen“.[18]) Es bleibt freilich zu fragen, inwieweit ein solch typisch moderner Begriff dem Phänomen Luther gerecht zu werden vermag, zumal eine solche Umformung des Kommunikationsgeschehens im Falle Luther über den „garstigen Graben“ des historischen Abstandes hinweg erfolgen muß!

Wo aber findet in Eriksons Luther-Buch so etwas wie ein lebendiger Dialog statt, der dem therapeutischen Dialog noch am nächsten kommen könnte? Merkwürdigerweise nicht mit Luther selbst, sondern Erikson konstruiert eine „Szene“, in der er Luther umstellt sieht von den drei repräsentativen Gestalten, dem „Professor“ (Otto Scheel), dem „Psychiater“ (Paul J. Reiter) und dem „Priester“ (Heinrich Denifle), die für ihn idealtypisch die Wirkungsgeschichte Luthers darstellen. Im Dialog mit ihnen gelingt ihm gelegentlich die Aufklärung unbewußter Motive, und er verkennt keineswegs, daß jeder von ihnen und alle, die als Kronzeugen noch beschworen werden, „ihren eigenen Luther zusammengebaut“[19]) haben. Und doch ist auffällig, daß sich Erikson nie recht klar zu machen scheint, daß er mit diesen drei Repräsentanten typische Gestalten des 19. Jahrhunderts ausgewählt hat, an denen ein gemeinsamer Zug sofort ins Auge springt, nämlich das sichtliche Bemühen darum, das Phänomen „Luther“ auf ein objektives Grunddatum zu reduzieren. Sie sind typische Repräsentanten eines „Objektivitätssmythos“,[20]) als den wir heute eine bestimmte Wissenschaftstendenz aus der kritischen Distanz heraus zu erkennen vermögen. Für Scheel ist die objektive Größe, mit deren Hilfe er Luther zu „erklären“ versucht, das „Wirken und Wollen einer göttlichen Instanz . . . Alles Außergewöhnliche, das Luther zustößt, ist ohne weitere Erklärung von oben befohlen“, ist „geistlicher, nicht psychischer Natur“:[21]) Für Reiter hingegen ist Luther Symptomträger „eines stetigen umbarmherzigen, endogenen Prozesses“[22]) im biologischen Sinne, und für Denifle schließlich ist Luthers ganze Laufbahn „vom Teufel inspiriert“. Luther ist ein „Umsturzmensch“, ein Demagoge und falscher Prophet.[23])

Kein Zweifel, daß sich Erikson durch den Dialog mit einer so gearteten „Wolke der Zeugen“ die eigentliche psychohistorische Aufgabe, nämlich eine unbewußte Wirkungsgeschichte zu rekonstruieren, die uns heutige mit Luther zu verbinden vermöchte und ausdrücklich bewußt gemacht werden müßte, unendlich erschwert. Es nimmt deshalb nicht wunder, daß er sich einen recht gewaltsamen und doch auch ein wenig künstlich wirkenden Zugangsweg zu Luther erschließen muß, die unvermutete und unwahrscheinliche unmittelbare Nähe zwischen Luther und Freud.

2.2 Indem Erikson die Nähe von Luther und Freud herausarbeitet, gerät seine Sichtweise in den Sog der Ödipusproblematik, die zur unbewußten Verfälschung des historischen Materials führen muß.

Erikson schreibt: „Die in diesem Buch herausgestellten Übereinstimmungen zwischen Luther und Freud habe ich nicht aus dem Eindruck persönlicher Gleichartigkeit dieser beiden Männer abgeleitet; davon bin ich weit entfernt. Aber beide veranschaulichen gewisse Regelmäßigkeiten im Wachstum einer bestimmten Art von Genie. Eine charakteristische Eigenart hatten sie jedoch gemeinsam: die grimmige Entschlossenheit, die Schmutzarbeit ihres jeweiligen Zeitalters zu tun; denn für beide stand in einer Ära materieller und wissenschaftlicher Ausweitung das menschliche Gewissen im Mittelpunkt. Luther nannte seine frühe Arbeit ‚im Schlamm arbeiten‘ und klagte darüber, daß er damit zehn Jahre allein gestanden habe, während Freud, ebenfalls während eines Jahrzehntes Alleingänger, von Arbeit ‚in der Tiefe‘ sprach und das Bild eines Bergmannes in finsterem Schacht beschwor, wobei er zarten Gemütern ‚eine gute Auffahrt‘ wünschte.“[24])

Aus dieser etwas gewaltsamen Konstruktion, die auf dem gemeinsamen Gebrauch einer Metapher errichtet wird, ergibt sich nun die geradezu zwanghaft verfolgte Grundidee von Eriksons Luther-Interpretation, die Nötigung, nämlich Luther von dem Bereich her zu verstehen, den sich Freud in seiner Selbstanalyse bewußt zu machen verstand: dem Ödipuskomplex.

Wenn ich recht sehe, konzentrieren sich die Einwände der Historiker vom Fach gegen Eriksons Lutherbuch immer wieder auf einen Punkt, von dem her sie dann das Ganze aus den Angeln zu heben versuchen: Auf die historische Unhaltbarkeit des Bildes, das Erikson von Luthers Vater zeichnet.[25]) In der Tat vermag das gänzliche Fehlen von irgendwelchen positiven Zügen an dieser Gestalt auf dem Hintergrund der sonstigen Ausgewogenheit und Sorgfalt seiner anderen „Falldarstellungen“ nur Erstaunen und Verblüffung auszulösen. Ohne Zweifel besteht das Interesse darin, Hans Luder als einen „eifersüchtigen Gott“ darzustellen, „der sich vermutlich früh in den Versuch der Mutter, das Verhalten der Kinder zu bestimmen, eingedrängt hatte“, so daß das Familienklima als „ideale Brutstätte für die umfassendste Form des Ödipuskomplexes“[26]) dargestellt werden kann. In seiner Voreingenommenheit unterläuft Erikson sogar eine klassische Fehlleistung im Freudschen Sinne, indem er, ohne es zu merken, den „kleinen Hans“, Luthers Onkel, mit dem „großen Hans“, Luthers Vater verwechselt und so unterstellen kann, daß dessen „ehrgeizige wirtschaftlichen Bestrebungen bedroht waren durch irgendeine Tat aus der Vergangenheit (vielleicht sogar Mord) und durch ein ständiges Gefühl, des Totschlages fähig zu sein“.[27]) Roger A. Johnsen, der Eriksons eigene Methode gegen ihn selbst einzusetzen versteht, analysiert diese Fehlleistung als „absolut lebensnotwendig für Eriksons Interpretation sowohl der Theologie wie der ungelösten persönlichen Neurose Luthers“[28]) und zieht daraus den Schluß, daß Erikson eine „dämonische Gestalt“, das Spezifikum der religiösen Erzählung schaffen mußte und damit als „Historiker“ dem Jahwisten nähersteht als etwa einem Theodor Mommsen.[29]) Ob man daraus schon den Schluß ziehen kann, daß Erikson immer schon innerhalb eines quasi-theologischen Bezugrahmens arbeitet und daß sein theologisches Schema eigentlich einmal eigens untersucht werden müßte,[30]) scheint mir fraglich. Aber eines wird man mit Sicherheit sagen können: Hans Luther trägt bei Erikson alle Züge eines ideologischen Konstruktes, und die damit gezeigte Denkstruktur verbindet Erikson ohne Zweifel stärker mit der religiösen Überlieferung als mit der modernen psychologischen Wissenschaft.

2.3 Wo Erikson in ein Jenseits des Ödipuskomplexes vorstößt, verbleibt er jedoch im Bannkreis der grundprägenden Familienkonstellation: Der Deus absconditus und der Deus revelatus wird zum Vater- und Mutter-Gott verflacht, die identitätssichernde Beziehungswirklichkeit „Wort“ zur „Wortspendefreude“ verdinglicht.

Natürlich gibt es auch für Erikson – er wäre sonst nicht ein Repräsentant des Ich-Psychologischen Paradigmenwechsels innerhalb der Psychoanalyse – ein „Jenseits des Ödipuskomplexes“. In einer seiner hinreißenden Beschreibungen der „Gegenstände der Religion“ formuliert er:

„Der Mensch, der – um es in den Worten des Paulus auszudrücken – ‚durch einen Spiegel in einem dunklen Wort‘ sieht, findet sich in einer inneren Welt, in der sich schattenhaft die Umrisse dreier Ziele abzeichnen, denen seine Sehnsüchte gelten. Eine dieser Sehnsüchte ist das einfache, inbrünstige Verlangen, mit wohltuenden Substanzen versorgt zu werden – eins zu sein mit einem mütterlichen Urgrund. Dieses Ziel wird durch das gültig und bejahend zugeneigte Gesicht der Barmherzigkeit symbolisiert, die dem Gläubigen die Gewißheit gibt, daß alle, die an ihre Brust zurückkehren, bedingungslos angenommen werden. In diesem Sinnbild ist die Entzweiung des autonomen Menschen für immer aufgehoben; vorbehaltlose Bejahung heilt seine Scham, nie versiegende, freigiebige Fürsorge seine Zweifel.

Ziel seiner zweiten Sehnsucht ist die väterliche Stimme des lenkenden Gewissens, die dem einfachen Paradies der Kindheit ein Ende setzt und tatkräftiges Handeln gutheißt und bestätigt. Aber sie weist ihn auch auf die Unabwendbarkeit schuldhafter Verstrickung hin und droht mit dem Wetterleuchten des Zorns. Den drohenden Ton dieser Stimme – wenn notwendig, durch teilweise Unterwerfung und mancherlei Selbstbeschneidung – zu wandeln, ist das zweite drängende Verlangen, das religiösem Bemühen zugrunde liegt. Die Gottheit muß um jeden Preis dazu gebracht werden, kundzutun, daß sie in ihrer Gnade Schuld und Strafe um der Erlösung willen selbst geplant habe.

Schließlich zeigt der Spiegel das reine Selbst, den ungeborenen Kern der Schöpfung, in dem Gott ‚ein lauter Nichts' ist, wie Angelus Silesius sagt . . . Dieses reine Selbst ist das Selbst, das nicht mehr an dem Konflikt zwischen Recht und Unrecht krankt, das keiner Fürsorge und keines Wegweisers zu Vernunft und Wirklichkeit mehr bedarf."[31])

Es soll gewiß nicht verkannt werden, daß mit solchen ergreifenden Formulierungen die Grundsubstanz tiefer religiöser Erfahrungen treffend wiedergegeben ist. Doch möchte ich die Frage stellen, ob mit der Dialektik von „Vaterreligion" und „Mutterkirche" nicht gerade eine entscheidende Dimension der lutherischen Theologie verfehlt ist. Die Tiefendimension der lutherischen Redeweise von Deus absconditus und vom Deus revelatus erscheint mir auf unerträgliche Weise verflacht, wenn man sie in den Verstehenshorizont der Idylle einer bürgerlichen Kleinfamilie des 19. Jahrhunderts Freudscher Prägung hineinprojiziert!

Zwar weiß Erikson um die Wichtigkeit der theologia crucis („Alles, was der Mensch von Gott wissen kann, ist die Passion. Alles, was er von sich selbst wissen kann, sind seine Konflikte"),[32]) aber die Christologie als eine Beziehungswirklichkeit wird durch die Muttersymbolik, an der letztlich denn auch der identitätssichernde „Taumel der Wortspendefreude"[33]) festgemacht wird, eher verdunkelt als erhellt. In einem weiteren Anlauf soll deshalb noch einmal der Versuch gemacht werden, mit Hilfe der psychohistorischen Betrachtungsweise Luther als Deutungshorizont für heutige religiöse Sehnsucht und deren symbolische Konfliktbearbeitung heranzuziehen.

3. Luther als Deutungshorizont

3.1 Eine konsequente Anwendung der psychohistorischen Betrachtungsweise würde m. E. einzusetzen haben bei dem Problem der historischen Wandelbarkeit der Lutherbilder oder Luther-Anekdoten, der Luther-Symbole, und der Frage nachgehen, wieso der „historische

Luther" einen solchen Interpretationsspielraum zuläßt. Die Korrelation von Konflikt und Symbol könnte sich hier als hilfreich erweisen.

Was würde eine konsequente Anwendung der psychohistorischen Betrachtungsweise, wie ich sie idealtypisch im ersten Teil zu entwikkeln versuchte, in ihrer Anwendung auf Martin Luther heißen, und was könnte sie erbringen? Dazu erscheint es mir unerläßlich, daß Luther nicht unversehens in die Position 2 unseres idealtypischen Schemas, also in die Patienten-Rolle, gerät, sondern daß ihm die Position 5 als Deutungshorizont vorbehalten bleibt. Sie wurde von der Psychoanalyse ursprünglich unter Bezugnahme auf mythische Vorstellungen geschaffen, und das heißt auf Symbole, denen ein historisches Interesse völlig abgeht, sondern die von vornherein auf „Aktualisierung" angelegt sind, also auf Aussagen über die „Grundbeschaffenheit des Menschen". Wenn man diese Position durch eine historische Gestalt besetzen will, muß hier wohl oder übel eine Verdoppelung vorgenommen werden: einerseits in Richtung auf die Beiträge, die der Historiker redlicherweise aus seinem Bemühen ableiten kann, Luther aus seinen historischen Umständen und seinem geschichtlichen Kontext heraus zu verstehen. Dies wird jedoch immer nur unvollkommen gelingen können, da notwendigerweise ein „erkenntnisleitendes Interesse" (Habermas) bewußt oder unbewußt im Spiel ist, und es ist gewiß vorteilhaft, es, so weit es geht, bewußt zu machen.

Man kann sich die Probleme, um die es dabei geht, ohne große Schwierigkeiten deutlich machen, wenn man aus dem Abstand heraus einen kurzen Seitenblick auf die Lutherfeiern des Jahres 1883 wirft, über die eine Reihe von vorzüglichen Analysen vorliegen.[34]) Ohne Zweifel dient der Luther-Mythos, der damals geschaffen wurde, dem Ziel, angesichts der geistigen und sozialen Folgen von Industrialisierung und Säkularisierung Luther „zur großen Integrations- und Identifikationsfigur aller Deutschen"[35]) hochzustilisieren und so zu aktualisieren.

Dies wird auf dem Wege erreicht, daß Luther „auf eine kaum noch erträgliche Weise heroisiert" und „auf eine kaum noch zu überbietende Weise harmonisiert"[36]) wird: Der fromme Bibeltheologe, der deutsche Nationalheld, der gottgesandte Prophet und der christlich-bürgerliche Hausvater werden zu einer Symbolfigur verschmolzen, wie sie die zeitgenössischen Lutherdenkmäler anschaulich zum Ausdruck bringen. Besonders eindrucksvoll ist dabei, daß die Aktualisierung weniger durch Vergleich mit zeitgenössischen Figuren, wie etwa die Bismarcks, erreicht wird, als vielmehr durch symbolische Konnotationen mit den typischen quasimythologischen Integrationsfiguren der deutschen Geschichte, wir Barbarossa, Hermann dem Cherusker oder Ritter Georg dem Drachentöter.[37])

Es ist natürlich relativ einfach, aus dem sicheren Abstand von hundert Jahren heraus diese Heldenpose zu entmythologisieren, aber man muß sich doch wohl klarmachen, daß kein Zeitalter, auch das unsere nicht, sich mit absoluter Sicherheit dagegen schützen kann, sein eigenes Lutherbild zu zeichnen, und so steht denn auch zu vermuten, daß dies auch für 1983 der Fall war. Nur ein flüchtiger Blick auf die vorauslaufenden Wünsche, die zum Lutherjahr geäußert wurden, legt die Hypothese nahe, daß dies ein Lutherbild gewesen ist, an dem vor allem die menschlichen Züge, die Zweifel und Ängste und die Entwicklungskrisen bis 1517 in den Vordergrund gerückt waren.[38])

Keine wie auch immer geartete Luther-Interpretation wird also davon absehen können, daß sie die Konflikte einer bestimmten geschichtlichen Situation, aus der heraus sie erfolgt, mit Hilfe der symbolischen Konnotationen zu beantworten sucht, die ihr Lutherbild zu erwecken vermag. Die Frage ist nur, ob es Mittel und Wege gibt, eine solche, in der Regel unbewußt ablaufende Korrelation von Konflikt und Symbol so weit es geht bewußt zu machen.

3.2 Die vertiefte Selbstwahrnehmung des Psychohistorikers mit ihrer Konzentration auf die Identitätsproblematik, wie sie Erikson exemplarisch vorgelegt hat, muß auch weiterhin als fruchtbar angesehen werden, wenn sie um eine theologische Dimension erweitert wird.

Der Schöpfer der psychohistorischen Betrachtungsweise hat sich nicht gescheut, wenn auch erst im hohen Alter, den Fokus der Identitätskrise, den er bei seinen heranwachsenden Patienten als das Zentralproblem meinte beobachten zu können, durch vertiefte Selbstwahrnehmung auch bei sich selber zu entdecken und sich ausdrücklich bewußt zu machen:

Der gebürtige Däne, der zweisprachig aufwächst und dem der Weg durch ein deutsches humanistisches Gymnasium zum entscheidenden Bildungserlebnis wird, der von 1927 bis 1933 in Wien seine psychoanalytische Ausbildung durchläuft, muß es erleben, daß er, als er mit seiner kanadischen Frau vor den Nazis flieht, in seiner eigentlichen Heimat Dänemark nicht mehr Fuß fassen kann. Er emigriert nach den USA, erlernt unter großen Schwierigkeiten die englische Sprache und beginnt als über Dreißigjähriger in ihr zu arbeiten, zu denken und zu schreiben. Als er sich im Zuge der Kontroversen um den Loyalitätseid in der McCarthy-Ära der fünfziger Jahre weigert, zu unterschreiben, verliert er seine kurz zuvor erworbene Professur an der Universität Berkeley und muß sich als fast fünfzigjähriger Amerikaner, der er inzwischen geworden war, sagen lassen, er solle doch dahin zurückgehen, woher er gekommen sei.

Auch in beruflicher Hinsicht hat Erikson sich sehr schwer getan, seine Identität zu finden. Sein ganzes Leben lang hat er im Rahmen von Institutionen und auf Gebieten gearbeitet, für die er keine Zeugnisse besaß. Auch im Bereich der Religion erweist sich Erikson als „professioneller Grenzgänger". Während er im Ersten Weltkrieg von seinen Schulkameraden als „Judenjunge" beschimpft wurde, heißt der hochaufgeschossene blonde, blauäugige Jugendliche in der Synagoge, die er mit dem streng orthodoxen Stiefvater besuchte, nur der „Goi".[39])

Ohne Zweifel, die eigene Problematik und die zeitgenössische Fokussierung auf ein zentrales Problem sind in einer solchen Selbstanalyse zu einem überzeugenden Verstehenszirkel zusammengeschlossen, aber wird Erikson damit auch dem Phänomen „Luther" gerecht, sei es, daß dieser einen Beitrag zur Identitätsproblematik zu leisten hätte oder daß von ihr her die historische Gestalt in einem neuen Licht zu sehen wäre?

Beide Fragen müssen m. E. nach mit einem Nein und einem Ja beantwortet werden, und ich will versuchen, dies mit einem abschließenden Blick auf einen der originellsten und zentralsten Gedanken der lutherischen Theologie zu begründen.

Ich glaube, daß man ohne Einseitigkeit und Übertreibung wird sagen können, daß dies die Redeweise vom Deus absconditus und dem Deus revelatus ist. Wenn Luther es versucht, Gott in seine vermeintliche eigentliche Gottheit nachzugehen, den abstrahierten, als jenseitiges Subjekt objektivierten und mit absoluten Eigenschaften ausgestatteten Gott der scholastischen Theologie zu finden, dann entdeckt er, daß dieser Deus absolutus, dieser „Deus ipse" der verborgene, fremde, feindliche und strafende Gott ist – also nichts anderes als der Teufel. Wenn Erikson es nun versucht, diesem Gott-Teufel die Züge von Luthers Vater abzugewinnen (was zu unhaltbaren historischen Konstrukten führt, wie wir gesehen haben), dann wird hier der Versuch gemacht, das Phänomen reduktionistisch aus der Ödipusproblematik heraus zu erklären und auf die anale Grundstruktur seines Charakters zurückzuführen.

Was Luther jedoch mit der Vorstellung vom Deus absconditus andeutet und mit den mittelalterlichen Teufels- und Dämonenbildern zu Symbolen verdichtet, übersteigt bei weitem an Tiefe den Bereich der Grunderfahrung, die aus den familialen Gegebenheiten gewonnen werden kann. Die Lösung kann deshalb auch nicht in der Zuwendung zum „mütterlichen Angesicht" in der Religion gefunden werden: „Man fragt sich immer wieder: Hat dieser Mann keine Mutter gehabt?"[40]) Als Tilman Moser vor wenigen Jahren seine emotionsgeladene Abrechnung mit seiner religiösen Sozialisation vortrug, formulierte er den hellsichtigen Satz: „Die christlichen Symbole sprechen in subtiler Weise alle Kinderängste und -sehnsüchte an, selbst die noch unerforschten."[41]) Es würde dies aber heißen, daß z. B. Luthers Redeweise vom verborgenen Gott prinzipiell in Tiefen verstoßen könnte, die den winzigen Bereich, den die psychologische Forschung bisher namhaft machen konnte, weit übersteigen.

3.3 Der theologische Ertrag dürfte dann im wesentlichen in einer Erweiterung der Identitätsproblematik auf eine christologische Beziehungswirklichkeit hin bestehen, die nicht auf die grundlegende Familienkonstellation reduziert, sondern das eschatologische, zukunfteröffnende Potential in Luthers Theologie offenzuhalten versteht.

Luther wäre deshalb eine interessante und bedenkenswerte historische Figur, weil er Konflikte formulierte, die der heutigen psychologischen Forschung noch gar nicht zugänglich sind, aber so etwas wie eine Arbeitsrichtung anzugeben vermöchten. Die Bilder, die das Mittelalter schuf, um seine tiefsten Ängste anschaulich zu machen, verlassen sehr häufig den Bereich der menschlichen Konfiguration. Sie lassen sich nicht einfach als verzerrte Grunderfahrungen von Vater und Mutter deuten, sondern sie sind selbst Symbole von Ängsten und Sehnsüchten, die wir offenbar mit unserer reduzierenden psychologischen Begrifflichkeit noch kaum einzufangen und zu benennen vermögen.[42]) Die Identitätskrise und Identitätsfindung könnten nur insoweit als hermeneutische Schlüssel für das Verstehen Luthers wie das krisenhafte Erleben unserer Zeitgenossen herangezogen werden, als sie um diese Dimension der Tiefe über die familiale Grunderfahrung mit Mutter und Vater hinaus ergänzt werden müssen. Dann allerdings vermag die Identitätsthematik zum Leitfaden einer theologischen Anthropologie in allen ihren Teilen zu werden, wie es kürzlich von W. Pannenberg versucht wurde.[43])

Für Luther ist der „süße Kern" der reformatorischen Erkenntnis das Hineingenommensein in eine Beziehungswirklichkeit zu Christus, die auch die frühkindlichen Erfahrungen übersteigt und von der her allein die menschliche Grundstruktur als eine Beziehungsstruktur coram Deo aufschlüsselbar erscheint.

Könnte es sein, daß Luther hier ein Stück weit Ängste und Sehnsüchte, aber auch Befriedungsmöglichkeiten vorweg formuliert hat, die auch bei größter Anstrengung in den familialen Grundstrukturen nicht kompensierbar erscheinen und deshalb so viele junge Menschen zur Droge greifen lassen, die zu einer illusionären Aufsprengung der menschlichen Grundfiguration führt oder bei anderen zur resignativen Erwartung eines alles zerstörenden atomaren Holokausts?

Anmerkungen

[1]) Wilhelm Dilthey, Ideen über eine beschreibende und zergliedernde Psychologie (1894), in: Gesammelte Schriften, V. Band, Stuttgart 1957, S. 144.
[2]) Soweit ich sehe, taucht sie erstmals auf in: E. H. Erikson, Ego Development and Historical change, in: The psychoanalytic Study of the child, Bd. II, 1946, S. 360.
[3]) The Journal of Psychohistory, New York, The psychohistoric Press, erscheint seit 1972 als Vierteljahreszeitschrift.
[4]) Zum Begriff vgl. Thomas S. Kuhn, Die Struktur wissenschaftlicher Revolutionen, Frankfurt 1981[5].
[5]) Sigmund Freud, Entwurf einer Psychologie (1895), in: Aus den Anfängen der Psychoanalyse, Frankfurt a. M. 1962.
[6]) A. a. O., S. 115.
[7]) A. a. O., S. 112.
[8]) A. a. O., S. 183.
[9]) A. a. O., S. 185.
[10]) A. a. O., S. 189.
[11]) A. a. O., S. 193.
[12]) A. a. O., S. 161.
[13]) A. a. O., S. 193.
[14]) Soeren Kierkegaards efterladte Papirer (Ed. P. A. Heilberg), Kopenhagen 1926 IX S. 75; Erikson, Der junge Mann Luther, München 1958, S. 13.
[15]) A. a. O.
[16]) A. a. O., S. 17.
[17]) A. a. O., S. 21.
[18]) A. a. O., S. 23.
[19]) A. a. O., S. 31.
[20]) Vgl. zum Ausdruck und seiner Begründung: John W. Dixon, The Physiology of Faith, New York 1979.
[21]) Erikson, a. a. O., S. 26 und 32.
[22]) A. a. O., S. 28
[23]) A. a. O., S. 27 und 33.
[24]) A. a. O., S. 9 f.
[25]) So Heinrich Bornkamm, Luther und sein Vater, ZThK 66, 1969, S. 38 ff; Roland H. Bainton, Luther und sein Vater, in: Zeitwende 6 (1973), S. 393 ff; Friedrich W. Kantzenbach, Martin Luther psychoanalytisch, Luth. Monatshefte 10, 1971, S. 86 ff.
[26]) Der junge Mann Luther, S. 132 f.
[27]) A. a. O., S. 79.
[28]) Roger A. Johnsen, Psychohistory and Religious Narrative: The Daemonic-Role of Hans Luther in Erikson's Saga of Human Evolution, in: Psychohistory and Religion, S. 134 u. 136.
[29]) A. a. O., S. 129.
[30]) A. a. O., S. 144 f. und 161.
[31]) Erikson, Der junge Mann Luther, S. 291 f.
[32]) A. a. O., S. 235.
[33]) A. a. O., S. 218.
[34]) Zuletzt bei Hartmut Lehmann, Das Lutherjubiläum 1883, in: Luthers bleibende Bedeutung (hg. von Jürgen Becker), Husum 1983, S. 93–116, auf den ich mich im folgenden beziehe.
[35]) A. a. O., S. 112.
[36]) A. a. O., S. 113.

[37]) Als sprechende Beispiele verweist Lehmann auf einige Luther-Gedichte des Jahres 1883, in denen es heißen kann:

Ritter Jörg! Zum Drachenstrauß
zogst du tapfern Muts hinaus.
Als die Kirche, Gottes Magd,
vor des Lindwurms Grimm gezagt.

Deutsch sein Name, deutsch sein Blut,
deutsch sein Trotz und Mannesmut,
deutsch sein frommes Kinderherz,
froh in Gott im Ernst und Scherz.

Horch, das Festgeläute ruft
steig empor aus deiner Gruft!
Martin Luther, Mann von Erz,
Feuergeist und Felsenherz.

und

Ähnlich jenem kühnen Recken
der einst Varus niederzwang
ungebeugten, hehren Mutes
ging er seinen Lebensgang.

Jener hält das deutsche Eisen,
Dieser deutsches Bibelbuch.
Halte fest am Doppelkleinod,
Deutsches Volk, das ist genug.

(A. a. O., S. 103 f. und 115.)

[38]) Vgl. Hartmut Lehmann, Martin Luthers 500. Geburtstag im Jahre 1983. in: Geschichte in Wissenschaft und Unterricht 33 (1982) S. 748 ff.

[39]) Vgl. Erikson, Autobiographisches zur Identitätskrise, in: Psyche 27 (1973) S. 808 ff.

[40]) Erikson, Der junge Mann Luther, S. 76.

[41]) Tilman Moser, Gottesvergiftung, Frankfurt/M. 1976, S. 82.

[42]) Man denke nur etwa an Hieronymus Bosch und seinen „Garten der Lüste"!

[43]) W. Pannenberg, Anthropologie in theologischer Perspektive, Göttingen 1983, S. 8.

SUSANNE HEINE

Erziehung in der Reformationszeit: Luther und Erasmus als Pädagogen

Innovatorische Prozesse, wie sie Humanismus und Reformation auf je ihre Weise eingeleitet haben, sind in der Regel stark von erzieherischen Intentionen begleitet; denn die Hoffnung gilt der jeweils kommenden Generation, das dauerhaft zu verwirklichen und zu bewahren, was die Innovatoren zu erkämpfen suchten.

Anfangs einander wohlwollend und mit Interesse begegnend, sind Luther und Erasmus schließlich Kontrahenten geworden. In den Augen Luthers und seiner Anhänger erschien Erasmus zu distanziert akademisch, zu „schöngeistig" und vermittelnd in einer Zeit, die Handeln und Parteinahme erfordere. Erasmus verurteilte die Gewaltsamkeit Luthers, der die concordia ecclesiae[1]) auf Spiel setze, den Frieden gefährde und die res publica Christiana zerstöre.

Auf der Ebene der Frömmigkeits- und Erziehungspraxis finden sich viele übereinstimmende Urteile und Interessen der beiden, die auch einen heutigen Leser unmittelbar ansprechen können und den Eindruck unverminderter Aktualität erwecken. Davon will der erste Teil des vorliegenden Beitrages handeln.

Der Grund für die Auseinandersetzung zwischen Luther und Erasmus liegt tiefer verwurzelt im theologischen Denken bzw. in der Anthropologie, die auch die pädagogischen Vorstellungen und Konzepte prägen. Beide vertreten von daher zwei spezifische Wege der Vermittlung des christlichen Glaubens an die folgende Generation: Luther den katechetischen Weg, Erasmus einen Weg, den wir den pädagogischen nennen wollen. Der zweite Teil des Beitrags will das Charakteristische der beiden Wege herausarbeiten und zueinander in Beziehung setzen. Der Gegensatz von Katechetik und Pädagogik findet sich in der Tradition schon vor Luther und Erasmus und hat seine Gültigkeit über beide hinaus bewahrt. Luther und Erasmus sind dazu geeignet, diesen Gegensatz exemplarisch darzustellen. Die Frage, ob sich zwischen den beiden Polen vermitteln läßt, wird am Schluß aufgegriffen.

1. Das praktische Interesse des Erasmus

Bildung für alle

Einen deutschen Sokrates hatte Ulrich von Hutten Erasmus anläßlich einer ersten Begegnung genannt.[2]) Mit Recht, denn das erzieherische Interesse ist allen Schriften des Erasmus abzuspüren, auch wo es nicht eigens thematisiert wird. Erasmus hat einige Jahre als Lehrer gewirkt,[3]) dann aber, den größten Teil seines Lebens, als freier Schriftsteller seinen Unterhalt verdient. Seine Reflexionen und praktischen Anweisungen zur Bildung sind nicht auf Schule und Unterricht beschränkt, sondern zielen auf eine christliche Lebensführung für alle Menschen, welchen Standes immer. Es wäre anachronistisch, am Beginn der Neuzeit von demokratischen Prinzipien zu sprechen, dennoch ist Erasmus mit guten Gründen immer wieder für demokratische Bildungsideen in Anspruch genommen worden.

Da alle Menschen nach dem Ebenbilde Gottes geschaffen sind, kommt allen eine Würde zu, die allerdings erst durch Bildung entwikkelt werden muß. Keine Standesprivilegien entheben einer solchen Aufgabe. Im Gegenteil, da die Verantwortung der Herrschenden am größten ist, haben sie eine gute Erziehung von der Wiege an am nötigsten.[4]) Daher befaßt sich Erasmus in seinen Schriften ausführlich mit der Fürstenerziehung.

Im Jahre 1515 erscheint die „Institutio principis Christiani", für den späteren Kaiser Karl V. und dessen Bruder Ferdinand geschrieben. Der Verantwortung des Herrschenden entspricht die Verantwortung des Erziehers: „Jeder, der das Amt übernimmt, einen Herrscher zu erziehen, erwäge immer wieder, daß er keinen gewöhnlichen Beruf ausübe, sondern von allen Ämtern das weitaus größte und gefährlichste. Vor allem bringe er für diese Aufgabe eine Gesinnung mit, die ihrer würdig ist: er schaue nicht darauf, wie viele Pfründen er daraus erlangen könnte, sondern auf welche Weise er dem Vaterlande, das seine Hoffnungen seiner Redlichkeit anvertraut, einen guten Fürsten geben könne."[5]) Erasmus beruft sich auf Grundsätze antiker Staatsutopien, und auch die Beziehung zu Thomas Morus, der ein Jahr nach dem Erscheinen der „Institutio" seine „Utopia" veröffentlicht, wird spürbar. Erasmus rankt die Ideen der heidnischen Tradition um die christologische Mitte: „Vor allem aber ist dem Bewußtsein des Herrschers eine möglichst edle Auffassung von Christus tief einzuprägen, dessen Lehren er am besten sogleich als Ganzes aufnehmen soll, und zwar gleich aus den Quellen selbst, aus denen sie nicht nur reiner geschöpft werden, sondern wodurch ihm auch wirkungsvoller eingeprägt wird, daß das, was jener lehrte, für niemanden mehr gelte als fur den Herrscher."[6]) Die übliche höfische Bildung steht diesem an christlicher Frömmigkeit orientierten Ziel entgegen. Geradezu drastisch schildert Erasmus dies in der 1529 erschienenen Schrift „Declamatio de pueris statim ac liberaliter instituendis",[7]) auf Bitte Konrad Heresbachs, Erzieher des Sohnes von Herzog von Vlatten, verfaßt: „Quomodo modestus erit vir et fastus contemptor, qui repsit in purpura?"[8]) Wer also schon von Kindesbeinen an im Purpur umherkriecht, kann kein guter Fürst werden. Und kritisch fährt Erasmus fort: Die adeligen

Söhne verlangen nach Austern, Papageienfisch und Barbe, ehe sie des Sprechens mächtig sind. „Plebeios cibos“ weisen sie zurück. „Qui verecundus esse poterit, qui infantulus ad impudicitiam fingi coepit.“[9]) Wer z. B. als Kind Geld und Gold bewundern gelernt hat, kann als Erwachsener nicht freigiebig sein.[10])

Für Erasmus gibt es keine Privilegien des Standes, im Gegenteil: solche Privilegien gefährden die dignitas humana, die durch Erziehung entwickelt werden muß. Daher gewinnt die Fürstenerziehung um so größere Bedeutung. „Keiner kann sich seine Eltern oder sein Vaterland aussuchen, umso mehr kann jeder selbst seinen Geist bilden und sein Benehmen formen.“[11]) Auch das Motiv sozialer Hilfestellung klingt an: Was sollen die tun, die ihre Kinder kaum ernähren können, so daß an einen guten Erzieher schon gar nicht zu denken ist? Erasmus leitet diese Frage weiter, denn er sieht sich nur imstande, „instituendi rationem optimam“ zu geben, nicht jedoch die Geldmittel dazu. Aber die Reichen (benignitas divitum) sollen den talentierten jungen Menschen zu Hilfe kommen, die sonst keine Möglichkeit hätten, ihre natürliche Anlage (vim naturae) zu entwickeln.[12])

Gelehrte Frauen

Vor dem Anspruch eines Lebens in wahrer Frömmigkeit gibt es keinen Unterschied nach Ständen, aber auch keinen Unterschied nach Geschlechtern. In den „Colloquia familiaria“ (1518) findet sich das Gespräch zwischen einem Abt und einer gebildeten Frau. Sie, Magdalia, steht stellvertretend für den um Frömmigkeit und Bildung (beide sind für Erasmus nicht zu trennen) bemühten Menschen; sie beherrscht auch die alten Sprachen. Er, der Abt, repräsentiert einen privilegierten, diesmal den geistlichen Stand, der sich seiner Möglichkeiten und Verpflichtungen zur Bildung und Selbsterziehung begeben hat und Schlaf, Gastmähler, Jagd, Reiten, Hofdienst und wirtschaftliche Besorgungen zu seinen Hauptaufgaben zählt. Seine Versuche, Magdalia zur Anteilnahme an dieser Lebensführung zu bewegen, schlagen fehl, und Magdalia schließt den Disput mit humorvollen, für den Abt gleichwohl bedrohlichen Worten: „Ebenso war einst ein ungebildeter Abt (Abbas indoctus) ein seltener Vogel, und heutzutage ist nichts häufiger. Die Fürsten und Herrscher ragten einst nicht weniger durch ihre Gelehrsamkeit als durch ihre Macht hervor. Und trotzdem ist es auch heute gar nicht so selten, wie Ihr glaubt. In Spanien und Italien gibt es nicht wenige sehr vornehme Frauen, die es mit jedem Mann aufzunehmen vermögen: In England gibt es solche im Hause des Morus, in Deutschland in den Familien Pirckheimer und Blarer. Wenn Ihr nicht auf der Hut seid, wird es noch so weit kommen, daß wir in den theologischen Schulen den Vorsitz führen, in den Kirchen predigen und Eure Mitren in Beschlag nehmen.“[13])

In diesem Kolloquium verbindet Erasmus sein Bildungsinteresse mit der Kritik am Mönchsstande, die man Erasmus von seiten der Betroffenen schwer ankreidete, bis zu Bemühungen, die Lektüre mancher Schriften zu verbieten.[14]) Erasmus denkt von der „philosophia Christi" her, der in aufrichtiger Lebensführung zu folgen jedem Christen aufgetragen ist, sei er wie der Adressat des „Enchiridion militis Christiani" (1503) ein Weltmensch und Geschützgießer[15]) oder ein Mönch. Im genannten Enchiridion entfaltet Erasmus seine für alle Menschen in gleicher Weise gültige Frömmigkeitslehre, die in den worin immer begründeten Privilegien eher eine Gefährdung des rechten Lebenswandels erblickt.

Für eine öffentliche Schule

Erasmus schätzt die Vorteile des Privatunterrichts, weil dieser besonders bei der Aneignung von Sprachen intensiver und damit schneller zum Ziele führt als das in einer überfüllten Klasse möglich wäre.[16]) Zudem wird in adeligen Kreisen der Privatunterricht gepflogen, und Erasmus verfaßt seine erzieherischen Schriften für die Hand von befreundeten Privatlehrern. Überall dort, wo sich kein Gebildeter im Hause findet, sollte man jemanden zur Erziehung der Kinder einsetzen, der nicht nur „artifex" ist, sondern „exploratus moribus".[17])

Wenn aber Schule, so muß sie eine öffentliche sein: „Oportet scholam aut nullam esse aut publicam."[18]) Der Begriff der öffentlichen Schule richtet sich vor allem gegen die Klosterschulen, die ihren Unterricht „in latebris" halten. Bildung darf kein Privilegium und nicht von Gewinnsucht oder vom Bedürfnis nach Ausbau der Macht bestimmt sein. Deshalb rät Erasmus jedem Vater, der seinem Sohn zu einer ordentlichen Bildung verhelfen will, vom Besuch der Klosterschulen ab, auch solcher, die sich einem modernen Weg der Erziehung verschrieben haben, wie die Brüder vom gemeinsamen Leben, deren Schule Erasmus selbst durchlitten hatte. So urteilt er auch aus eigener Erfahrung: Die Klöster und Genossenschaften der Brüder suchen aus der Lehrtätigkeit Gewinn zu erhaschen, ihre Lehrer sind zu wenig gebildet oder, noch schlimmer, verbildet (perperam doctus), sind weder als „pudicus" noch als „cordatus" zu erachten.[19])

Den Hochschulen wirft Erasmus lebensfernes Spezialistentum, Elitehaltung und eine Einstellung zum Wissen vor, die von Hybris und Reduktion auf formale Brillanz bestimmt ist. Die Bürgerschulen der Städte waren aufgrund ihrer unmittelbaren Berufsorientierung zu pragmatisch auf Fertigkeiten ausgerichtet. Überall vermißt Erasmus das, worum es ihm in erster Linie geht: um Allgemeinbildung auf einer christlichen Basis mit dem Ziel christlicher Lebensführung, ohne Rücksicht auf Stand oder Gelübde. Wohl hält Erasmus den Privatunterricht aus methodischen Gründen für am effektivsten, aber nicht jeder kann sich ihn leisten. Will Bildung allgemein werden, so muß der Staat dafür sorgen, und die Fürsten müssen sich, wie schon erwähnt, mit verantwortlich fühlen. So tritt Erasmus auch als Mahner der Obrigkeit auf.

Erasmus selbst ist kein Schulmann oder Schulpolitiker, sondern ein Erziehungsprophet. Sein Interesse gilt dem Gesamt des abendländischen Lebenszusammenhangs als „res publica Christiana" im Zeichen der „philosophia Christi". Seine Antwort auf die Krise der Neuzeit ist der – aus der Sicht der Nachfahren – repristinierende Versuch, das Zerbrechen dieses Lebenszusammenhanges aufzuhalten, zu retten, was offensichtlich nicht mehr zu retten war.

Dennoch haben die erzieherischen Gedanken des Erasmus eine ernorme bildungspolitische Wirkung gezeitigt. Oftmals gegen seinen Willen wurden seine Schriften und Briefe zu einem normativen Bildungskanon stilisiert. „Lutheraner und Jesuiten benutzten seine Schriften als Schulbücher, und Fürsten und Städte bemühten sich um Gutachten des Erasmus für geplante Reformen."[20]) Aber ein solches Vorgehen verkannte sehr zum Ärger des Rotterdamers dessen entschiedenste Absicht: eine christliche Haltung, „Gesinnung", und ein daraus erfließendes Gott wohlgefälliges Leben.

Dem Kind ein Kind werden

Wie kann der Mensch zu einer solchen Haltung und einem solchen Leben kommen? Christus selbst soll zum Vorbild dienen: „Qualis autem sit disciplina domini, facile perspiciet qui considerarit qua lenitate, qua mansuetudine, qua caritale Dominus Jesus erudierit, tulerit, foverit, ac paulatim provexerit discipulos suos."[21]) In seiner Schrift über die Umgangserziehung der Kinder (1529) beschwört Erasmus weiter den „hochheiligen Paulus" als Vorbild, der „sich nicht scheute, alles für alle zu werden, damit er allen nützen könnte, wieviel weniger darf ich Umstände machen, wenn ich aus Liebe zur Jugend einmal wieder jung werde".[22]) Der heute in der Erziehung fest verankerte Gedanke der Kindgemäßheit findet sich auch bei Erasmus als Erziehungsprinzip. Dagegen erwarten die Lehrer oft, daß schon die Kinder sich wie weise Männer benehmen (senes); sie achten nicht auf das jugendliche Alter, fordern unentwegt volle Arbeitsleistung, strafen enttäuschte Erwartungen mit Stirnrunzeln und „videlicet obliti se fuisse pueros".[23])

Erasmus weiß, daß die Grammatik, das Üben im Schreiben und Lesen der alten Sprachen, mühsam und langweilig ist. Aber er weiß auch, daß man diesem Problem mit Drohen und Prügeln nicht beikommt. Das zarte Alter muß mit Freundlichkeit (blanditiis) angelockt, darf nicht mit Strenge (saevitia) abgeschreckt werden. Vielerlei Methoden können als Reizmittel dienen: Buchstaben in der Gestalt von Backwerk oder Schnitzwerk. Manche stellen das Ziel beim Bogenschießen einmal in lateinischen, einmal in griechischen Buchstabenformen auf. Wer den Namen des Buchstabens angeben kann, erhält eine Belohnung.[24])

Erasmus hat die Person des Lehrers als entscheidendes Medium der Vermittlung erkannt und zugleich, daß die Personalisierung im Lernprozeß langsam wieder überwunden werden muß: „Primus discendi gradus est praeceptoris amor"; nachdem das Kind erst um des Lehrers willen die Wissenschaft lieben gelernt hat, wird es dazu kommen, den Lehrer um der Wissenschaft willen zu lieben.[25]) Auf der anderen Seite bedarf der Erzieher und Lehrer in seiner Beziehung zu den Schülern die Liebe eines Vaters.[26]) Viel zu wissen, ist für einen Lehrer zu wenig, denn er muß den entsprechenden Charakter besitzen, um seine Schüler auf den Weg der Frömmigkeit und der Sitte zu weisen.[27])

Wie so oft, beruft sich Erasmus auch in diesem Zusammenhang auf das Vorbild der antiken Philosophen: Lykon zeigt z. B. zwei sehr wirksame Sporne (acerrimos stimulos), um die Knaben zu geistiger Arbeit zu bringen: Scham und Lob (pudor ac laus), Scham als Furcht vor gerechtfertigtem Vorwurf, Lob als Nährmutter aller Künste (omnium artium altrix).[28]) Wo Bitten, Locken, Lob und Belohnung nichts ausrichten, kann der Wetteifer unter den Altersgenossen (certamen cum aequalibus) zunutze gemacht werden.[29]) Wer siegt, soll nicht meinen, für immer einen Sieg errungen zu haben, wer besiegt wird, soll die Möglichkeit erhalten, seine Niederlage durch Wachsamkeit wieder wettzumachen.[30])

Schon aus diesen wenigen Zitaten geht hervor, wie wichtig für Erasmus eine dem Schüler förderliche Grundhaltung des Lehrers ist, noch bevor methodische Überlegungen angestellt werden. Das umfassende erzieherische Klima bestimmt die Wirksamkeit der Methode.

„Liebe statt Hiebe"

In der Schrift „De pueris" erzählt Erasmus von einem seiner Lehrer, der weder ein ungelehrter noch böser Mann war und der hohe Erwartungen in Erasmus gesetzt hatte. Offenbar um anzuspornen und widerstandsfähig zu machen, griff dieser Lehrer zur Rute und strafte Erasmus so für ein angebliches Vergehen, das Erasmus nicht einmal im Traum eingefallen wäre. „Ea res omnem studiorum amorem mihi excussit . . ."[31]) Ein viertägiges Fieber war die Folge. Der Lehrer sah seinen Irrtum ein, für Erasmus jedoch zu spät. Wie viele glücklich veranlagte Menschen, so schließt Erasmus daraus, werden um so mehr von aufgeblähten, launenhaften und gefühllosen Henkersknechten zu Grunde gerichtet.

Für Erasmus gründet alles Lernen auf Liebe und Vertrauen. Prügel lehnt er grundsätzlich ab. Immer wieder prangert Erasmus die Lehrer und Lehrmethoden seiner Zeit an, so z. B. im „Lob der Torheit":

„Obenan stehen die Schulmeister. Das wäre, weiß der Himmel, eine Klasse von Menschen, wie sie unglücklicher, geplagter, gottverlassener nicht zu denken ist, wüßte nicht ich (= die Torheit) die Leiden dieses bedauernswertesten Standes durch holden Wahn erträglich zu gestalten. Nicht fünffacher Fluch nur, wie der Grieche sagt, nein hundertfacher lastet auf ihnen: Mit ewig knurrendem Magen, in schäbigem Rock sitzen sie in ihrer Schulstube – Schulstube sagte ich? Sorgenhaus sollte ich sagen, besser noch Tretmühle und Folterkammer – inmitten einer Herde von Knaben und werden früh alt vom Ärger, taub vom Geschrei, schwindsüchtig von Stickluft und Gestank."[32]) Mit drohender Miene, Ruten, Stecken und Riemen strafen sie die Opfer nach Lust und Laune ab.[33]) Die Würde des Menschen verbietet ein solches Vorgehen: „Servile est metu mali castigari."[34]) Und fast im modernen Sinne psychologisch argumentiert Erasmus weiter, daß kein Tier furchtbarer ist als ein Mensch, der durch tödliche Beleidigung sein Leben verachten gelernt hat.[35])

Schritte des Lernens

Unabdingbar ist für Erasmus das frühzeitige Erlernen der alten Sprachen, damit die Sachkenntnis auf der genauen Wortkenntnis aufbauen kann. Fleißiges Lesen lateinischer und griechischer Schriftsteller, Realienkunde aus den Quellen, Kenntnis der literarischen Gattungen, Rhetorik, Schulung in der Urteilsbildung, eigene literarisch-gestalterische Tätigkeit in den alten Sprachen – das ist – kurz zusammengefaßt – der Aufbau eines Studiums.

In der Schrift „De ratione studii" (1511) entwirft Erasmus einen Stufenplan von aufeinander aufbauenden Lernschritten, ein Konzept, das in vielen Punkten Parallelen aufweist mit dem, was der aufgeklärte Pädagoge und Philosoph Friedrich Herbart in seinem System der Formalstufen erarbeitet hat. Die Basis aller Erkenntnis ist für Erasmus die Wortkenntnis und d. h. die Grammatik der alten Sprachen. Diese Kenntnis läßt sich nur über Einlernen erwerben, das allerdings auch einer Methode bedarf, die dem Schüler nicht gleich am Beginn seiner Studien die Freude am Wissenerwerb vergällt. Folgende Regeln will Erasmus beachtet wissen:

Die Auswahl von wenigem aus der Mannigfaltigkeit der Formen,[36]) die Beschränkung auf allerwichtigste grammatikalische Regeln, auf denen dann die komplexeren aufbauen können,[37]) der Schritt vom Einfachen zum Schwereren.[38]) Die Fülle der Phänomene muß auf Regeln gebracht werden, eine Arbeit, die der Lehrer für den Schüler zu leisten hat. Verstehen kommt für Erasmus vor dem Merken. Daher muß der Schüler in einem nächsten Schritt dazu fähig werden, die Bedeutsamkeit solcher Regeln aufgrund einer konkreten Textanalyse zu erfassen, und zwar als eine eigene Denkleistung, denn einpauken hilft hierfür nicht viel; außerdem würde es erneut den Überdruß des Schülers erregen.

Nur über ein selbsttätiges Lernen kann ein Schüler verstehen, Freude an der Arbeit gewinnen und die Notwendigkeit der Mühe einsehen. Auch die „Moral von der Geschichte“,[39]) für Erasmus ein wichtiges Ziel aller Bildung, soll dem Lernenden nicht aufgedrängt werden; er soll sie selbst entdecken. So hat sich Erasmus z. B. in den „Colloqia familiaria“ einer literarischen Gattung bedient, die den Leser nicht unmittelbar anspricht, sondern ihm Argumente und Gegenargumente bietet und so ohne Nötigung zur Stellungnahme herausfordert.

Erst in einem weiteren Lernschritt wird dann von Erasmus das Gedächtnis beansprucht: Wiederholen, üben, merken sind notwendig, weil mit dem Erkenntnisschritt das Erkannte noch nicht ausreichend dem Gedächtnis verhaftet ist.[40]) Weiters soll sich dann der Schüler einen Überblick über das sich ständig erweiternde Wissen verschaffen und dieses ordnen, vergleichen, zusammenfassen. Erasmus empfiehlt in diesem Stadium des Lernprozesses das Anlegen von Tabellen und systematisch geordneten Sammlungen. Erst wenn die genannten vier Stufen durchschritten sind, ist der Schüler fähig, das Gelernte durch eigene gestaltende Tätigkeit neu zu erfassen und zu formulieren. Am besten gelingt dieser Schritt durch eigene Lehrtätigkeit. Erasmus weiß Heilsames von der Erfahrung des Lehrens für das eigene Lernen zu berichten.[41])

Zur Aufgabe des Lehrenden zählt es, um vieles mehr zu wissen, als für einen konkreten Vermittlungszusammmenhang notwendig erscheint: „. . . ich verlange von demjenigen, der auch nur das Geringste zu lehren unternimmt, einen solchen Umfang des Wissens, daß er auf allen Gebieten bewandert ist.“[42]) Erasmus ist sich des hohen Anspruchs der Forderung bewußt, aber es geschieht um des Schülers willen, für den er keine Mühe gescheut wissen will: „Ich belaste freilich, aber doch nur einen, um möglichst viele zu entlasten. Ich will, daß einer alles durchstudiert, damit nicht jeder einzelne alles durchzustudieren braucht.“[43]) In diesem Sinne hat die Arbeit des Lehrers stellvertretenden Charakter.

Erasmus ist schließlich ein Feind jeden Zwanges: Wem das Lernen eine dauernde und unerträgliche Qual bedeutet, der soll es lassen. Es soll der Ochse nicht auf den Ringplatz, der Esel nicht an die Laute geführt werden.[44]) Hier schließt sich wieder der Kreis zur Kritik an den Klosterschulen: Aus Gewinnsucht wollen die Lehrer solches nicht einsehen und lieber prügeln als finanzielle Einbußen erleiden.[45])

So ist das Lehren anstrengend, Wissenskompetenz und Einfühlung in die Nöte der Lernenden sind gleichermaßen gefragt, will einer nicht zu den elenden Schulmeistern zählen und die Jugend verderben. Nicht nur wegen der schlechten Erfahrung mit unfähigen Lehrern kämpft dieser Stand zu allen Zeiten gegen den Mangel an Sozialprestige; der Lehrer lebt in der Kindergesellschaft, die selbst gegenüber der Welt der Erwachsenen gering geschätzt wird. In einem Brief an John Colet (1511) zitiert Erasmus die abfällige Äußerung eines Magisters über den Lehrer: „Wie könnte das einer aushalten, in dieser Schule unter Kindern zu leben, der überall, wo und wie er will, leben könnte?“ Erasmus antwortet ihm unter Berufung auf Matthäus 19,27: „Wer, wo er vielen durch seine Arbeit nützen könnte, eine Aufgabe ablehnt, weil sie ihm als zu demütigend gilt, der hat nicht alles verlassen.“[46]) So stellt Erasmus das Lehren in den Dienst der Nachfolge Christi, wie für ihn überhaupt, trotz aller Inanspruchnahme seiner Erziehungsideen durch Aufklärer und Moralisten, die Basis der philosophia Christi im Geiste der Bergpredigt eine conditio sine qua non ist.

Die „herzhafte Liebe zum Gegenstand“

In allen seinen pädagogischen Bemühungen ist Erasmus kein Anwalt der Vereinfachung oder gar Infantilisierung. Leidenschaftlich verficht er eine umfassende Bildung und kann auch als harter Schulmeister auftreten: Um daher Kinder und Jugendliche von der Untugend abzuhalten, sollen sie um so mehr ganz durch Lernen in Anspruch genommen werden. „Quanto utilius aetas illa ludit in literis quam in nugis?“[47]) Gerade im Knabenalter erträgt der Mensch auch mehr Anstrengungen (labor); das sollten sich Eltern und Lehrer zunutze machen. Was der Mensch in seiner Jugendzeit an geistiger Bildung erhält, bringt ihm für das spätere Leben Nutzen und hält ihn vom Bösen ab. Nicht früh und intensiv genug kann daher die Bildung betrieben werden, denn das menschliche Leben ist flüchtig, die Jugend neigt zum Bösen, wenige erreichen das Greisenalter, für die Ungebildeten bleibt es leer und hohl (sterilis).[48]) Die Jugendzeit darf also nicht vorübergehen, ohne voll ausgeschöpft worden zu sein.

Bildung heißt für Erasmus Charakterbildung, nicht Bildung als Selbstzweck dadurch, daß sie noch zusätzlich Eliten schafft, um damit den Ständen noch einen weiteren, nämlich den Stand der Gebildeten, hinzuzufügen. Was Erasmus anstrebt, ist eine Veränderung bzw. Ausbildung der „Gesinnung“ im Geiste des Evangeliums und der Liebe zur Weisheit. Erasmus will die Herzen gewinnen, leidenschaftliche Lehrer am Werke sehen, überzeugte Christen gewinnen, die Gesellschaft der Menschen zur Gänze mit fides und humanitas durchdringen und zu einer res publica Christiana formen. Bildung ist für ihn im umfassenden Sinne Herzens- und Gewissensbildung, nicht bloße Intellektualität und scholastische Spitzfindigkeit. Er wußte auch, daß eine Veränderung der „Gesinnung“, Haltung, Überzeugung durch politische Reformen nicht herbeizuführen ist, und stand daher allen solchen Versuchen, seine Erziehungsideen in Bildungsreformprogramme umzumünzen, skeptisch gegenüber.[49]) „Die Voraussetzung alles Schaffens ist doch eine herzliche Liebe zum Gegenstand und eine glühende Abneigung gegen alles, was man verurteilt. Lebendig wird die Darstellung doch erst, wenn sie aus dem Herzen kommt und nicht bloß angewandte Arbeit ist."[50])

2. Das praktische Interesse Luthers

Alle Kinder soll man zur Schule halten

Luther ist mehr Theologe und hat im Gegensatz zu Erasmus keine systematisch-pädagogischen Ideen entwickelt. Seine Gedanken zu Erziehung und Schule finden sich außer in zwei Schriften, die sich diesem Thema ausdrücklich widmen,[51]) in seinem Opus verstreut. Aus der Not und Krise heraus erhebt Luther seine mahnende Stimme gegen den „Bildungsnotstand". Die Kritik des Erasmus, die Wissenschaften gingen dort zugrunde, wo das Luthertum herrsche,[52]) wird von Luther nicht bestritten. Im Gegenteil weiß er sehr genau um die Gründe dafür und sucht durch Mahnschriften an die Obrigkeit Abhilfe zu schaffen.[53]) Von Streit und Blutvergießen, die sein Kampf um das Evangelium ausgelöst hat, selbst erschüttert, sucht Luther nach Wegen, wie der „liebe Friede" gewährleistet werden könne. „Darum hat für ihn als Theologen und Seelsorger das Bemühen um eine inhaltliche Qualifizierung der Erziehung und Bildung Vorrang vor dem rechtlich politischen Problem der Notwehr."[54])

Für eine öffentliche Schule tritt Erasmus ein, ebenso kämpft Luther für die Einrichtung von Schulen durch die weltliche Obrigkeit: Der negative Hintergrund sind auch für Luther die Klosterschulen, für die er harte Worte findet: Der geistliche Stand „in Klöstern und Stiften mit seinem ehelosen Unwesen . . . ist längst von seiner ursprünglichen löblichen Stiftung abgefallen und nun nicht mehr als ein Stand, der für Geld und Verzinsung gestiftet ist durch menschliche Weisheit, hat auch nichts Geistliches an sich . . ."[55]) „Wahrlich, was hat man denn gelernt in hohen Schulen und Klöstern, als nur ein Esel, ein Klotz und ein Block zu werden? Zwanzig, vierzig Jahre lang hat einer gelernt und hat doch weder Lateinisch noch Deutsch beherrscht. Ich schweige über das schändliche, lästerliche Leben, durch das die kostbare Jugend so jammervoll verdorben worden ist."[56]) „Eselställe" und „Teufelschulen" nennt sie Luther, da sie nur einem Stande dienen, und zwar dem, der dem Evangelium am meisten entfremdet ist.

Luther weiß die humanistische Pädagogik zu schätzen, beklagt den Verfall des Schulwesens und macht dafür seine Bemühungen, dem Evangelium Gehör zu verschaffen bzw. das Evangelium selbst verantwortlich: „Zum ersten erleben wir jetzt durchweg in deutschen Landen, wie man allenhalben die Schulen untergehen läßt. Die hohen

Schulen siechen dahin, Klöster kommen herunter; dieses Gras wird verdorren, und die Blume fällt dahin, wie Jesaja sagt (40,6 ff.), weil der Geist Gottes durch sein Wort hineinweht und so heiß darauf scheint durch das Evangelium."[57]) Und Luther fährt fort: „Lieber als daß hohe Schulen und Klöster so bleiben, wie sie bisher gewesen sind, so daß keine andere Weise zu lehren und zu leben für die Jugend in Brauch wäre, lieber wollte ich, daß ein Knabe überhaupt nie etwas lernte und daß er stumm wäre. Denn es ist mein ernstes Anliegen, Bitten und Begehren, daß diese Eselställe und Teufelsschulen entweder in den Abgrund versinken oder in christliche Schulen verwandelt werden."[58])

Durch die Aufhebung der rechtlichen und wirtschaftlichen Verknüpfung der Schulen mit der Kirche waren auch die geistlichen Versorgungsmöglichkeiten verlorengegangen. Daher wollen, so klagt Luther, die Eltern nicht mehr einsehen, wozu eine christliche Allgemeinbildung dann noch von Nutzen sein sollte. Was sind aber das für Eltern, die ihre Kinder um des Lebensunterhaltes willen ins Kloster stoßen? „Ja, weil die fleischlich gesinnte Menge einsieht, daß sie ihre Söhne, Töchter und Freunde nicht mehr in Klöster oder Stifte stecken sollen oder können, aus Haus und Besitz ausweisen und auf fremde Güter setzen, will niemand mehr Kinder lernen und studieren lassen. Ja, sagen sie, was soll man die lernen lassen, die nicht Pfaffen, Mönche und Nonnen werden sollen? Man lasse sie lieber lernen, womit sie sich ernähren können."[59]) Weder vorher noch jetzt waren und sind die Eltern um der Kinder Seelenheil besorgt, sondern um deren Bauch, rügt Luther. Denn sonst würden sie jetzt, da das Evangelium den Mönchsstand ausgetilgt hat, sagen: „Ist's wahr, wie das Evangelium lehrt, daß dieser Stand für unsere Kinder gefährlich ist, ach Lieber, so lehrt uns doch eine andere Weise, Gott gefällig und unseren Kindern zum Segen zu sein. Denn wir möchten doch gerne unseren lieben Kindern nicht allein den Bauch, sondern auch die Seele versorgen."[60])

Weil die Kirche versagt hat, sollen die Schulen in die christliche Verantwortung der weltlichen Obrigkeit gelegt werden. Auch für Luther soll diese Schule eine allgemeine sein, in der die Kinder alle Fächer und das Evangelium lernen.[61]) Die Schule soll für alle Stände und Berufe ausbilden: „Die Welt bedarf, um auch nur ihren weltlichen Stand äußerlich zu erhalten, guter, fähiger Männer und Frauen, damit die Männer Land und Leute recht regieren und die Frauen Haus, Kinder und Gesinde recht erziehen und bewahren können."[62]) Und: „Darum ist's hochnotwendig, nicht allein der jungen Leute wegen, sondern auch, um unsere beiden Stände, den geistlichen und den weltlichen, zu erhalten, daß man in dieser Sache entschlossen und beizeiten dazu beiträgt, damit wir's nicht nachher, wenn wir's versäumt haben, vielleicht unterlassen müssen . . ."[63])

Mädchen auf der Schulbank

Wie für Erasmus ist auch für Luther kein Stand, aber auch kein Geschlecht von der Schulbildung auszunehmen.[64]) In diesem Zusammenhang wird auch für Luther die Antike zum Vorbild: „Und hier bieten uns die Heiden eine große Herausforderung und Schmach: Sie haben vorzeiten – besonders die Römer und Griechen – gar nicht gewußt, ob dieser Stand (d. i. das weltliche Regiment als göttliche Ordnung) Gott gefiele oder nicht, und haben doch mit solchem Ernst und solcher Sorgfalt die jungen Knaben und Mädchen lernen und erziehen lassen, damit sie dazu tauglich würden . . .“[65]) So fordert Luther, daß an allen Orten die allerbesten Schulen für beide Geschlechter aufgerichtet würden. Auf das Argument der Eltern, die Kinder müßten im Hause die Arbeit versehen, antwortet Luther, daß dies einander nicht widerspräche; die Kinder könnten in die Schule gehen, ohne die Arbeit im Hause zu vernachlässigen oder darauf zu verzichten, dazu noch ein Handwerk zu erlernen. Und Luther schließt an: „Ebenso kann ein Mädchen durchaus so viel Zeit haben, daß es am Tag eine Stunde zur Schule geht und dennoch seine Aufgabe im Hause wohl versieht; verschläft's und vertanzt und verspielt es doch gewiß mehr Zeit.“[66])

Auch in den Gemeinden wurden gesonderte Mädchenschulen eingerichtet, und Luther forderte mit Nachdruck, Frauen als Lehrerinnen auszubilden und anzustellen.[67]) Das Anliegen der Frauenbildung, das Luther mit Erasmus verbindet, wenn er auch, was den Wirkungskreis der Frauen anbelangt, nicht bis zu der Vorstellung fortschreitet, Frauen könnten sogar das geistliche Amt bekleiden, wird wieder als kritisches Argument gegen die Klosterschulen eingesetzt: „Auch Frauen und Kinder wissen aus den deutschen Büchern und Predigten jetzt mehr (ich sage die Wahrheit) von Gott und Christus, als früher alle hohen Schulen, Stifte und Klöster, das ganze Papsttum und alle Welt gewußt haben.“[68])

Bildung und Unterhalt

In einer Zeit, in der Kaufhandel und Handelsgesellschaften, Geldgeschäft und Bankmonopol und eine hohe Teuerungsrate[69]) immer breitere Kreise der Bevölkerung verarmen ließen, war die Sorge um das Fortkommen der Kinder verständlich, wobei – wie ausgeführt – in den von der Reformation erfaßten Gebieten die geistliche Versorgungsmöglichkeit wegfiel: „Und will jetzt niemand Kinder anders ziehen, denn auf Witz und Kunst zur Nahrung.“ Die Eltern sagen sich: „Wenn mein Sohn so viel lernt, daß er den Pfennig gewinnt, ist er gelehrt genug.“[70]) So werden die Kinder von der Schule weg zum „Dienst des

Mammons" gekehrt.[71]) Die Eltern haben Angst, ein Gelehrter könne sich nicht ernähren.[72])

Diesen Argumenten begegnet Luther mit einer Rechnung: „Als ich ein junger Student war, hörte ich sagen, daß im Fürstentum Sachsen (wenn ich's recht weiß) an die 1800 Pfarreien wären. Wenn das wahr ist und wenn auf jede Pfarrei zumindest zwei Personen gehören, nämlich ein Pfarrer und ein Küster, abgesehen davon, was es in den Städten an Predigern, Kaplanen, Diakonen, Schulmeistern und Hilfslehrern gibt, so gehören allein in dieses Fürstentum an die 4000 gebildete Personen, von denen jeweils in zehn Jahren wohl der dritte Teil stirbt."[73]) Auch die weltliche Obrigkeit hat genug Ämter zu vergeben für Juristen, Kanzler, Schreiber, Richter, Fürsprecher, Notare und Ärzte.[74]) Das Geld, diese alle zu bezahlen, ließe sich beschaffen: Für die Ausbildung können die Eltern sorgen, wenn sie all das Geld, das sie früher für „Ablaß, Messen, Vigilien, Stiftungen, Testamente, Anniversarien, Bettelmönche, Bruderschaften, Wallfahrten, und was des Schwindels mehr ist",[75]) ausgegeben haben, nun der Schule zukommen lassen. Für die bedürftigen Eltern muß finanzielle Hilfe organisiert werden, denn am Gelde soll die Schule nicht scheitern. Dazu können die Klostergüter verwendet werden,[76]) außerdem sollen „die Reichen ihre Testamente einsetzen, wie denn die getan haben, die etliche Stipendien gestiftet haben; das hieße der Kirche dein Geld recht widmen."[77]) Also errichteten die Gemeinden der Reformation einen „gemeinsamen Kasten", aus dem Notleidende unterstützt und die Ausbildung der Kinder der Armen bewerkstelligt wurden.[78])

Woher nun soll der Staat die Gelder zur Einrichtung und Erhaltung der Schulen nehmen? „Nun aber in E. K. F. G. Fürstentum", schreibt Luther an den Kurfürsten Johann von Sachsen 1526, „päpstlicher und geistlicher Zwang und Ordnung aus ist und alle Klöster und Stifte E. K. F. G. als dem obersten Haupt in die Hände fallen, kommen zugleich mit auch die Pflicht und Beschwernis, solche Dinge zu ordnen, denn sich dessen sonst niemand annimmt noch annehmen kann noch soll."[79]) In einem anderen Brief an den Markgraf Georg von Brandenburg schreibt Luther 1529: „Und hierzu sollten der Klöster und Stifte Erbzinsen verordnet sein, daß man gute, gelehrte Personen unterhalten könnte mit redlichem Sold: zwei Theologen, zwei Juristen, einen Medicus, einen Mathematicus und für Grammatica, Dialectica, Rhetorica usw. vier oder fünf Personen."[80])

Weiters ermahnt Luther die Bürgermeister und Ratsherrn: „Liebe Herren, man muß jährlich so viel aufwenden für Kanonen, Wege, Stege, Dämme und unzählige solche Dinge mehr, wodurch eine Stadt zeitlichen Frieden und Ruhe haben soll. Warum sollte man nicht viel mehr aufwenden für die bedürftige, arme Jugend, jedenfalls aber so viel, daß man einen geeigneten Mann oder zwei als Schulmeister unterhielte?"[81])

Eine gute Ausbildung ist Luther auch dann wichtig, wenn sie nicht unmittelbar dem Gelderwerb dient: „Ich will hier davon schweigen, was für ein Vergnügen es ist, wenn ein Mann gelehrt ist, auch wenn er niemals ein Amt hätte, so daß er daheim für sich selbst allerlei lesen, mit gelehrten Leuten reden und umgehen, in fremden Ländern reisen und Handel treiben kann."[82]) Gott, so meint Luther, hat immer noch reichlich Güter auf die Gelehrten „gestiftet", so daß es genug zu verdienen gibt und man sich keine Sorgen machen müsse.[83])

Das Kind als Exempel des Glaubens

Wie Erasmus so mahnt auch Luther die Erzieher, um der Kinder willen selbst wieder ein Kind zu werden: „Und lasse sich hier niemand zu klug dünken und verachte solch Kinderspiel! Christus, da er Menschen erziehen wollte, mußte Mensch werden. Sollen wir Kinder erziehen, so müssen wir auch Kinder mit ihnen werden."[84]) Denselben Gedanken formuliert Luther im Großen Katechismus: „Denn weil wir Kindern predigen, müssen wir auch mit ihn lallen."[85])

Und wie Erasmus erregt sich Luther über den Hochmut derer, die alles erzieherische Handeln als eine mindere Aufgabe ansehen: „Ich bin auch ein Doktor und Prediger, ja so gelehrt und erfahren, als die alle sein mügen, die solche Vermessenheit und Sicherheit haben; dennoch tue ich wie ein Kind, das man den Katechismon lehret, und lese und spreche auch von Wort zu Wort des Morgens, und wenn ich Zeit habe, das Vaterunser, zehen Gepot, Glaube, Psalmen usw. und muß noch täglich dazu lesen und studieren und kann dennoch nicht bestehen, wie ich gerne wollte, und muß ein Kind und Schüler des Katechismus bleiben und bleib's auch gerne."[86])

Darüber hinaus ist für Luther das Kind den Erwachsenen ein Exempel des Glaubens, denn, so sagt Luther mit einem Zitat des Kirchenvaters Ambrosius: „Deficit ratio, sed non deficit fides."[87]) In einer Predigt über Matthäus 18,1 ff. von 1533 stellt Luther das Kind als „muster und exemplar" des wahren Christenlebens dar: Durch den Glauben an Jesus Christus wird man wieder jung.[88]) Der Glaube ist Geschenk Gottes und das Kind in seiner Unvernunft um vieles bereiter, das Geschenk anzunehmen: „Et puer verseumet teglich und verdienet die ruten, Et tamen dicit: hertz lieber vater, muter."[89])

Methoden der Unterweisung

Auch Luther liegt ein kindgemäßer Unterricht am Herzen, denn die Kinder sollen mit Freude lernen: „Nun muß das junge Volk hüpfen und springen oder jedenfalls etwas zu tun haben, woran es Vergnügen hat, und es ist ihm darin nicht zu wehren; es wäre auch nicht gut, alles zu verwehren. Warum sollte man ihm dann nicht solche Schulen einrichten und solche Wissenschaft vortragen, zumal jetzt durch Gottes Gnade alles so eingerichtet ist, daß die Kinder mit Vergnügen und Spiel lernen können, seien es Sprachen oder andere Wissenschaften oder Geschichtserzählungen?"[90]) Um das Vergnügen geht es Luther auch im Großen Katechismus: „Siehe, also möcht' man die Jugend kindlicher Weise und spielens aufziehen in Gottes Furcht und Ehre . . . Das wäre auch die rechte Weise, Kinder wohl zu ziehen, weil man sie mit Gutem und Lust (Güte und Vergnügen) kann gewehnen."[91])

Deshalb und dazu aus eigener Erfahrung körperlicher Züchtigung hält Luther nichts von der Rute: „Denn was man alleine mit Ruten und Schlägen soll erzwingen, da wird keine gute Art aus, und wenn man's weit bringet, so bleiben sie doch nicht länger fromm, denn die Rute auf dem Nacken liegt."[92]) Und noch einmal aus der Mahnschrift an die Ratsherrn: „Es gibt jetzt nicht mehr die Hölle und das Fegefeuer unserer Schulen, in denen wir geplagt wurden mit Deklinations- und Konjugationsübungen, wo wir doch rein gar nichts gelernt haben durch so viel Prügel, Zittern, Angst und Jammer."[93])

Dennoch kann Luther ebenso als harter Schulmeister auftreten, wo ein Kind nicht lernen will, sei es im Elternhaus oder in der Schule. Erst die Eltern und dann die weltliche Obrigkeit müssen die Kinder „regieren", um das Böse zu bekämpfen.[94]) So kann Luther durchaus sagen, man solle ein Kind „steuppen", um ihm zu zeigen, daß man's gerne fromm hätte. Wo aber keine Hoffnung ist, daß es etwas lernt, soll man's nicht zu Tode prügeln.[95]) Besonders am Katechismus liegt Luther, den zu memorieren man nicht aufhören sollte. Sitzend, gehend, stehend, liegend soll gelesen und wiederholt werden. Wer den Katechismus nicht kann, darf nicht zum Sakrament gehen und kein Kind aus der Taufe heben. Den Kindern und dem Gesinde sollen Essen und Trinken solange versagt werden, bis sie den Text hersagen können.[96])

Weiters fordert Luther die weltliche Obrigkeit zur Nötigung heraus: „Ich halte aber dafür, daß auch die Obrigkeit nun schuldig sei, die Untertanen zu zwingen, ihre Kinder zur Schule zu schicken . . . Kann sie die Untertanen zwingen, die dazu taugen, daß sie Spieße und Büchsen tragen, auf die Mauern laufen und anderes tun, wenn man Krieg führen muß, wieviel mehr kann und soll sie hier die Untertanen zwingen, daß sie ihre Kinder zur Schule schicken."[97]) In seinem Brief an den Markgraf Georg von Brandenburg von 1531 regt Luther sogar an, Pfarrherrn und Pfarrkinder bei Strafe zum Lernen zu zwingen.[98])

Luther gibt auch Anweisungen zur Methode der Unterweisung: Wer den Katechismus lehrt, soll bei einer festen Form des Textes bleiben, um das Volk nicht zu verwirren, denn eine einheitliche Fassung erleichtert das Lernen und Merken. Erst auf das im Wortlaut Gewußte kann das Verstehen aufbauen. So folgen auf den Kleinen Katechismus der Große, dann die Psalmen und dann die ganze Heilige Schrift. Dabei soll langsam vorgegangen werden, damit das Gelernte behalten wird. Auch auf die Lernsituation und das, was wir heute die „Zielgruppe" nennen, soll Rücksicht genommen werden: Vor Handwerkern, Händlern und Gesinde muß man das Gebot vom Stehlen besonders beachten.[99])

Das Studium der „Historien" soll der Anschaulichkeit wegen fleißig betrieben werden, denn „was die Philosophen, weise Leute und die ganze Vernunft lehren oder erdenken können, was zum ehrlichen Leben nützlich ist, das gibt gewaltig die Historie mit Exempeln und Geschichten und stellt es gleich so vor die Augen, als wäre man dabei . . ."[100]) Die Geschichte lehrt die Kinder, wie Menschen „getan, gelassen, gelebt haben, die fromm und weise gewesen sind, und wie es ihnen ergangen ist oder wie sie belohnt worden sind", aber auch wie sie „böse und unverständig gewesen sind, und wie sie dafür bezahlt worden sind."[101])

Die Historien zeigen aber auch das Walten des Geistes auf. Luther kennt die Gefahren einer „Hofgeschichtsschreibung": Die einen verschweigen um der Herrn und Freunde willen alle Laster, die anderen bauschen aus demselben Grunde nichtige Tugenden allzu hoch auf. Daher sollen die Kinder selbst denken und urteilen lernen.[102])

So ist es notwendig, viel zu lernen, denn das Lernen aus der Erfahrung braucht zu lange Zeit: Ehe wir aus der Erfahrung lernen, „sind wir hundertmal tot und haben unser Leben lang unbedacht gehandhabt, denn zu eigener Erfahrung gehört viel Zeit".[103])

Aus Liebe zum Evangelium

Im Mittelpunkt aller Erziehung und Bildung steht für Luther die Heilige Schrift. „Es ist uns übergenug in der Bibel geschrieben, wie wir uns in allen Dingen verhalten sollen."[104]) Daher sollte in allen niederen und höheren Schulen die Heilige Schrift die wichtigste und allgemeinste Lektüre sein.[105]) So bedarf es der Kenntnis der alten Sprachen: „Deutsche Bücher sind vornehmlich für den einfachen Mann gemacht, daß er sie zu Hause liest. Aber zum Predigen, Regieren und Rechtsprechen, im geistlichen wie im weltlichen Stande, reichen gewiß alle Wissenschaften und Sprachen in der Welt nicht aus (geschweige denn die deutsche allein), besonders jetzt zu unserer Zeit, da man mit mehr und anderen Leuten zu reden hat als mit Nachbar Hans."[106]) Gerade wenn es darum geht, die Auslegung der Schrift und den Glauben gegenüber Widersprechenden zu verteidigen, bedarf es der Kenntnis der Originalsprachen.[107]) Auch um sich ein Urteil über verschiedene Lehren zu bilden, reicht die deutsche Sprache nicht aus.[108]) Und schließlich, so argumentiert Luther, hat Gott selbst sein Evangelium in zwei Sprachen schreiben lassen.[109])

Deshalb sind die Sprachen „die Scheiden, in denen dies Messer des Geistes steckt. Sie sind das Schmuckkästchen, in dem man dies Kleinod besitzt. Sie sind das Gefäß, in dem man diesen Trank faßt.“[110])

3. Die theologische Kontroverse und deren Folgen für die Pädagogik

Setzt man das praktische Interesse, das Erasmus und Luther im Blick auf Erziehung und Bildung entwickelt haben, zueinander ins Verhältnis, so ergeben sich vielerlei Gemeinsamkeiten. Einig sind sie sich in ihrer Kritik an den Klosterschulen; aus deren Versagen und deren Unfähigkeit, die Heranwachsenden zu christlicher Lebenspraxis zu führen, leiten beide die Forderung nach einer öffentlichen Schule für alle Stände ab.[111]) Beide wollen über soziale Hilfestellung auch den Kindern der Armen den Zugang zur Schule eröffnen. Erasmus wie Luther thematisieren die Lebenswirklichkeit des Kindes in ihrer Eigenständigkeit, plädieren für das spielende Lernen und suchen nach kindgemäßen Methoden des Lernens. Liebe und Schutz gegenüber dem Kind gehen vor gegenüber einer Gewalt, die Gefahr läuft, die zarte Kinderseele zu zerbrechen. Beide setzen sie also große Hoffnung auf eine Reform des Bildungs- und Schulwesens, um die „Krise der Neuzeit“ zu bewältigen.

Dennoch klingen bereits in diesem Zusammenhang Differenzen hinsichtlich der Motive an. Erasmus wettert gegen die Klosterschulen, weil sie Bildung als Selbstzweck betreiben, die Schüler aus dem Blick verlieren und Erziehungsaufgabe bzw. deren Ziel, die Frömmigkeitspraxis, verfehlen.[112]) Für Luther sind die Klöster und daher auch Klosterschulen ein Hort der Werkgerechtigkeit und damit des Verrats am Evangelium vor allem durch die Ehelosigkeit.

Luther will Gottes Wort in die Welt getragen wissen. Wo die Klöster eine solche Aufgabe versäumen, ja versäumen müssen, ruft er die weltliche Obrigkeit auf, dieser christlichen Aufgabe nachzukommen. Nicht zufällig formuliert Luther immer wieder, daß die Schulen wirksames Mittel im Kampf gegen den Teufel seien. Der Humanist Erasmus sieht den Fortschritt seines Zeitalters gerade darin, daß ein solcher Aberglaube an das Wirken dämonischer Mächte ausgestanden ist, und er ortet das Böse im bösen Wollen des Menschen.[113])

Beide wollen dem Kind gerecht werden, Luther geht jedoch darüber hinaus, wenn er es als Exempel des Glaubens ansieht, der weiß, daß der Mensch Gott gegenüber ein Empfangender ist.

Und schließlich steht für Luther die ganze Heilige Schrift im Zentrum jeder Erziehung und Bildung, für Erasmus jedoch sind es nur solche Teile der Schrift, die als „bene vivendi praecepta" dienen.[114])

Schon diese Differenzen weisen auf ein diametral entgegengesetztes theologisches Denken, das sich auch auf die Probleme der Pädagogik auswirkt. Luther und Erasmus repräsentieren daher zwei klassische Wege, die im folgenden dargestellt werden sollen.

Vom Stand des Menschen bei der Geburt

Bei der Geburt ist das Kind nichts anderes als eine unbearbeitete Masse (massa rudis), eine zu allem bildsame Materie, die es durch Erziehung zu formen (fingere) gilt: „Statim ut nascitur infans, docilis est ad ea quae sunt hominis propria.[115]) Deshalb, so begründet Erasmus die Bedeutung der Erziehung, muß das Kind von Geburt an sofort „gebildet" werden wie Wachs, solange es noch weich ist, wie Ton, wenn er feucht ist, wie weiße Wolle, die gefärbt werden muß, solange sie noch keine Flecken hat.[116])

Denn: „Non potes habere rudem massam."[117]) Wenn die Masse nicht „in hominis speciem" bearbeitet wird, entsteht aus dem Kind kein Mensch, sondern ein wildes Tier.[118]) Schlimmer noch: Die Tiere folgen wenigstens ihren natürlichen Trieben, während der unerzogene Mensch zu schlimmeren Leidenschaften hingerissen wird als zu tierischen: ambitio, cupiditas, ira, invidia, luxus, libido.[119]) „Arbores fortasse nascuntur . . .; equi nascuntur . . .; at homines, mihi crede, non nascuntur, sed finguntur."[120])

Luther dagegen geht vom „peccatum haereditarium" aus, so daß er an der menschlichen Natur nichts Gutes findet, auch keine neutrale, bildsame „Masse": „Solche Erbsunde ist sogar ein tief bose Verderbung der Natur, daß sie kein Vernunft nicht kennet . . ."[121]) „Ista malitia steck in carne nostra von der wiegen an."[122]) Solange das Kind noch klein ist, seine Fähigkeiten gering, sein Wille schwach sind, wirkt sich die Erbsünde allerdings noch nicht so stark aus wie bei einem Erwachsenen.[123]) In seiner Ohnmacht und Angewiesenheit wird es zum exemplum des Glaubens.

Während also Erasmus das Kind als neutral ansieht, so daß die Erziehung aus ihm einen Christenmenschen macht, oder es ohne Erziehung zum wilden Tier wird, unterliegt es bei Luther der Erbsünde, und die Erziehung dient als Weg des Gesetzes dazu, es vom Bösen abzuhalten, ohne daß damit seine verderbte Natur verändert werden könnte.

Wie schwer sich Erasmus mit der Tradition der Erbsündenlehre tut, zeigt sein Versuch, sie mit seiner Auffassung, das Böse käme vom bösen Tun des unerzogenen Menschen, in Einklang zu bringen, was allerdings nicht gelingt. Er schreibt, auch schon die heidnischen Philosophen hätten bemerkt, daß Menschen das Schlechte leichter lernen als das Gute, sie also zum Bösen – wenigstens – neigen. Die „christiana philosophia" gibt die Ursache dafür an: Adams Schuld. Diese Lehre kann nicht falsch sein, schreibt Erasmus weiter, aber: „ita verissimum est", daß dieses Übel zum größten Teil von einer verkehrten Erziehung (prava educatio) kommt.[124])

Vom Ursprung des Bösen

Das Böse sollen die Menschen sich selbst anrechnen, das Gute aber zur Gänze der göttlichen Güte zuschreiben, sagt Erasmus in „De libero arbitrio".[125]) Luthers Satz, daß Gott im Menschen sowohl das Gute wie das Böse wirke, läßt Erasmus erschrecken. Dies würde ein Fenster zur Gottlosigkeit öffnen, denn die Sterblichen sind träge, gedankenlos, böse und zu jeder Art von Frevel geneigt: „Quis malus studebit corrigere vitam suam?"[126]) Luthers Satz würde Öl ins Feuer gießen. Deshalb muß es einen freien Willen geben als „vis humanae voluntatis", durch die der Mensch sich dem zuwenden kann, was zum ewigen Heil führt bzw. sich davon abkehren.[127])

Würde der freie Wille geleugnet, argumentiert Erasmus, könnte man der Schrift nicht glauben, wenn sie Imperative formuliert, z. B. wenn Paulus sagt, der Mensch solle sein Heil mit Furcht und Zittern erwirken.[128]) So heißt es auch, daß die Menschen an ihren Früchten erkannt werden sollen.[129]) Andererseits gesteht Ersamus zu, daß die Schrift auch Stellen enthält, die alles in die Hand Gottes legen, ohne daß der Mensch etwas dazutun kann. Für Erasmus bedeutet das aber keinen Widerspruch: Denen, die gegen Gott murren, wird der Mund gestopft; die Sicheren und Verzweifelten werden zur Anstrengung (industria) angespornt.[130]) Dem entspricht auch die Anthropologie des Erasmus: Vernunft und Wille des Menschen sind durch die Sünde nicht ausgelöscht, wohl aber verdunkelt.[131])

Als Beleg zieht Erasmus die heidnischen Philosophen, die, ohne das Licht des Glaubens und ohne die Heilige Schrift zu kennen, viele Vorschriften (praecepta) für ein sittlich gutes Leben hinterlassen haben, die mit den Vorschriften der Bibel übereinstimmen. Sie besaßen also den Willen zum Guten, waren aber unfähig zum ewigen Heil. Deshalb muß die Gnade durch den Glauben hinzukommen (accedere).[132]) Diese Gnade nennt Erasmus die mitwirkende (cooperans) Gnade, die den Willen wirksam macht.[133])

Erasmus geht in seiner Theologie von der Anthropologie aus und beruft sich dabei auf die platonische Tradition. Die Frage, warum der Mensch zu schwach sei, dem zu folgen, was er als richtig erkannt hat, beantwortet er mit dem Hinweis auf das „prodigiosum animal",[134]) das der Mensch darstellt, weil er aus mehreren Teilen zusammengesetzt ist:[135]) „Si tibi corpus additum non fuisset, numen eras . . ."[136]) Der

Körper ist es also, der zu schaffen macht; der Mensch hängt am Sichtbaren, weil er selbst sichtbar ist; er folgt dem Sterblichen und sinkt abwärts. Die Leidenschaften (affectus) des Körpers wollen die Vernunft (ratio) in ihre Gewalt bekommen.[137]) Die Erbsünde gilt nur für den Körper und das Fleisch als den untersten Teil des Menschen. Durch den Geist werden wir, so schreibt Erasmus, mit Gott verbunden und mit ihm eins.[138]) „Oben" ist der Mensch also ein göttliches Wesen (divinus), „unten" dagegen ein Vieh. Daraus ergibt sich die Aufgabe für den Willen, dem viehischen Körper zu widerstehen.[139])

Luther, und das ist nun der springende Punkt der Kontroverse, denkt streng theologisch: „Deus est, cuius voluntatis nulla est causa nec ratio . . .", schreibt er in seiner Gegenschrift „De servo arbitrio".[140]) Daher ist die Frage, warum Gott die Bösen wirken läßt, warum er den bösen Willen der Menschen nicht ändert, warum er Adams Fall zugelassen hat, nicht beantwortbar, ja eine unzulässige Frage: Für den Willen des allmächtigen Gottes gibt es keine Richtschnur (regula) und kein Maß (mensura), da nichts über ihm oder ihm gleich ist, sonst wäre er nicht Gott, wäre die Rede vom Willen Gottes nicht möglich. Gottes Wille ist Richtschnur für alles, was Menschen betrifft, „ideo rectum est, quod vult."[141]) Es gehört zu den Geheimnissen der göttlichen Majestät, daß ihre Entscheidungen unbegreiflich sind. Hier hilft nicht fragen und wissen wollen, sondern beten.[142]) Das Wort von der Allmacht Gottes ist nur dann sinnvoll, wenn nichts diese einschränken oder – wie angeblich der menschliche Wille – beeinflussen kann.[143]) So wirkt Gott alles in allem,[144]) und d. h. nichts geschieht ohne ihn. Daß Gott durch Menschen Böses wirkt, ist nicht Verschulden Gottes, sondern Folge dessen, daß die Menschen von Natur aus böse sind.[145]) Hier hilft nur das Erbarmen Gottes. Das müssen die Menschen „lernen". Dem Vorwurf des Erasmus, ein solcher Gott könne schwerlich ein gerechter genannt werden,[146]) begegnet Luther mit dem Verweis, daß es einem Menschen nicht anstünde, Gott am Maßstab einer Gerechtigkeit zu messen, die dem Menschen nur als eine menschliche bekannt sein könne. Von Gott her, der eben Gott und nichts Geschaffenes ist, so muß die „ratio naturalis"[147]) folgern, ergibt sich die Unfaßbarkeit der Ratschlüsse des Allmächtigen. Hier wird bereits die Einschätzung der Vernunft im theologischen Denken Luthers deutlich, nämlich als ancilla theologiae.

Vom natürlichen Licht der Vernunft

„Wir haben also keinen Grund", schreibt Erasmus in seinem Brief an die Brüder Bonnes (1531), „mit der Natur unzufrieden zu sein . . ."[148]) Wie z. B. das Pferd auf Laufen angelegt ist, so der Mensch auf Frömmigkeit und Bildung. Wenn Aristoteles die Jünglinge zum Studium der Ethik für nicht geeignet hält, so liegt das nicht an der „Anlage des menschlichen Geistes“, sondern ist Schuld derer, die mit der Erziehung zu spät begonnen haben. Denn nichts ist „naturgemäßer als Tugend und Bildung“.[149])

Was den Menschen zum Menschen macht, ist die Bestimmung als „animal rationale“, deshalb muß er auch vernunftgemäß leben. Daher wird die Natur unverdienterweise dessen angeklagt, für die Neigung zum Bösen verantwortlich zu sein.[150]) So ist die Natur „efficax res“ und eine gute Basis für die „efficacior institutio“.[151])

Eine solche Naturanlage befähigt nun zu vielerlei, zunächst zur Selbsterkenntnis, daß der Geist (spiritus) des Menschen, „qua divinae naturae similitudinem exprimimus“, im Kampf mit dem Fleisch liegt.[152]) Daraus folgt weiter die Erkenntnis dessen, was zu fliehen und was anzustreben ist,[153]) um zu einem richtigen Leben zu kommen (ad recte vivendum).[154]) Das richtige Leben ist für Erasmus identisch mit Tugend und diese wieder mit Frömmigkeit, so daß er sagen kann: Alles, was der Glaube lehrt, steht in Übereinstimmung mit der Natur.[155]) In diesem Sinne schreibt er an Paul Volz, von dem er sich verstanden fühlt, weil dieser ebenso fromme Gelehrsamkeit und gelehrte Frömmigkeit miteinander zu verbinden weiß.[156]) Da für Erasmus natürliche Vernunftbegabung, Tugend und Frömmigkeit eins sind, kann er auch die heidnischen Philosophen loben, die er als eine Art „anonyme Christen“ einschätzt: „Welche Fülle und Kraft der Anschauungen der gelehrtesten Griechen über das rechte und glückselige Leben ist dort zu finden (sc. Ciceros Tusculanae quaestiones)? Welcher Reichtum an heilsamen und bewährten Lehren? . . . mich ergreift Cicero beim Lesen jedenfalls so, besonders da, wo er über die Prinzipien des guten Lebenswandels spricht, daß ich überzeugt bin, ein Geist, dem solche Lehren entstammen, müsse gottbegnadet sein. . . . Ich glaube sogar, daß jene mit ihren Vermutungen keineswegs fehl gehen, die annehmen, daß er im Himmel die Gemeinschaft der Seligen teilt. . . . Wenn schon den Juden vor der Verkündigung des Evangeliums zum Heil eine primitive und verworrene Gottesvorstellung genügte, was verbietet dann, daß einem Heiden, dem das Gesetz Mosis nicht einmal bekannt war, eine noch unentwickeltere Kenntnis zum Heil genügte, besonders, wenn er ein reines, ja sogar heiligmäßiges Leben geführt hat?“[157])

Was in den Büchern der Heiden zu finden ist, findet sich „absolutius“ und „efficatius“ in der „philosophia Christi“; sie dringt leicht in die Herzen aller, weil sie der Natur entspricht; sie bedeutet eine Wiedergeburt und d. h. eine „instauratio bene conditae naturae“.[158]) Christus, das wahre Licht, ist „sapientiae auctor“, ja die Weisheit selbst, welche Erasmus wieder als „absoluta probitas“ versteht.[159]) Christus will, daß seine philosophia unter das Volk gebracht wird,[160]) deshalb ist sie leicht und für jedermann verständlich,[161]) denn immer kommt es Erasmus auf die Praxis an, auf das „bene vivere“. Von dieser

Position aus kritisiert Erasmus die Scholastiker und alle, die sich auf die Übung bloßen intellektuellen Scharfsinns beschränken, was zudem nur der eigenen Hybris dienlich ist. Denn allein wichtig bleibt, „ordentlich zu leben, und Christus wollte, daß für alle der Zugang dazu leicht sei, nicht durch unentwirrbare Labyrinthe von Disputationen, sondern durch aufrichtigen Glauben und echte Liebe . . .“[162])

Wie auch schon bei den antiken Philosophen, führt für Erasmus der Weg über die Erkenntnis des Guten und das Tun des Guten zum Glücklichsein: Das Erste, Zweite und Dritte und also „. . . totius humanae felicitatis caput ac summam, esse rectam institutionem ac legitimam educationem“. Die Quelle aller Tugenden ist daher die „sancta educatio“.[163])

So muß die Vernunft regieren wie in einem Staat der König,[164]) und die Erziehung die Vernunft dazu befähigen. Das ganze menschliche Glück gründet in drei Dingen: natura, ratio, exercitatio. Die Natur ist die dem Menschen eingepflanzte Hinneigung „ad res honestas“, ratio ist Lehre durch Ermahnung und Vorschriften, die Übung befestigt die Haltung (habitus), zu der die Natur die Keime gelegt hat, und die „ratio provexit“.[165])

Mit guten Gründen ist Erasmus von seinen aufgeklärten Nachfahren als Vorkämpfer ihrer Ideen von der „Erziehung des Menschengeschlechtes“[166]) in Anspruch genommen worden. Die klassische Trias: Erkenntnis des Guten und Tun des Guten führen zu einem glückseligen Leben, die schon den sokratischen Erziehungsgedanken bestimmt hat, findet sich bei Erasmus deutlich ausgesprochen. Das aufrichtige Interesse des Erasmus an einer ethisch verantworteten Lebenspraxis, die für ihn und seine Zeit nur als eine christliche denkbar war, nötigt Anerkennung ab. Über den ambivalenten und auch illusionären Charakter dieses Weges belehrt nicht zuletzt die Geschichte selbst.[167])

Erasmus geht noch einen letzten Schritt, der zeigt, daß er mehr in einer philosophischen als einer biblischen Tradition wurzelt, sosehr er beide zu verbinden sucht: Das Ziel der Erziehung ist die Vollkommenheit des Menschen.[168]) Vollkommen sein heißt aber, der Gottheit (divinitas) fähig sein (capax), „so daß wir uns selbst über die Engel erheben und mit Gott eins werden dürfen“. Hätte der Mensch keinen Körper, so wäre er ein göttliches Wesen. Ringt der Mensch den Körper und dessen Regungen nieder, folgt er also dem Weg der ratio und der Tugend, so wird er ein göttliches Wesen.[169])

Vom harten Weg des Gesetzes

„. . . praesertim cum Lutherus minimum tribuat eruditioni“ – und damit der ratio – „plurimum spiritui . . .“[170]), schreibt Erasmus zu Recht. Aus der Schrift wird den Menschen „bewiesen“, daß sie alle ungerecht sind und Gott nicht erkennen können, entgegnet Luther.[171])

Diese Unkenntnis Gottes ist nicht im Fleisch angesiedelt oder in den niederen Trieben, sondern „in summis illis et praestantissimis viribus hominum“, das sind Vernunft und Wille.[172]) Wenn die Schrift sagt, daß der Mensch Gott und das Gute nicht erkennen kann, dann heißt das, daß die Vernunft blind ist und der Wille fehl geht.[173]) Was die Schrift bezeugt, wird auch durch logische Überlegungen erhärtet.[173a]) Denn auch Erasmus gibt zu, daß der Mensch Gebote und Vorschriften braucht und d. h. sein freier Wille eingeschränkt ist. Ist aber, so folgert Luther, ein Sklave frei, der unter dem Gebot eines Herrn steht, ist eine eingeschränkte Freiheit eine Freiheit?[174]) So kommt der freie Wille niemandem anderen zu als Gott allein;[175]) so lehren gerade Gesetz und Vorschriften den Menschen, daß er das Gute, das ihm angesagt wird, zu tun, nicht erfüllen kann, nicht aber, daß er einen freien Willen besäße. Das Gesetz zeigt uns, „quid debeamus et quid non possimus“.[176]) Wer das nicht erkennt, wird bestenfalls zum Heuchler.[177]) Und schließlich lehrt die Erfahrung (experientia), daß noch keinem Menschen seine guten Absichten wirklich geglückt sind und ihre besten Absichten anders ausgegangen sind als sie dachten.[178])

Wenn nun allein Gott der freie Wille zukommt und unsere Vernunft und unser Wille unfähig sind, Gottes Willen zu erkennen, dann führt diese Einsicht in die Verzweiflung an sich selbst und zu einer Demut, die Zuflucht im Gebet sucht.[179]) „Wenn Gott lebendig macht, tut er das, indem er tötet, wenn er gerecht macht, tut er das, indem er schuldig macht, wenn er in den Himmel bringt, tut er das, indem er zur Hölle führt.“[180]) Wer erkennt, daß er Gott gegenüber nichts leisten kann, wird dazu geführt zu fragen, woher ihm die Kraft kommt.[181]) Luther selbst ist in diese heilsame Erfahrung geworfen worden.[182])

Luther wirft Erasmus vor, er könne Gesetz und Evangelium nicht unterscheiden[183]) und wisse daher auch nicht, wozu das Gesetz gut sei. Zum einen führt das Gesetz, wie eben ausgeführt, zur Erkenntnis der Sünde, zum anderen hält es die in Schach, die ungläubig und der Gnade nicht teilhaftig sind. Denn in bezug auf das, was niedriger ist als er, hat der Mensch durchaus einen freien Willen, z. B. wie er seine Geldmittel gebraucht.[184]) Im Sinne des primus usus dient das Gesetz dazu, das Volk zu bändigen, wenn es Böses tut.[185]) Diese Funktion kommt dem weltlichen Regiment zu.[186]) „Denn im Predigtamt tut's Christus ganz und gar durch seinen Geist. Aber im weltlichen Reich muß man aus der Vernunft (aus der das Recht auch genommen ist) handeln.“[187]) Um der Ungerechten willen ist das Gesetz verordnet: „Da aber kein Mensch von Natur Christ oder fromm ist, sondern sie alle Sünder und böse sind, wehrt ihnen Gott allen durchs Gesetz, daß sie äußerlich ihre Bosheit mit Werken nicht dürfen nach ihrem Mutwillen üben“:[188]) „. . . wie man ein wildes, böses Tier mit Ketten und Banden fesselt, daß es nicht beißen und reißen kann nach seiner Art . . .“[189])

Denn wenn die Faust allein regiert, „so wird zuletzt ein viehisches Treiben daraus: Wer den anderen überwindet, macht ihm den Garaus". Faust ohne Weisheit oder Vernunft schafft nichts Gutes.[190]) Durch das Gesetz aber „hast du ja Schutz und Schirm deines Lebens gegen Nachbarn, Feinde, Mörder, sowie Schutz und Frieden für dein Weib, Tochter, Sohn, Haus, Hof, Gesinde, Geld, Gut, Acker und was du hast".[191]) Ohne das Gesetz und das weltliche Regiment „müßte einer den anderen fressen, wie es die unvernünftigen Tiere untereinander tun".[192]) „Bei Erasmus wird der Mensch ohne Erziehung zum Tier, bei Luther bleibt der Mensch ohne den Zwang des weltlichen Regiments ein Tier. Erasmus sucht das im Menschen liegende Potential des Guten auszuschöpfen, Luther sucht das im Menschen liegende Potential des Schlechten zu unterdrücken."[193]) Für Erasmus schreitet der Weg der Gesetzeserfüllung zum Heil vor Gott fort, für Luther verhindert der Weg der Gesetzeserfüllung das ärgste Unheil.

Im Dienste des primus usus legis steht nun für Luther auch die Pädagogik als ein „weltlich Ding".[194]) Deshalb bedarf es der Schule, damit die Kinder schon von früh an ordentlich gezogen werden und nicht wilde Tiere bleiben: „Denn wenn die Schrift und Gelehrsamkeit untergeht, was soll dann da bleiben in deutschen Landen als ein wüster, wilder Haufen Tartaren oder Türken, ja vielleicht ein Saustall und eine Horde von lauter wilden Tieren."[195]) Die Angst des Erasmus vor dem Verfall der Sitten, den Luthers Gnadenlehre begünstige, wäre unbegründet, könnte er den Sinn des primus usus legis verstehen und d. h. Gesetz und Evangelium unterscheiden.

Der Begriff „weltlich" darf bei Luther nicht in einem heutigen säkular-aufgeklärten Sinn als von Gottes Wirken unabhängig verstanden werden. Das Recht auf Integrität des Leibes und Lebensraumes eines Menschen wird in Gottes Schöpfungsordnung begründet, ebenso wie das Amt des Regierens selbst. Aber dies unterscheidet sich vom unmittelbaren Ergriffenwerden durch den Geist Gottes, der Erlösung vom Leiden unter der Ohnmacht und Schuldverfallenheit und von den guten Vorsätzen, die nicht zum Erfolg führen, bedeutet. Eine weitere Verbindung zwischen Recht und Glaube, hier Forderung, dort Geschenk, besteht darin, daß beide von Gott gegeben sind, und dem entspricht, daß der Mensch nie nur von einem der beiden usus herausgefordert ist. Das Gesetz kann und will auch seinen secundus usus entfalten. Das hebt aber die Unterscheidung der Wirkungen des Gesetzes nicht auf. Ihre Beziehung zueinander ist so gestaltet, daß der Glaube das Recht einschließt und umschließt, jedoch nicht umgekehrt. Luther hat auf diese Weise die Eigenständigkeit des Glaubens gegenüber allen Formen der Moral und das Rechts wiedergewonnen, ohne diese damit für den Glauben preiszugeben.[196])

Deshalb müssen die Christen, gehören sie nun dem weltlichen oder dem geistlichen Regiment zu, für die Luther voraussetzt, daß sie vom Geist Gottes Ergriffene und aus Gnaden Gerechtfertigte sind, auch für Recht und Frieden sorgen. Dazu zählt, Schulen einzurichten, die die Kinder mit der Schrift und damit dem Gesetz Gottes in dessen zweifacher Wirkung vertraut machen. Solches erübrigte sich, wenn alle Menschen rechte Christen wären und im Inneren „umgekehrt". Diese haben den Heiligen Geist im Herzen, der sie lehrt und dafür sorgt, daß sie niemandem Böses tun.[197])

Luther ermahnt nicht nur die Obrigkeit (politia) dazu, den Kindern beizeiten Erziehung und Bildung angedeihen zu lassen, sondern auch die Eltern (oeconomia), denen er vorrangige Bedeutung beimißt.[198]) Umso erschreckender ist es für Luther zu sehen, daß die Eltern ihrer erzieherischen Aufgaben meist nicht nachkommen. „Es gibt kein unvernünftiges Tier, das nicht für seine Jungen sorgt, und sie lehrt, was ihnen gebührt."[199]) Mit dem Kinderzeugen ist es nicht getan, aber manche Gründe führen dazu, daß Eltern es dabei bewenden lassen: Die einen sind weder rechtschaffen noch pflichtbewußt und tun's nicht, obwohl sie es könnten. Wie die Strauße ihre Eier, so werfen sie ihre Kinder von sich. Die anderen sind unfähig dazu und wissen nicht, wie man Kinder erzieht; die dritten wären fähig und tätens gerne, haben aber vor lauter Geschäften und Haushaltung keine Zeit, und schließlich sterben viele Eltern und hinterlassen Waisen.[200]) Deshalb muß die Obrigkeit einspringen.

„Politia et oeconomia est subiecta rationi".[201]) Neben dem Elternamt und dem Amt der Obrigkeit gibt es als drittes das Predigtamt (ecclesia oder religio). Dieses Amt fördert nicht nur das zeitliche Leben, sondern „gibt das ewige Leben und erlöst vom Tode und der Sünde, welches denn seine eigentliche, vornehmste Wirkung ist".[202]) Durch „solches Amt" werden viele Seelen „belehrt, bekehrt, getauft und zu Christus gebracht und selig gemacht . . . und von Sünde, Tod, Hölle und Teufel erlöst, zur ewigen Gerechtigkeit, zum ewigen Leben und Himmel . . ."[203]) Geistliche Werke und Wunder nennt Luther das, was der geistliche Stand vollbringen kann.[204])

Zur Förderung des zeitlichen Lebens muß das Predigtamt auch alle Stände unterweisen, wie sie sich verhalten sollen, „womit sie vor Gott recht tun".[205]) Zu den Funktionen des geistlichen Amtes zählen „das Pfarramt, Lehrer, Prediger, Lektoren, Priester (die man Kaplane nennt), Küster, Schulmeister . . ."[206]) Lehrer und Schulmeister werden also dem geistlichen Regiment zugerechnet, ja Luther kann sogar sagen, keiner soll zum Prediger gewählt werden, der nicht zuvor mindestens zehn Jahre „schul gehalten" hat.[207]) Das Ziel allen Unterrichts, nämlich die Menschen fromm zu machen, läßt sich nach Luther oft in der Schule besser verwirklichen als in der Kirche durch den

Prediger: „. . . denn es ist schwer, alte Hunde zahm und alte Bösewichte fromm zu machen . . . Aber die jungen Bäumchen kann man besser biegen und aufziehen . . .“[208])

So kommt auch das geistliche Regiment ohne Lehren und Lehrer nicht aus. Die Prediger bedürfen der Bildung ebenso[209]) wie die getauften Kinder und die Eltern. Der „Bildungsnotstand“ in der Krise der Neuzeit macht sich überall bemerkbar, auch in der ecclesia. Als Visitator muß Luther feststellen, daß der einfache Mann nichts von der christlichen Lehre weiß, aber auch viele Pfarrherrn zum Lehren untüchtig sind: Alle heißen sie Christen und können weder das Vaterunser, die zehn Gebote, noch den Glauben und leben dahin wie das „liebe Vieh“.[210]) Aus diesen Erfahrungen entstehen die Katechismuspredigten Luthers bzw. dann die schriftliche Fassung des Großen und des Kleinen Katechismus.

So bedarf es für Luther des Lehrens in allen Ständen und Ämtern. In der öffentlichen Schule als einem „weltlich Ding“ hat die Heilige Schrift ebenso einen festen Platz wie in der ecclesia die Bildung. Mögen auch die Schwerpunkte verschieden gelagert sein, die Aufgabe bleibt an beiden Orten eine: Die Menschen sollen fromm werden und „feine geschickte Leute“, das eine nicht ohne das andere, aber: das eine nicht durch das andere. Deshalb ist der Schulmeister auch dem geistlichen Stande zuzuzählen, weil er die Schrift auslegt, der Prediger ohne Schulerfahrung als Lernender und Lehrender, also als Gebildeter, für sein Amt nicht tauglich.

Beide Stände bzw. alle drei Stände sind über die beiden usus legis miteinander verbunden, denn wo immer die Heilige Schrift gelesen und ausgelegt wird, und das soll – so möchte Luther – allerorten geschehen, hält das Wort Gottes die Bösen in Schach oder spricht den Demütigen und an sich selbst Verzweifelten die Gnade und Vergebung zu. Wo, wie und wann das geschieht, bleibt Gottes Wille allein. Aber überall, auf beste pädagogische Weise und immer soll die Schrift gelehrt werden, um die Hoffnung zu nähren, daß das geschieht.

4. Zusammenfassung: Die Kontroverse zwischen Katechetik und Pädagogik

Der katechetische Weg Luthers

Gott allein, dem allmächtigen und immer wirksamen, der über Mächte, Dämonen und den Teufel herrscht, kommt ein freier Wille zu. Diesem ist der Mensch unterworfen als ein Ohnmächtiger, als einer, dem der Wille Gottes auch unerforschlich bleiben muß. In seiner Natur durch das peccatum originale verdorben, müssen Wille und Vernunft Handlanger der Sünde sein, und verführen die Tugendlehren der antiken Philosophen zur Selbstgerechtigkeit.[211]) Der Mensch ist erlösungsbedürftig, auf die Gnade Gottes angewiesen, und seine einzige Chance besteht im „credo, quia absurdum“.[212]) Denn daß die Liebe in und zu Christus Erlösung bringt, läßt sich durch die Logik menschlicher Vernunft nicht erkennen noch erfassen.

Auf diesem theologischen bzw. anthropologischen Hintergrund erhält die Einstellung Luthers zur Pädagogik ihre Prägung. Pädagogik ist für ihn Gesetz in dessen doppelter Funktion: Sie hält vom Bösen ab durch Zwang und führt zur Erkenntnis der Schuldverfallenheit bzw. der Notwendigkeit des göttlichen Erbarmens. Gerade der Zwang des Gesetzes kann dem Menschen einsichtig machen, daß er im Innersten dem widerstrebt, was das Gesetz von ihm fordert. Erst dann vermag er in den durch die ganze Heilige Schrift bezeugten Ruf nach Gnade einzustimmen.

Die Krise der Neuzeit wird von Luther positiv bewertet, ja geradezu begrüßt, denn sie ist ein Zeichen für das Wirken des Evangeliums, das lange verschüttet gewesen war.[213]) Die Krise der Neuzeit gilt Luther als Chance zur „Bekehrung des Menschengeschlechts“.[214]) So weiß er einerseits die Pädagogik zu schätzen und kann die Verdienste der Humanisten, auch des Erasmus, ausdrücklich würdigen: Besonders die Hochschätzung der alten Sprachen macht die gründliche Schriftlektüre möglich; die Wiederentdeckung der antiken Erziehungs- und Bildungstradition schafft einen besseren, weil kindgemäßeren Zugang zur nachfolgenden Generation, damit sie das Gesetz lernt, vom Bösen abgehalten und auch fromm wird. Deshalb ist Schulmeister ein geistliches Amt, und Luther empfiehlt, es solle ein Prediger erst zehn Jahre „Schul halten“, bevor er Pfarrherr wird.[215])

Durch Gesetz und Werke, so z. B. durch Übung im pädagogischen Sinne, kann kein Mensch zu Christus kommen.[216]) „Denn es ist ein freies Werk um den Glauben, zu dem man niemanden zwingen kann. Ja, es ist ein göttliches Werk im Geist, geschweige denn, daß es äußere Gewalt erzwingen und schaffen sollte. Daher ist das allgemein verbreitete Wort genommen, das Augustinus auch kennt: Zum Glauben kann und soll man niemanden zwingen.“[217]) Weder also läßt sich Glaube erzwingen noch durch geschickte Pädagogik herbeiführen. Mit der Unverfügbarkeit des Glaubens nimmt Luther die Selbstoffenbarung Gottes ernst. Die Pädagogik reicht so weit als der Weg des Gesetzes führt; um des Gesetzes aber und seiner usus wegen kann die Pädagogik nicht gut und intensiv genug betrieben werden.

Der pädagogische Weg des Erasmus

Gott hat den Menschen nach seinem Ebenbilde geschaffen und ihn mit der bestmöglichen Natur ausgestattet und d.h. ihn mit Vernunft begabt. Diese Vernunft macht die Größe des Menschen aus und befähigt ihn, vollkommen, ja selbst göttlich zu werden, sofern sie alle anderen niederen Strebungen und Regungen des Menschen beherrschen lernt. „Credo, ut intelligam"[218]) könnte auch Erasmus sagen, und er vertraut damit der menschlichen Erkenntnisfähigkeit, dem Willen und der Selbstbestimmung in Freiheit, um ein Christ zu werden. Solche Grundeinsichten findet Erasmus zu recht schon bei den heidnischen Philosophen, weshalb sie für ihn so etwas wie „anonyme Christen"[219]) sind.

Deshalb ist die Pädagogik selbst heilig,[220]) denn sie verhilft, die Vernunft zu entfalten, wobei die göttliche Gnade zuhilfe kommt. Ein zentraler Begriff ist für Erasmus „provehere": voranschreiten, vorwärtskommen. Auch Erasmus beruft sich auf eigene Erfahrung, wenn er von dem schweren Weg des Immer-strebend-sich-Bemühens spricht: „Mich aber, der ich immer danach strebte, hat das Leben durch soviel Schläge und Stürme in Bewegung gehalten, daß Odysseus bei Homer im Vergleich zu mir als ein Polykrates erscheinen könnte. . . . Gleichwohl darf man nicht mich selbst auf alle mögliche Art verunglimpfen, wenn ich meinen Ermahnungen zu wenig entspreche. Zunächst ist es schon ein Stück Frömmigkeit, aufrichtig fromm werden zu wollen, und ich glaube, daß man ein Herz, das darauf sinnt, nicht zurückstoßen darf, auch wenn dem Vorhaben bisweilen kein Erfolg beschieden ist. Man muß Zeit seines Lebens stets danach trachten, und wenn man es immer wieder versucht, wird sich einmal der Erfolg einstellen."[221]) Unerbittliche Kriegsführung mit den eigenen Lastern (vitia) ist dem Menschen geboten.[222])

Auch die Theologie des Erasmus hat eine christologische Mitte.[223]) Für ihn ist Christus Vorbild (exemplum), das es nachzuahmen gilt, wie überhaupt der Nachahmung eine – wenn nicht die entscheidende – pädagogische Bedeutung zukommt, denn auch das Böse lernt der Mensch durch Nachahmen. Dementsprechend wählt Erasmus aus der Schrift nur solche Stellen aus, die als Vorschriften für eine gute Lebensführung dienen können und die auswendig zu lernen sind. Die dunklen Stellen sollen Gott überlassen und als göttliche Geheimnisse angebetet werden.[224])

So vermag für Erasmus die sancta educatio die göttlichen Kräfte der menschlichen Vernunft zu entfalten, zur Selbsterkenntnis zu führen, damit der Mensch sich in der Tugend gegen die tierischen Regungen des Körpers übe. Durch Einsicht, Vorbild und Nachahmung, Ermahnung und Bemühung kann die von Erasmus negativ bewertete und beklagte Krise der Neuzeit im Sinne einer „Erziehung des Menschengeschlechtes" bewältigt werden. Pädagogik und also menschliche Einsicht und Anstrengung können erlösen. Gott hat die Verantwortung für Gut und Böse in die Hand der Menschen gelegt und kommt zuhilfe, wo den Schwachen aufgeholfen werden muß. So baut die Pädagogik Gottes auf der der Menschen auf, so daß sie bis in den Himmel reicht.

Gegensatz oder Dialektik

Die beiden aufgezeigten Wege, der katechetische und der, den wir den pädagogischen genannt haben, stehen zueinander in einem offenkundigen Gegensatz und lassen sich durch die christliche Tradition hindurch verfolgen. Angefangen von den Kirchenvätern, z. B. Tertullian und Clemens von Alexandrien, bis zur evangelischen Unterweisung der dialektischen Theologie und der Pädagogik des Kulturprotestantismus lassen sich – mit geschichtlich bedingten Varianten – die Charakteristika der beiden Wege aufzeigen. Beiden geht es letztlich um die Bewährung des Glaubens in der Praxis; die eine Linie knüpft an der antiken Philosophie bzw. der Ethik an und will zum sittlich Guten führen, das mit der Glaubenspraxis identifiziert wird; die andere Linie geht von der Verkündigung der Kirche aus, die das Geschenk der göttlichen, allem menschlichen Verdienst zuvorkommenden Gnade predigt. Im Zusammenhang mit der Frage, welche Rolle der von der Kirche besorgte Religionsunterricht an der staatlichen Schule innehat, wird die Debatte auch heute – zumindest im deutschsprachigen Raum – weitergeführt.

Zunächst kann der Vergleich zwischen Luther und Erasmus als zweier Exponenten der genannten Wege zur Klärung einiger immer wieder auftauchender Mißverhältnisse führen:

1) Das Geschenk der Gnade, das nach reformatorischem Verständnis die Schrift bezeugt und die Kirche predigt, gilt post legem und nicht praeter legem, besser: bezieht das Gesetz mit ein. Die Gnade ist nicht billig, sondern Gabe an den an sich selbst verzweifelten Menschen. Es scheint, als müßte solches immer wieder betont werden. Sonst könnte Luther nicht sagen, daß das Volk aus der Predigt allein nicht versteht, worum es im Glauben geht.[225])

2) Die Pädagogik mit ihrer Didaktik und ihren Methoden, ihrem Ziel, zu Erkenntnis, Wissen und ethischer Verantwortung zu führen, ist für den Glauben und die Verkündigung nicht bedeutungslos. Sie steht im Zusammenhang mit dem Gesetz und dessen beiden usus, dient also der Theologie und der Verkündigung. Daher läßt sich aus der Pädagogik der Antike, des Humanismus und der Aufklärung vieles lernen.

3) Dort, wo die Pädagogik ihre Dienstfunktion ablehnt – heute könnte man auch sagen: ihre Funktion als Hilfswissenschaft – und sich als eigenständige Disziplin verstehen will, übersieht sie leicht, wie schnell sie bloß ihren Dienstgeber gewechselt hat. Wohl gibt es pädagogische Konzepte, die nicht mehr sein wollen als eine Technik des Vermittelns. Gehen wir aber davon aus, daß die Pädagogik eine

eigenständige Sinngebung sucht, so wird sie nicht umhin können, nach dem Spezifikum des Humanen zu fragen, das in der freiheitlichen Selbstverantwortung liegt. So kommt sie erneut zur Ethik, aus der sie sich entwickelt hat, und es bleibt offen, welcher Ethik sie dient bzw. was das jeweils Gute ist, zu dem sie hinführen soll. Das Problem des Selbstverständnisses der Pädagogik impliziert also, noch unabhängig von der Frage nach ihrem Verhältnis zu Glaube und Verkündigung, die Frage, wem sie dient.

4) Es ist nicht notwendig, um des Evangeliums willen zu leugnen, daß der Mensch form- und bildbar ist. Die Ergebnisse der Humanwissenschaften lehren uns heute, die Vorstellung einer Antipädagogik, nach der es ausreicht, die natürlichen Kräfte des Menschen sich selbst entfalten zu lassen, als naiv anzusehen. Die Entwicklung vielfältiger Technologien verstärkt die Faszination menschlicher Lernmöglichkeiten, und die Lehre von der Erbsünde besagt nicht, daß der Mensch ein Tier ist und ohne die Gnade ein Tier bleibt. Pädagogik steht im Dienste des Ringens um Humanität und Verantwortung. Wenn Gott und Glaube auch nicht mit Humanität gleichzusetzen sind, darf die Humanität deshalb nicht „um Gottes willen" aufgegeben werden. Damit sind wir wieder bei Punkt 1.

5) Von all dem ist jedoch die Eigenständigkeit des Glaubens an einen Gott zu unterscheiden, der allein vollkommen und damit der ganz andere ist und der, wie die Schrift bezeugt, sich aus freiem Willen selbst offenbart. Damit wird jeder menschliche Weg, auch der der Pädagogik, in die Unvollkommenheit verwiesen und der Mensch zur Erkenntnis seiner Begrenztheit geführt. Entscheidendes wie die Liebe, das Wollen oder der Tod bleiben ihm unverfügbar. Hier siedeln das Geschenk der Gnade und der Glaube.

Aus dieser Klärung von Mißverhältnissen ergibt sich daher weiter, daß der katechetische und der pädagogische Weg einander nicht so kontradiktorisch gegenüberstehen, und ein erbitterter Kampf nicht notwendig erscheint. Weder darf sich die eine Seite unter Berufung auf die göttliche Gnade um die menschliche Verantwortung drücken, noch die andere Seite unter Berufung auf die Verantwortung die Begrenztheit des Menschen und dessen Angewiesensein auf die Selbsterschließung Gottes verleugnen.

An einem Punkte jedoch treffen beide Wege unversöhnbar aufeinander, nämlich dort, wo sich eine ontologisch begründete Gottähnlichkeit des Menschen und die Sünden- und Todverfallenheit des Menschen im Lichte der biblisch bezeugten Selbstoffenbarung Gottes gegenüberstehen. Sowohl die Theologie des Erasmus,[226]) als auch die Luthers kann auf eine lange Tradition zurückgreifen. Die Geschichte gibt beiden recht. So bleibt die Herausforderung, für einen der beiden Wege zu optieren und die Frage, was christliche Theologie ist, immer wieder neu zu beantworten. Der ausgeführte Argumentationsgang will für Luther sprechen.

Anmerkungen

[1]) Vgl. Erasmus von Rotterdam, Liber de sarcienda ecclesiae concordia deque sedanis opinionum disidiis, 1533.
[2]) Vgl. W. P. Eckert, Erasmus von Rotterdam, in: exempla historica, Bd. 23, 1974, S. 29ff.
[3]) A. a. O., S. 34.
[4]) Erasmus von Rotterdam, Institutio principis Christiani (1515), in: Ausgewählte Schriften, Lateinisch und Deutsch, Hg. W. Welzig, Bd. 5, übers. v. G. Christian, 1968, S. 111ff.; S. 115 (Institutio).
[5]) A. a. O., S. 123.
[6]) A. a. O., S. 131.
[7]) Erasmus von Rotterdam, Declamatio de pueris statim ac liberaliter instituendis (1529), in: Etude critique, traduction et commentaire par J.-C. Margolin, Librairie Droz, 1966 (De pueris).
[8]) A. a. O., S. 395.
[9]) A. a. O., S. 395/97.
[10]) Ebd.
[11]) Erasmus von Rotterdam, Über die Umgangserziehung der Kinder (1529), in: Ausgewählte pädagogische Schriften, Hg. A. J. Gail (Quellen zur Geschichte der Pädagogik, Hg. Th. Rutt), 1963, S. 89ff.; S. 106 (Umgangserziehung).
[12]) De pueris, S. 441.
[13]) Erasmus von Rotterdam, Colloquia familiaria (1518), in: Ausgewählte Schriften, Hg. W. Welzig, Bd. 6, übers. v. W. Welzig, 1967: Abbatis et Eruditae, S. 252ff.; S. 263/64. Vgl. De pueris, S. 421; vgl. Erasmus von Rotterdam, In Novum Testamentum Praefationes (1516), in: Ausgewählte Schriften, Hg. W. Welzig, Bd. 3, übers. v. G. B. Winkler, 1967, S. 1ff.; S. 14 (Praefationes).
[14]) Vgl. W. Welzig, Einleitung zum Bd. 1 der Ausgewählten Schriften, Hg. W. Welzig (Enchiridion militis Christiani), 1968, S. XII.
[15]) Erasmus von Rotterdam, Enchiridion militis Christiani (1503), in: Ausgewählte Schriften, Hg. W. Welzig, Bd. 1, übers. v. W. Welzig, 1968, S. 56ff. (Enchiridion).
[16]) Erasmus von Rotterdam, Über die Methode des Studiums (De ratione studii, 1511), in: Ausgewählte pädagogische Schriften, Hg. A. J. Gail (Quellen zur Geschichte der Pädagogik, Hg. Th. Rutt), 1963, S. 30ff.; S. 35 (Methode).
[17]) De pueris, S. 421.
[18]) A. a. O., S. 427.
[19]) Ebd.
[20]) A. J. Gail, Leben und Werk des Erasmus von Rotterdam, in: Ausgewählte pädagogische Schriften, Hg. A. J. Gail (Quellen zur Geschichte der Pädagogik, Hg. Th. Rutt), S. 168ff.; S. 169.
[21]) De pueris, S. 431/33.
[22]) Umgangserziehung, S. 89.
[23]) De pueris, S. 443.
[24]) A. a. O., S. 451.
[25]) A. a. O., S. 425.
[26]) A. a. O., S. 443.
[27]) Erasmus von Rotterdam, Brief an Johann von Vlatten (1523), in: Ausgewählte pädagogische Schriften, Hg. A. J. Gail (Quellen zur Geschichte der Pädagogik, Hg. Th. Rutt), 1963, S. 10ff.; S. 13 (Vlatten).
[28]) De pueris, S. 439.

[29]) A. a. O., S. 451.
[30]) A. a. O., S. 451/53.
[31]) A. a. O., S. 427/29.
[32]) Erasmus von Rotterdam, Laus stultitiae (1511), in: Ausgewählte Schriften, Hg. W. Welzig, Bd. 2, übers. v. W. Schmidt-Dengler, 1975, S. 1ff; S. 117/119 (Lob der Torheit). Vgl. De pueris, S. 429f.
[33]) Lob der Torheit, S. 119.
[34]) De pueris, S. 429.
[35]) A. a. O., S. 431.
[36]) Methode, S. 31; vgl. S. 36.
[37]) A. a. O., S. 31, vgl. S. 39.
[38]) A. a. O., S. 38.
[39]) A. a. O., S. 36f.
[40]) A. a. O., S. 33.
[41]) Ebd.
[42]) A. a. O., S. 33/34.
[43]) A. a. O., S. 35.
[44]) De pueris, S. 411.
[45]) A. a. O., S. 427.
[46]) Erasmus von Rotterdam, Brief an John Colet (1511), in: s. o. Anm. 27, S. 6ff.; S. 6.
[47]) De pueris, S. 377.
[48]) A. a. O., S. 379.
[49]) A. J. Gail, Leben und Werk des Erasmus von Rotterdam, s. o. Anm. 20, S. 169.
[50]) Erasmus von Rotterdam, Colloquia familiaria: Ciceronianus oder über die Meisterschule der Schriftstellerei, in: s. o. Anm. 11, S. 84ff.; S. 88.
[51]) Martin Luther, An die Ratsherrn aller Städte deutschen Landes, daß sie christliche Schulen aufrichten und halten sollen (1524), in: Ausgewählte Schriften, Hgg. K. Bornkamm / G. Ebeling, Bd. 5, 1982, S. 40ff. (Ratsherrn). – Eine Predigt Martin Luthers, daß man Kinder zur Schule halten solle (1530), in: s. o., S. 90ff. (Predigt).
[52]) Erasmus von Rotterdam, Hyperaspistes diatribae adversus servum arbitrium Martini Lutheri, liber primus (1526), in: Ausgewählte Schriften, Hg. W. Welzig, Bd. 4, übers. u. eingel. v. W. Lesowsky, 1969, S. 197ff.; S. 666.
[53]) Zum Charakter der „religiös-ethischen Ermahnungsschrift" vgl. I. Asheim, Glaube und Erziehung bei Luther. Ein Beitrag zur Geschichte des Verhältnisses von Theologie und Pädagogik, 1961, S. 21ff. (Asheim).
[54]) G. Scharffenorth, Den Glauben ins Leben ziehen. . . Studien zu Luthers Theologie, 1982, S. 294; vgl. S. 181 (Scharffenorth).
[55]) Predigt, S. 99.
[56]) Ratsherrn, S. 46.
[57]) A. a. O., S. 42.
[58]) A. a. O., S. 46.
[59]) A. a. O., S. 42.
[60]) A. a. O., S. 42f.
[61]) Asheim weist darauf hin, daß in der Reformationszeit die christliche Unterweisung neben den weltlichen Fächern in der Schule einen eigenständigen Platz mit eigenen dafür vorgesehenen Stunden und Büchern bekommt. S. 73.
[62]) Ratsherrn, S. 62.
[63]) A. a. O., S. 65/66; vgl. Martin Luther, Von den Konzilien und Kirchen (1539), in: s. o. Anm. 51, S. 181ff.; S. 218/19.
[64]) Ratsherrn, S. 62.
[65]) A. a. O., S. 61; vgl. S. 62; S. 64.

[66]) A. a. O., S. 65; vgl. Martin Luther, An den christlichen Adel deutscher Nation: Von des christlichen Standes Besserung (1520), in: s. o. Anm. 51, Bd. 1, S. 150ff.; S. 230 (Adel).

[67]) Ratsherrn, S. 63; vgl. Martin Luther, Brief an Else von Kanitz (1527), in: Pädagogische Schriften, Hg. H. Lorenzen (Quellen zur Geschichte der Pädagogik, Hg. Th. Rutt), 1969, S. 159. In diesem Zusammenhang fragt Scharffenorth kritisch: „Er hat mit Erfolg gefordert, Mädchen-Schulen einzurichten und Frauen als Lehrerinnen dafür zu berufen und verstand diese Aufgabe als ‚geistliches Amt'. . . . Warum hat er die Mitwirkung von Frauen im geistlichen Amt nur für die Ökonomia des Hauses (Vater und Mutter als ‚Apostel und Prediger' der Hausgenossen), aber nicht für die Kirche durchdacht?" S. 202.

[68]) Predigt, S. 111/112.

[69]) A. a. O., S. 91.

[70]) Martin Luther, Brief an Hans Metsch (1529), in: Lorenzen s. o. Anm. 67, S. 161.

[71]) Predigt, S. 91.

[72]) Martin Luther, Brief an Markgraf Georg von Brandenburg (1529), in: s. o. Anm. 51, Bd. 6, S. 104ff.; S. 106 (Brandenburg).

[73]) Predigt, S. 113.

[74]) A. a. O., S. 120.

[75]) Ratsherrn, S. 45.

[76]) Brandenburg, S. 105; vgl. Predigt, S. 139.

[77]) Predigt, S. 139.

[78]) Scharffenorth, S. 112.

[79]) Martin Luther, Brief an Kurfürst Johann (1526), in: s. o. Anm. 51, Bd. 6, S. 83ff.; S. 84.

[80]) Brandenburg, S. 105.

[81]) Ratsherrn, S. 44/45.

[82]) Predigt, S. 124.

[83]) Ebd.

[84]) Martin Luther, Vorrede zu: Deutsche Messe und Ordnung Gottesdiensts (1528), in: s. o. Anm. 51, S. 73ff., S. 81 (Vorrede).

[85]) Martin Luther, Der Große Katechismus, in: Die Bekenntnisschriften der evangelisch-lutherischen Kirchen, Hg. v. Deutschen Evangelischen Kirchenausschuß, 1979, S. 543ff.; S. 579 (Bekenntnisschriften).

[86]) A. a. O., S. 547/48.

[87]) D. Martin Luthers Werke. Kritische Gesamtausgabe. Tischreden, Weimar, 1912ff.; 4, 4367 (1539) (WTR).

[88]) Martin Luther, Predigt über Mt. 18, 1ff. (1533), in: WA 37, 160, 6f.

[89]) A. a. O., 156, 28f.

[90]) Ratsherrn, S. 63; vgl. S. 45: Luther spricht in diesem Zusammenhang von einer günstigen Zeit für Schule und Wissenschaft, von einem „wahren, güldenen Jahr". Vgl. auch Ratsherrn, S. 71. Damit sind wohl die Verdienste der humanistischen Pädagogik gemeint (vgl. Asheim, S. 75ff.) und nicht der in der Ausgabe von Bornkamm/Ebeling in Bd. 5, S. 288, Anm. 5 erwähnte Jubelablaß.

[91]) Bekenntnisschriften, S. 579.

[92]) Ebd.

[93]) Ratsherrn, S. 63/64.

[94]) Vgl. Asheim, S. 45ff.

[95]) WTR 5, 5571.

[96]) Bekenntnisschriften, S. 503; S. 551.

[97]) Predigt, S. 138.

[98]) Brandenburg, S. 142; vgl. Brief an Hans Metsch, s. o. Anm. 70, S. 161.

[99]) Bekenntnisschriften, S. 504.

[100]) Martin Luther, Vorrede zu: Historia Galeatii Capellae (1538), in: s. o. Anm. 51, S. 177ff.; S. 177; (Historia) vgl. Adel, S. 226, Ratsherrn, S. 70.

[101]) Historia, S. 177.

[102]) A. a. O., S. 179/180.

[103]) Ratsherrn, S. 63.

[104]) Adel, S. 227.

[105]) A. a. O., S. 230.

[106]) Ratsherrn, S. 93.

[107]) A. a. O., S. 57.

[108]) A. a. O., S. 58.

[109]) A. a. O., S. 53.

[110]) A. a. O., S. 54.

[111]) S. o. S. 132 und S. 138

[112]) S. o. S. 132 und S. 139

[113]) Erasmus von Rotterdam, Brief an die Brüder Johann und Stanislaus Bonnes (1531), in: s. o. Anm. 11, S. 12; vgl. u. Anm. 125 (Bonnes).

[114]) De libero, s. u. Anm. 125, S. 14.

[115]) De pueris, S. 391.

[116]) A. a. O., S. 391/93; vgl. Institutio, S. 115.

[117]) A. a. O., S. 393.

[118]) Ebd.

[119]) De pueris, S. 391; vgl. S. 395.

[120]) A. a. O., S. 389.

[121]) Bekenntnisschriften, S. 434.

[122]) Martin Luther, Predigt von 1531, in: WA 34, 2, 321, 9.

[123]) Vgl. Asheim, S. 230.

[124]) De pueris, S. 419.

[125]) Erasmus von Rotterdam, De libero arbitrio diatribe sive collatio per desiderium Erasmum Roterodamum (1524), in: Ausgewählte Schriften, Hg. W. Welzig, Bd. 4, übers. u. eingel. v. W. Lesowsky, 1969, S. 1ff., S. 12 (De libero).

[126]) A. a. O., S. 18.

[127]) A. a. O., S. 36; vgl. S. 38.

[128]) A. a. O., S. 116; vgl. S. 62ff.

[129]) A. a. O., S. 78.

[130]) A. a. O., S. 112/114, vgl. S. 48.

[131]) A. a. O., S. 40.

[132]) A. a. O., S. 44.

[133]) A. a. O., S. 56.

[134]) Enchiridion, S. 108.

[135]) Ebd. An dieser Stelle vertritt Erasmus ein dichotomisches Modell der menschlichen Natur, nach dem die Seele der Gottheit fähig ist, im weiteren Verlauf der Argumentation dann ein trichotomisches, nach dem Seele zwischen Geist und Körper hin- und herschwankt (S. 140f.).

[136]) Ebd.

[137]) A. a. O., S. 110.

[138]) A. a. O., S. 140. In seinen Ausführungen zur Anthropologie beruft sich Erasmus expressis verbis auf Plato, der alles das gewußt hat „divinitus intellegens" (S. 112.).

[139]) A. a. O., S. 114.

[140]) Martin Luther, De servo arbitrio (1525), in: Luthers Werke in Auswahl, Hg. O. Clemen, Bd. 3, 1950, S. 94ff., S. 208 (De servo).

[141]) Ebd.

[142]) A. a. O., S. 207.

[143]) A. a. O., S. 204.

[144]) A. a. O., S. 203.
[145]) A. a. O., S. 205/206.
[146]) De libero, S. 164; vgl. S. 178; 190.
[147]) De servo, S. 213.
[148]) Bonnes, S. 14.
[149]) Ebd.
[150]) De pueris, S. 405.
[151]) A. a. O., S. 385.
[152]) Enchiridion, S. 140; vgl. S. 107.
[153]) A. a. O., S. 150.
[154]) Erasmus von Rotterdam, Epistola ad Paulum Volzium (1518), in: s. o. Anm. 15, S. 1ff.; S. 4 (Volz).
[155]) Enchiridion, S. 152.
[156]) Volz, S. 2.
[157]) Vlatten, S. 10/11.
[158]) Praefationes, S. 22/24.
[159]) Enchiridion, S. 100.
[160]) Praefationes, S. 14.
[161]) Volz, S. 12/14 u. ö.
[162]) Volz, S. 7; vgl. S. 8 u. ö.; vgl. Praefationes, S. 12ff.; vgl. den Grundgedanken des „Laus stultitiae" als Schrift gegen den Wissensstolz.
[163]) De pueris, S. 383/83; vgl. Enchiridion, S. 120/122.
[164]) Enchiridion, S. 114; vgl. De pueris, S. 445.
[165]) De pueris, S. 401.
[166]) Vgl. G. E. Lessing, Die Erziehung des Menschengeschlechts, 1780. § 36 schreibt Lessing, daß der Fortschritt der Vernunft die Offenbarung erhellt, während es davor umgekehrt war.
[167]) Vgl. dazu die Vorlesung I. Kants über Pädagogik (1803), in der er die Gewißheit zum Ausdruck bringt, daß die Erziehung immer besser werde und „jede folgende Generation einen Schritt näher tun wird zur Vervollkommnung der Menschheit". Das läßt ihn auf ein künftiges glücklicheres Menschengeschlecht hoffen. In: Werke in zehn Bänden, Hg. W. Weischedel, Bd. 10, 1968, S. 700.
[168]) Volz, S. 28.
[169]) Enchiridion, S. 108, 140, 162f.; vgl. De pueris, S. 381 u. ö.; vgl. Auer (s. u. Anm. 223), S. 105f.
[170]) De libero, S. 8.
[171]) De servo, S. 261.
[172]) A. a. O., S. 262.
[173]) Ebd.
[173a]) A. a. O., S. 213f.
[174]) A. a. O., S. 151.
[175]) Ebd.; vgl. S. 108.
[176]) A. a. O., S. 173.
[177]) A. a. O., S. 123.
[178]) A. a. O., S. 110.
[179]) A. a. O., S. 123.
[180]) Martin Luther, Vom unfreien Willen, in: Luther Deutsch, Hg. Kurt Aland, Bd. 3, 1961[3], S. 151ff.; S. 194; vgl. Martin Luther, Von weltlicher Obrigkeit, wieweit man ihr Gehorsam schuldig sei (1523), in: s. o. Anm. 51, Bd. 4, S. 36ff.; S. 44 (Obrigkeit).
[181]) De servo, S. 172; vgl. S. 176.
[182]) A. a. O., S. 214.
[183]) A. a. O., S. 154.

184) A. a. O., S. 129. Zugleich schränkt Luther wieder ein, indem er sagt, daß auch der Gebrauch der Geldmittel vom freien Willen Gottes allein gelenkt wird.

185) De servo, S. 115.

186) „Weltlich“ darf bei Luther weder in unserem heutigen Sinne als profan verstanden werden, noch als vom Evangelium getrennt, als würde das Gesetz außerhalb der Kirche lediglich seinen primus usus entfalten. Als Herr der Welt wirkt Gott überall und in allen Dingen, den zeitlichen wie den ewigen. Alle Menschen trifft der Anspruch des göttlichen Gesetzes in beiden usus sowie die Gnade, sofern der secundus usus zu seinem Ziel gekommen ist. Auch hier denkt Luther nicht von der Politik aus, sondern theologisch. Vgl. Obrigkeit, S. 50/51.

187) Predigt, S. 122.

188) Obrigkeit, S. 44.

189) A. a. O., S. 45.

190) Predigt, S. 118.

191) A. a. O., S. 120; vgl. Obrigkeit, S. 54.

192) A. a. O., S. 117.

193) Roland Kadan, Reformatorische und humanistische Erziehungswege, Diplomarbeit, maschinschr., Wien 1984, S. 63. Auf diese gute Arbeit soll mit dem genannten Zitat hier hingewiesen werden.

194) S. o. Anm. 186.

195) Predigt, S. 96.

196) Vgl. S. Heine, Menschenrechte – Glaubenswerte, in: Pädagogische Rundschau, H. 1, 1983, S. 31ff.

197) Obrigkeit, S. 43.

198) Vgl. Scharffenorth, S. 199; „Aus der exegetischen Basis seines Kirchenverständnisses gewinnt er die Freiheit zu sagen: ‚Wer den anderen das Evangelium lehrt, der ist wahrlich sein Apostel und Bischof.‘ Sein Schöpfungsverständnis führt ihn zu der These: ‚Aus der Eltern Obrigkeit fließt und breitet sich aus alles andere.‘ Daraus folgt für ihn, daß 'alle, die man Herren heißt, an der Eltern Statt sind und von ihnen Kraft und Macht zu regieren nehmen müssen‘“ (S. 156).

199) Ratsherrn, S. 47.

200) A. a. O., S. 49.

201) Martin Luther, Galaterbriefvorlesung (1531), in: WA 40, I, 305, 7f.

202) Predigt, S. 98/99.

203) A. a. O., S. 102/103; vgl. S. 99.

204) A. a. O., S. 103.

205) A. a. O., S. 105.

206) A. a. O., S. 99.

207) Martin Luther über Andreas von Meißen, in: K. Aland, Luther Deutsch, Bd. 9, Tischreden, 3. A., 1960, S. 194.

208) Predigt, S. 134.

209) Messe halten können allein tut's nicht: Predigt, S. 100.

210) Bekenntnisschriften, S. 502.

211) De servo, S. 261f.; vgl. Galaterbriefvorlesung (1519), WA 2, 458, 17–18.

212) Vgl. Tertullian.

213) S. o. Anm. 57.

214) In Abwandlung des Titels der Lessingschen Schrift über die „Erziehung des Menschengeschlechtes“, s. o. Anm. 166.

215) S. o. Anm. 207.

216) Martin Luther, Predigt 1522, WA 10, III, 92, 19–27.

217) Obrigkeit, S. 63.

218) Vgl. Augustinus.

219) Der Begriff des „anonymen Christen“ wurde von Karl Rahner geprägt.

[220]) De pueris, S. 385: sancta educatio.

[221]) Volz, S. 3/5; vgl. S. 10; S. 28ff. u. ö.; vgl. K. Bornkamm, Das Verständnis christlicher Unterweisung in den Katechismen von Erasmus und Luther, in: ZThK 1968, S. 204ff.

[222]) Enchiridion, S. 100; vgl. S. 122f.; S. 134 u. ö.

[223]) Volz, S. 20; vgl. A. Auer, Die vollkommene Frömmigkeit des Christen. Nach dem Enchiridion militis Christiani des Erasmus von Rotterdam, 1954, S. 96ff.: Der „Primat des Ontischen" hindert Erasmus, im Sinne bloßen Rationalismus oder Moralismus zu denken (S. 108 u. ö.).

[224]) De libero, S. 14; vgl. Volz, S. 12f.

[225]) Vorrede, S. 81.

[226]) Vgl. Auer (s. o. Anm. 223), S. 106: Erasmus steht in einer christlichen Tradition, „die ihrerseits an das Suchen nach Gottverähnlichung in der griechischen Geistesgeschichte angeknüpft hat".

SUSANNE HEINE

Nachwort: Zusammenfassung des Fachgesprächs

Das folgende Nachwort stellt eine Zusammenfassung des zweitägigen Fachgespräches durch die Herausgeberin dar, wobei die entscheidenden Beiträge nach thematischen Schwerpunkten geordnet wurden. Das Gespräch bietet über die Aufsätze hinaus eine Fülle von weiterführenden Anregungen, die dem Leser nicht vorenthalten werden sollen. Die Form der Zusammenstellung gibt die Sicht der Herausgeberin wieder, deren eigene Beiträge auch in den Text eingearbeitet sind.

1. Methoden- und Vermittlungsprobleme

Aufgrund der *interdisziplinären Zusammensetzung* des Fachgesprächs wurden wichtige *Methodenprobleme* behandelt und manches verbreitete Pauschalurteil über Luther und die Reformation ins rechte Licht gerückt: Wenn wir heute Luther und die Reformationszeit aus der historischen Distanz heraus analysieren, kommen Dinge in den Blick, die dem Theologen Luther nicht in den Blick kommen konnten; auch deshalb, weil er nicht in erster Linie sozialpolitische Ziele (Kampf gegen Mißstände) verfolgt hat, sondern als überzeugter Theologe aufgetreten ist. Daher erscheint es wichtig, historische und theologische Aussagen zu unterscheiden, wenn sie sich auch im Dienst einer Gesamtschau nicht trennen lassen. In diesem Sinne würde auch eine bloß sozialgeschichtliche Betrachtungsweise in eine Engführung treiben, weshalb es notwendig ist, die Geschichte im Rahmen einer strukturgeschichtlichen Analyse in den Blick zu nehmen (Lutz). Dazu zählen politische Strukturen in einem weiteren Sinne, gesellschaftliche Strukturen in einem engeren Sinne, aber auch kulturelle und mentale, wissenschaftsgeschichtliche Strukturen. Erst in diesem umfassenden Zusammenhang läßt sich dann das Biographische sinnvoll einordnen, einschließlich der Frage nach der ethischen Verantwortung bzw. der jeweiligen Glaubensüberzeugung der Person. Individuelle Absichten und Intentionen stehen in überindividuellen Beziehungsnetzen, so daß der konkrete geschichtliche Verlauf auch einen anderen, diesen Absichten widersprechenden Weg nehmen kann (Lutz). Solche Wechselwirkungen sind zu beachten, wenn nicht historische und theologische Argumentationen gegeneinander laufen sollen. Nun wäre es zwar wünschenswert, wenn „Vermittlungsprozesse als Überzeugungsprozesse gelängen" (Brecht), d. h. wenn Luthers theologische Überzeugung auch hätte voll in seinem Sinn geschichtswirksam werden können, aber „kann er auf einmal an dieser Gesellschaft vorbei" (Brecht)? Geschichte ist kein „abstrakter Freiheitsraum", auch kein „Fatum" (Lutz). So hatte Luther von seinem theologischen Anliegen her immer eine universale Intention; er „unterlag aber den Disziplinierungseffekten einer staatlichen Struktur, die er unter diesem Namen gar nicht entsprechend reflektieren konnte, deren Wirkungen er aber ausgesetzt war. Und das ist für das ganze Entstehen des reformatorischen Kirchenwesens enorm wichtig" (Lutz).

Eine solche Dialektik hat das Fachgespräch bestimmt und vor reduktionistischen Kurzschlüssen oder undifferenzierten Polarisierungen bewahrt. Besonders das *Vermittlungsproblem* stand auf weite Strecken im Mittelpunkt der Debatte: Wie lassen sich Wissenschaft und Existenz miteinander verbinden, ohne daß einerseits Luther zum Zwecke der Existenzerhellung als eine Art „Selbstbedienungsladen" für eigene Nöte benutzt wird (Scharfenberg), oder andererseits die Wissenschaft im Dienste des Objektivitätsideals in unbetroffener Abstraktheit der Fakten verharrt. Es wurde darauf hingewiesen, daß auch Luther kein „Schreibtischtäter" war, sondern seine wissenschaftliche Theologie hineingenommen hat „in sein Leben und sein Beten" (Brecht). Ob diese Verbindung gelingt – und auch dafür kann Luther als Paradigma gelten –, entzieht sich letztlich der Verfügbarkeit. Existentialität im Rahmen wissenschaftlicher Theologie steht im Zeichen der Gnade: „Es gibt Dinge, für die mir die Verantwortung abgenommen ist" (Brecht). Wo das nicht wahrgenommen wird, besteht die Gefahr, daß die Vermittlung zum platten Moralismus gerät, wie es oftmals in pädagogischen Konzepten geschieht. Neben der Beliebigkeit („Selbstbedienungsladen") ist der Moralismus eine der großen Gefahren, Vermittlung „leisten" zu wollen.

Auch für die Literatur über Luther muß die Dialektik zwischen Person des Autors und dem Gegenstand, den er behandelt, gesehen werden. Einerseits ist wichtig, daß die Dialektik transparent bleibt, damit nicht Autor und Gegenstand bis zur Ununterscheidbarkeit miteinander verschmelzen. Andererseits ist wichtig, daß sich der Autor nicht ohne inneren Bezug zu seinem Gegenstand damit auseinandersetzt (als Kritik zu dem Luther-Buch von Horst Hermann). Denn vorurteilsfrei – wie weit das immer möglich ist – kann nicht heißen beziehungslos.

2. Von Luther lernen?

Die *Dialektik von Wissenschaftlichkeit und Existenzialität* ist vor allem für die *praktisch-theologischen Disziplinen* von Bedeutung, die vom heutigen Menschen und seinen Problemen ausgehen. „Die Anwendung von Psychoanalyse auf historische Gestalten halte ich für vollkommen verfehlt. Auch aus innermethodologischen Gründen, weil das lebendige Widerspiel von Gegenübertragung und Übertragung fehlt“ (Scharfenberg). Es erscheint daher wichtig, die „Überlieferung als Deutungshorizont zu benutzen, der mir hilft, Phänomene zu benennen, die ich bei Menschen wahrnehme, die ich aber schwer benennen kann. Menschen kommen heute zu uns mit einem dumpfen Unbehagen, und sie wissen eigentlich gar nicht, was los ist. Sie haben ganz große Schwierigkeiten, ihre inneren Erlebnisse überhaupt auszudrükken, weil ihnen die geeignete Terminologie fehlt. Um ihnen dann zu helfen, die Dinge beim Namen zu nennen und zu deuten, in einen Deutungshorizont einzufügen, der so etwas wie Sinn ergibt, wie Lebenssinn, das scheint mir nun in der Tat ein Anliegen christlicher Seelsorge zu sein“ (Scharfenberg).

Geht aber nicht durch die Benutzung der *Überlieferung als Deutungshorizont* (Symbol) die Beziehung zum unmittelbaren Glauben verloren? Wenn die Klientensituation ausschlaggebend wird für Bedeutsamkeit und Auswahl der christlichen und biblischen Glaubenswahrheiten, dann besteht erneut die Gefahr der Beliebigkeit bzw. der individuellen assoziativen Verknüpfung. Es wäre zu bedenken, ob sich von Luther nicht viel unmittelbarer lernen läßt, „wie man Menschen in Not, vor allen Dingen auch Menschen in seelischer Not, trösten kann“. Luther hat den „entwurzelten, heimatlos gewordenen, im Glauben total kaputt gemachten Menschen vom Deus absconditus her, ja auch vom ganzen Begriff des Deus revelatus her viel geholfen“ (Manns).

Stehen jedoch *„Symbol“ und „Begriff“* in einem Gegensatz zueinander? „Ich kann mir nicht vorstellen, daß Begriffe Konflikte lösen.“ Denn der Begriff strebt eine „idealtypische Eindeutigkeit“ an und läßt sich nicht „affektiv besetzen“ (Scharfenberg). Andererseits liegen nicht nur den Symbolen, sondern auch den Begriffen Erfahrungen zugrunde (Brosseder). Es wäre notwendig, daß wir „Begriffe sehen lernen“. Begriffe sind ja nicht nur „bloß“ Begriffe, „sondern dahinter standen ja immer lebendige Menschen“, die versucht haben, ihre Erfahrungen in Begriffen zusammenzufassen. Es wäre dann die Aufgabe, „die Erfahrung, die in den Begriffen zusammengeflossen ist, wieder zum Sprechen zu bringen, lange Geschichten aus kurzen Begriffen zu machen, um wieder dahin vorzustoßen, wo es um Lebenserfahrungen geht“ (Brosseder).

„Abraham kann man lieben“, wenn er einem Menschen zum Sinnsymbol seiner Existenz wird (Scharfenberg). Sofern aber Symbol und Begriff in einen Gegensatz zueinander geraten, geht das Bewußtsein dafür verloren, daß Abraham eine ganz bestimmte, auch geschichtliche Gestalt war, die sich nicht durch irgendeine andere Symbolfigur ersetzen läßt (Brosseder). Begriffe gewinnen umgekehrt ihre vielschichtige Konnotation wieder, wenn sie vom Ort her entschlüsselt werden, an dem sie entstanden sind. Ebenso wie das Symbol nur von seiner geschichtlichen Entstehungssituation her in seinem Eigensinn zu begreifen ist, müßte auch im Bereich der Praktischen Theologie bedacht werden, daß menschliche Probleme und Konflikte ihren jeweils geschichtlichen Ort haben (Lutz). So bleibt zu fragen, ob die Konflikte, mit denen Luther zu tun hatte, den Konflikten, mit denen wir heute zu tun haben, entsprechen (Lutz). Wenn sich nicht leugnen läßt, daß jeder Konflikt „geschichtsunmittelbar" ist, so bleibt dennoch zu fragen, ob es „bestimmte Grundkonflikte gibt" und eine theologische Aufgabe darin besteht, „Konflikte auf Grundkonflikte zurückzuführen" (Scharfenberg). Auch dieses Problem kann wohl nur in einer dialektischen Betrachtungsweise erfaßt werden, will man nicht entweder in der phänomenologischen Fülle möglicher Konflikte die Orientierung verlieren oder durch allzu starke Abstraktion auf Grundkonflikte hin in geschichtslose Monotonie verfallen.

Daß sich gerade in der Pädagogik und Religionspädagogik (Katechetik) die Vermittlungsfrage stellt, ist evident. Klassische Probleme theologischer Pädagogik lassen sich auch in der Gegenüberstellung von *Luther und Erasmus* erkennen. Beide wollen eine „theologia cordis" (Manns), beide wollen Theologie aus dem unmittelbaren Lebenszusammenhang heraus betreiben und üben Kritik an spitzfindigem Intellektualismus, daran, daß Theologen nicht „einfach" sein können (Brecht); aber Ort, Wege und Ziele beider unterscheiden sich grundlegend. „Erasmus versucht, in einem noch bestehenden institutionellen Gesamtrahmen, dessen Verfallserscheinungen er kennt und sieht, diesen institutionellen Gesamtrahmen einer abendländischen Kirche zu retten und zu erneuern" (Lutz). Luther dagegen „setzt seine Pädagogik in einer Notsituation an, in der die traditionellen Erziehungsformen und -einrichtungen von der Frühreformation her weitgehend zerfallen waren. Luther steht in einer Zusammenbruchs- und Notsituation, von deren Härte wir uns kaum eine Vorstellung machen können" (Lutz). Erasmus und Luther unterscheiden sich auch in ihren Persönlichkeiten. Unter der Voraussetzung, daß die Person für die Vermittlung eine Rolle spielt, ist es nicht unerheblich zu sehen, daß Erasmus kein „vir fortis" ist. „Er hat sich nie wie Luther in die Situation begeben, die sein Leben hätte gefährden können" (Lutz). „Wo dagegen das Herzstück von Luthers Theologie steht, da vermeine ich, steht man in einem Lebenssprung, der einen mitreißt und mitreißen kann. Das ist es, was man bei Luther schlicht lernen kann: aus der Annahme heraus leben" (Brosseder).

Die entscheidende Differenz zwischen Erasmus und Luther liegt jedoch auf der theologischen Ebene. Der Rückgriff des Erasmus auf die antike Tradition und ihren Glauben an die Bildbarkeit des Menschen durch Vernunft hat damals einen „Triumph erlebt" (Brecht). Luther dagegen ist – im Rahmen seiner Theologie – ein „Pessimist" oder „Realist" („selbst im Kinderzimmer ist es mit der Kinderunschuld eben nicht so weit her"), und das heißt für sein Urteil über den Menschen: „Du bist der Adam, der du warst und sein wirst" (Brecht). Die „Sensibilisierung des Menschen hinsichtlich seiner Fragilität und Bedürftigkeit" wäre ein wichtiger Bildungsprozeß (Brecht). Erasmus dagegen hängt am Ideal der Veränderbarkeit des Menschen durch Erziehung, „dieser massive sokratische Irrtum – muß man wohl sagen –, dem Luther nie aufgesessen ist" (Manns).

Hat das aber nun zur Folge, daß wir von der *Bildbarkeit und Besserungsfähigkeit des Menschen* grundsätzlich absehen müssen? „Wenn ich die Frage der Wahrheit und der Erziehung zur Wahrheit und Wahrhaftigkeit, oder Erziehung zur Gewissenbildung ansehe, dann frage ich mich: Gibt es nicht doch eine Bildbarkeit des Menschen, auch wenn ich theologisch davon überzeugt bin, daß wir uns selbst nicht erlösen können" (Kühn)? Lassen sich Bildbarkeit und Erlösungsbedürftigkeit so trennen, daß die Bildbarkeit dem weltlichen Bereich zugeordnet wird und die Erlösungsbedürftigkeit dem geistlichen? „Ich bin der Meinung, daß es so etwas wie eine Bildbarkeit zum Besseren hin gibt, in der auch geistliche Sachverhalte wie Wahrheit im Gewissen relevant sind" (Kühn). Lassen sich die Dinge so trennen und ordnen, „daß wir zunächst propädeutisch Glaubenswissen vermitteln, und dann darauf hoffen, daß der Heilige Geist den Glauben weckt? Ich kann mich damit nicht abfinden, daß wir vom Gedanken der Erlösung her die Bildbarkeit des Menschen ausschließen" (Kühn). Auf der anderen Seite wurde in der Diskussion Skepsis laut gegenüber einem pädagogischen „Programm" oder „Menschenbild". Kommen Menschen, Kinder, nicht dort zum Glauben, wo sie in eine Lebenswirklichkeit hineingezogen werden? Jenseits irgendwelcher pädagogischer Konzepte geschieht das zuerst in den Familien, dann auch durch den Lebenszusammenhang in den Kirchen, den Gemeinden (Brosseder). Bedenkenswert für die Stellung Luthers zur Pädagogik scheinen wohl auch seine eschatologischen Vorstellungen zu sein: „Es muß, mit welch harten Mitteln auch immer, in diesen kurzen Tagen, die die Welt noch währt, Ordnung gehalten werden" (Lutz). Solche Aussagen finden sich bei Luther schon ab 1529. „Und wenn die Leute auch nicht glauben, man muß sie in die Kirche treiben, damit sie wenigstens die zehn Gebote lernen" (Lutz). Solche „pädagogischen Maßnahmen" betreffen das weltliche Regiment, das damals anders als in unserer heutigen säkularen Wirklichkeit der Verantwortung gegenüber dem „Christlichen" nicht enthoben war. Der Gegensatz von Bildbarkeit des Menschen zum Besseren und seiner Erlösungsbedürftigkeit aus Gnaden ist für die heutige pädagogische Debatte nach wie vor aktuell. Wie kann heute eine „verantwortliche Pädagogik von Christen" aussehen (Lutz)? Luther war die Vorstellung einer Verbesserung der Welt nicht zugänglich.

Können wir heute noch sagen: „Die Welt ist, wie sie ist, und sie bleibt, wie sie ist?“ Oder müssen wir uns nicht bemühen, „daß die Welt besser wird, als sie ist, weil sie sonst schlechter wird, als sie ist“ (Lutz)? Es scheint notwendig, den genannten Gegensatz in eine Dialektik zu verwandeln, und das heißt, nach dem Ort zu fragen, an den jeweils die *pädagogische Bemühung* und das Vertrauen in die Besserungsfähigkeit des Menschen bzw. die Gnade und die realistische Einschätzung der Unfähigkeit des Menschen, sich zu bessern, hingehören. Pädagogik als Weg des Gesetzes (primus usus legis) sagt dem Menschen, was er tun soll, was er wissen muß, daß er sich bessern muß, daß er angehalten ist, sein Gewissen auf das Gute zu richten. Über diesen Weg des Gesetzes ist es notwendig und möglich, die Gestalt dieser Welt zu verändern und zu verbessern. Ob Gewalt oder die Bemühung um Humanität regieren, bleibt nicht unerheblich. Die im Glauben wahrgenommene menschliche Unfähigkeit, sich Heil und Erlösung selbst zu schaffen, bedeutet aber auch die Grenze aller pädagogischen Bemühung. Hier wäre der Ort für die Sensibilisierung des Menschen hinsichtlich seiner „ethischen Labilität“. Das bedeutet aber auch, daß es keine aufsteigende Linie zu einem immer Besseren bis hin zum Glauben geben kann, wie Erasmus sich das vorstellt. Hier könnte man in der Tat vom „eschatologischen Vorbehalt“ sprechen. Das muß noch nicht mit einer konkreten Naherwartung verbunden sein, die das Ende der Welt als absehbar erachtet. Luther sagt zwar immer wieder, daß der vom Glauben ergriffene Mensch das Gesetz für die Gestaltung seiner Lebenswirklichkeit nicht mehr braucht. Daraus nun eine globale Utopie machen zu wollen, daß alle Menschen unserer Erde zu diesem Glauben kommen, etwa gar durch Pädagogik und Bildung, würde die Unverfügbarkeit des Geistes Gottes und der Gnade verleugnen. Hier könnte die Differenz zwischen einer allgemeinen Pädagogik und einer Religionspädagogik, die um den eschatologischen Vorbehalt weiß, angesiedelt werden. Das geht wohl auch in die Richtung dessen, was Luther mit den zwei Regimenten gemeint hat, die eben gerade nicht beziehungslos nebeneinander stehen. In diesem Sinne kann Luther auch heute noch starke Anstöße für die pädagogische Debatte bringen.

Als Vermittlungsproblem stellte sich auch die *Darstellung reformatorisch-theologischen Denkens im Bild* heraus. Das Bild als eigenständiges Medium würde Luther ablehnen, weil er fürchtet, es könnte durch die Hintertür wieder zu einer Bilderverehrung kommen. Die Wittenberger Bilderstürmer handeln deshalb auch nicht gegen den Willen Luthers, wenn auch z. B. Karlstadt über die Heftigkeit des Tumultes bestürzt ist (Raddatz). Luther selbst hat sich in der Bilderfrage gegen Ende der zwanziger Jahre von einer anfänglichen Feindschaft zu etwas größerer Offenheit entwickelt (Brecht). Schließlich wäre zu bedenken, daß Luther sehr wohl weiß und dazu steht, daß die menschliche

Vorstellungskraft auch dort, wo es ums Wort geht, sich „Bilder macht“ (Brosseder).

Das Bild läßt sich für die Reformatoren eher in einem funktionalen Sinne als didaktisches Medium einsetzen: Illustration der Predigt, Einladung zur Andacht, für das Haus, die Familie, das Kinderzimmer. Luther hat auch gerne davon Gebrauch gemacht, in Absprache mit dem Künstler (besonders Lukas Cranach) seine theologischen Anschauungen bildhaft verdeutlichen zu lassen, so, daß es jeder sofort versteht, und ohne Text für die, die nicht lesen können (Raddatz).

Im Dienste einer solchen *Volkspädagogik* steht der lehrhafte Charakter der Bildinhalte, was „mit einer kontinuierlichen Qualitätsminderung Hand in Hand geht“ (Lutz). Während die künstlerische Gestaltung aus dem gegenreformatorischen Geist hohe Qualitätsgipfel erreicht, hält sich auf evangelischer Seite ein gewisser Standard: „sehr wehrhaft, sehr einprägsam“, aber ohne besondere künstlerische Bedeutung (Lutz). Massenproduktion und weite Verbreitung müssen jedoch, wie man am Beispiel von Albrecht Dürer sehen kann, die Qualität nicht mindern. Also scheint hier doch die konfessionelle Differenz eine Rolle zu spielen (Lutz), wohl auch die grundsätzliche Zurückhaltung Luthers gegenüber dem Bild.

Damit kommt eine weitere Funktion reformatorischer Bildproduktion, besonders der Druckgraphik, in den Blick: Propaganda und Polemik auch für die einfachen Schichten des Volkes. Luther hat die oft nicht gerade zimperliche Polemik (besonders die gegen das Papsttum) durchaus mit einigem Wohlgefallen akzeptiert (Raddatz). Manche sehr obszönen Darstellungen wurden von Luther allerdings auch abgelehnt (Manns).

Wie die *„hagiographischen“ Darstellungen* Luthers selbst und dessen Einstellung dazu einzuschätzen seien, blieb strittig. Ebenso strittig blieb die Frage, wieweit die Darstellung der Theologie Luthers im Bild zu originären künstlerischen Ideen geführt hat. Z. B. die Visualisierung der „Unmittelbarkeit zu Gott“ durch einen Blutstrahl, der von den Wunden Christi ausgeht und auf die Darunterstehenden fällt, findet sich nicht nur im Rahmen reformatorischer Bildproduktion (Manns). Erstaunlich jedoch erscheint, daß in einer Kreuzigungsszene der Zeitgenosse Lukas Cranach vom Blut Christi gewaschen wird und mit der Bibel in der Hand den Charakter eines prophetischen Zeugen zugewiesen bekommt (Brecht). Schließlich blieb umstritten, wieweit Luther einer „Unmittelbarkeit zu Gott“ unter Ausschluß der Kirche und Amt theologisch hätte zustimmen können, wenn die Bilder eine solche Aussage intendierten (Manns). Die Unterscheidung dessen, was Luther selbst wollte bzw. akzeptieren konnte, von dem, was der jeweilige Künstler bzw. das Volk wünschten, mußte als schwierige Frage und Anregung zum Weiterdenken offen gelassen werden.

3. Im Kontext der Krise

Das Fachgespräch kreiste nicht nur um die Person Luthers, sondern ging vom Kontext *„Europa in der Krise der Neuzeit“* aus. Luther selbst ist nicht die Krise, sondern er kommt aus dem „Offenwerden einer Übergangszeit“ heraus (Lutz). Luther, oder wer immer, ist nicht allein verantwortlich für Entwicklungen, die so, wie sie stattgefunden haben, nicht intendiert waren (Brosseder). Welche Faktoren sind nun für die Krise der Neuzeit bestimmend? Für Ranke hatte bis 1524 die Chance bestanden, „das ganze Reich auf einen einheitlichen Weg der Kirchenreformation zu führen, ohne nennenswerte konfessionelle Spaltung“. Dies sei durch das Einwirken äußerer Mächte verhindert worden (Lutz). Es bleibt aber zu fragen, wer oder was unter diesen „äußeren Mächten“ zu verstehen ist. Ranke bezieht sich auf das Papsttum und das Kaisertum, die dann „zum Unglück Deutschlands in Deutschland Partner gefunden haben“ (Lutz). Von seiner Theologie ausgehend hat Luther immer einen universalen Anspruch vertreten, er unterlag aber den oben erwähnten Disziplinierungszwängen, die sich schon davor entwickelt hatten, „die von dem sich modernisierenden Fürstenstaat, von der zentralisierenden Bürokratie ausgehen“. Dabei geht es nicht nur um innerkirchliche Autoritätsprobleme (Papst), sondern auch um die Veränderung außerkirchlicher Autoritätsformen (Lutz).

In diesem Zusammenhang war nun zu bedenken, wo der *Wendepunkt vom Mittelalter zu Neuzeit* liegt. Dazu finden sich schon charakteristische Veränderungen vor der Reformation, „Ansätze zu einer Säkularisierung, zu einer Differenzierung der Gesamtgesellschaft mit einem Zurücktreten theologischer Weltauslegung“ (Lutz). Hans Urs von Balthasar sieht in Thomas von Aquin bereits den Wendepunkt zur Neuzeit: Er hat erstmalig den „eigenen Wert der Weltwirklichkeit von Aristoteles her erschlossen, wenn auch noch eingebunden in das große Schema Natur und Übernatur“ (Kühn). Die Weltwirklichkeit wird nicht mehr als Symbol für das Ewige gesehen. Die Entwicklung zur empirischen Erfassung der Welt und des Menschen wie auch seiner Verantwortung tritt ab dem 14. Jahrhundert besonders deutlich hervor (Lutz). Die italienische Renaissance kann hier als Antizipation einer später umfassenderen Entwicklung gelten. Das zeigt sich z. B. an der Kartographie, die bis etwa zum 14. Jahrhundert „Eingang in ein Denksystem“ leisten will und nicht von der Absicht geleitet ist, etwas Wirkliches darzustellen (Lutz). Die italienischen Seekarten verarbeiten dann schon das empirische Wissen der Seefahrer bzw. erforschen die Weltoberfläche im wissenschaftlichen Sinne. Als zweites Beispiel kann die Geschichte der Biographie genannt werden. Die mittelalterlichen hagiographischen Systeme, wo Engel und Teufel sozusagen die Agenten sind, werden durch eine anthropozentrische Art der Biographie abgelöst, „wo man den Menschen aus seinem Charakter, aus seinen Umständen heraus entwickelt, ohne dies nun von Engeln und Teufeln her zu erklären“ (Lutz). Anders als bei der Kartographie kommt es zur Zeit der Reformation zu einer Re-Theologisierung vieler Lebensbereiche, auch der Biographie. „Weltlichkeit“ tritt erst dann wieder von 1700 an in den Mittelpunkt des aufklärerischen Interesses (Lutz). Auch an den Kreuzigungsdarstellungen zu Anfang des 15. Jahrhunderts läßt sich die Tendenz zur Anerkennung der Wirklichkeit als eigenständig ablesen. Der Kruzifixus steht übergroß im Vordergrund, „die dahinter liegende Landschaft versucht, das Ganze der Welt noch einmal zu liefern, mit allen Möglichkeiten: Ebene, Berg, Tal, Stadt, Burg, Meer, Fluß, Schiff – alles, was nur überhaupt möglich ist“ (Raddatz). Die dort abgebildete Welt nimmt keinerlei Bezug auf das Kreuzigungsgeschehen. Sie ist nicht bloß das Jammertal, sondern die von Gott geliebte Welt (Raddatz). Schließlich muß man den Nominalismus als Krise in der Theologie bedenken. Mit ihm fällt der mittelalterliche Ordobegriff, es entsteht das Problem der Freiheit in einem ungeahnten Maße und das der Eigenständigkeit des Glaubens (Heintel).*) Das hat eine Art neuen Personalismus hervorgebracht, der allerdings mit dem, was später individuell, subjektiv und privat heißt, nichts zu tun hat (Heintel). Das Personale ist in anderer Weise bereits in Humanismus und Renaissance bedeutsam geworden als „eine neue Stufe personalistischer Artikulation religiösen Bewußtseins“ (Lutz). Gesamteuropäisch periodisiert läßt sich die Krise der Neuzeit zwischen 1480 und 1520 ansetzen, als Folge verschiedener Entwicklungen, die schon geschichtswirksam waren, als Luther auftrat (Lutz).

Luthers Interesse ist nun nicht in erster Linie auf das Politische, auf die Beseitigung von Mißständen gerichtet, darauf wurde schon hingewiesen. Man kann sogar von einem „Respektieren des Politischen“ sprechen (Brecht). Luther hat die politischen Strukturen bzw. deren Veränderbarkeit auch nicht reflektiert bzw. reflektieren können in dem Sinne, wie eine „Ex-Post“-Rationalität heutiger geschichtswissenschaftlicher Betrachtung es tut (Lutz). Wenngleich Luther als ein politisch Konservativer bezeichnet werden kann, der weltliche und kirchliche Autorität grundsätzlich anerkannte, so veränderte sich seine Haltung in dem Moment, wo er als Theologe, als Prediger des Wortes Gottes, auf den Plan trat (Brecht). Die Kirche lebt für Luther von „dem da oben“ und läßt sich durch keine Größe dieser Welt ersetzen (Manns). Trotz mancher politischer Spielräume, die damals durchaus möglich waren, wurde 1521 in Worms „eindeutig ein Damm gebrochen“ (Lutz). Wenn etwa bei der Protestation in Speyer eine ganze

*) Emer. o. Univ.-Prof. Dr. Erich Heintel und Univ.-Prof. Dr. Karl Brunner haben sich zeitweise als Gäste an der Fachdiskussion beteiligt.

Gruppe von Reichsständen die Verbindlichkeit eines reichsrechtlichen Reichstagsbeschlusses bestritt, dann war das auch Folge dessen, daß die Gewissensinstanz einer reichsrechtlich verbindlichen Ordnung entgegentrat. In diesem Sinne sprengte Luther auch das „profane“ Autoritätsgefüge (Lutz).

Wenn Luther davon ausgeht, daß die Kirche von ihrem himmlischen Haupt her wächst, muß ihm ein Papsttum, das Christus nicht präsent macht, sondern Christus ersetzt, durch und durch korrupt erscheinen (Manns). Joh. 21 ist für Luther *das* Wort für die Amtsträger. „Wie könnte Luther sich von diesem Papsttum, das er da vor sich hat, überhaupt einen geistlichen Dienst erwarten? Aber er bestreitet nicht, daß das sein könnte! Luther kann immerhin zum Papst sagen, was kein Theologe seiner Zeit gesagt hat: ‚Durch dich spricht Christus!‘. 500 Jahre vorher konnte der heilige Bernhard über die Bischöfe und Päpste schreiben: Wenn ihr schon nicht seht, daß die Wölfe kommen, dann muß ich durch lautes Geblök die Herde warnen und mit dem Schäferkarren durch die Kirche gehen, denn ihr tut es nicht! Ihr freßt Gras und solltet aufrecht dastehen und wachen“ (Manns). Die Chancen, daß Luthers theologischer Ansatz nicht hätte antipäpstlich zum Tragen kommen müssen, waren zu seiner Zeit gering angesichts des Zustandes der damaligen Kirche und ihrer vielfachen inneren Schwäche (Lutz). Die Kirche hatte ihre Autorität in einem so tiefen Maße verloren, daß es Mühe machte, diese wieder zu finden (Manns). Aber der aggressive Kampf gegen den Papst als den Antichristen ist „so gesprächsbeendend nicht“ (Manns). „Denn der Antichrist hat nun einmal die unangenehme Gewohnheit, nicht in Sekten zu kommen. Wenn der Antichrist in die Kirche kommt, kann er nur nach Wittenberg oder Rom gehen, weil er nur dort den Thronos vorfindet, auf den er sich setzen und zum Abfall rufen kann“ (Manns). Gerade deshalb ist Luther imstande zu sagen: Alles, was ich habe, habe ich von der Kirche der Antichristen (Manns). Gegen die Vorstellung, der Papst möge Bischof von Rom in Glanz und Glorie bleiben, hätte Luther nichts einzuwenden gehabt, sofern „der Papst die Tyrannei über die Gewissen aufgäbe“ (Raddatz). Aber weist nicht das Papsttum von seiner Geburt an Strukturfehler auf, die notwendigerweise zu seiner Gestalt im 15. Jahrhundert führen mußten? In dem Augenblick, wo Franz von Assisi gegenüber Papst Innozenz III. mit seiner Vorstellung von der Nachfolge Christi auftritt, ist bestimmt, wo Nachfolge Christi sich ereignet, und zugleich bestimmt, „daß die Reformation kommen muß und daß sie ausgeht, wie sie ausgehen muß. Das führt zwangsläufig zu einer Störung der Physiologie der Kirche“ (Manns). Dabei ist zu bedenken, daß lange vor Luther Deutschland von einer antipäpstlichen und antikurialen Grundstimmung beherrscht war. In den Bann dieses allgemeinen antirömischen Milieus ist dann auch Luther geraten (Lutz). Damit läßt sich auch von historischer Seite begründen, warum Luther und Cajetan, beide Reformtheologen, aber ein deutscher und italienischer, nicht zusammenkommen konnten (Lutz).

Hätte sich die *konfessionelle Spaltung* verhindern lassen? Möglicherweise auf der Basis eines Kirchenreichsdenkens, wie es noch bei Bernhard von Clairvaux gegeben war (Manns). Wenn man bedenkt, daß die Erneuerungsfähigkeit der Orden noch bis in das 14. Jahrhundert hinein lebendig war, dann ließe sich denken, daß die reformatorische Bewegung Jahrhunderte zuvor zu einer Ordensreform geführt hätte oder zu einem neuen Orden (Brunner). Durch die Veränderungen in der gesamteuropäischen Struktur, auf die bereits hingewiesen wurde, konnte der Konflikt nicht mehr auf eine Elite in der Gesellschaft beschränkt bleiben. Die gesamteuropäische Struktur hat das Wachstum dieses Spaltpilzes begünstigt, der sich zuletzt auch gegen die Reformation selbst richten mußte (Manns): Da steht auf der einen Seite der Versuch, durch eine konziliare Versammlung den deutschen Protestantismus über die landesfürstlichen Grenzen hinweg zu einigen, und auf der anderen Seite die Zufriedenheit mit der Landeskirche aus Angst vor möglicher Unruhe; auf der einen Seite im Kampf gegen die calvinistischen Gruppen der Ruf: Lieber papistisch als calvinistisch!, auf der anderen Seite die Angst Luthers, andere reformatorische Gruppen könnten sich aufgrund der aufgetretenen Autoritätsprobleme und Enttäuschungen doch nach Trient verlocken lassen (Lutz). Auch das Aufbrechen der überkommenen Autoritätsstrukturen, an dem Luther entscheidenden Anteil hatte, wendet sich gegen ihn (Lutz): Die Autorität, die Luther durch seine Theologie beansprucht, wird in der Öffentlichkeit durch das aggressive Wort vom „papierenen Papst", der noch schlimmer sei als der römische Papst, zurückgewiesen (Lutz).

4. *Theologische Positionen*

Im Zusammenhang dieser Krise der Neuzeit steht *Luthers theologisches Denken.* Luthers Glaubensbegriff wird immer wieder im Sinne der Gottunmittelbarkeit des Einzelnen und der freien Glaubensentscheidung interpretiert, verbunden mit der aufklärerischen Vorstellung einer mündigen Entscheidung des Individuums. Nach Luthers eigenem Empfinden ist nichts so sehr mißverstanden worden wie seine „libertas christiana" (Manns). Luther hat an der Volkskirche immer festgehalten, jedoch zwischen der „kleinen Kirche der wahren Christen" und der Gesamtheit derer, die Christen heißen, aber nicht wirklich Christen sind, unterschieden (Lutz). Wenn Luther von der Freiheit spricht, geht es ihm nicht um die freiheitliche Selbstbestimmung des Menschen, sondern um die Unverfügbarkeit der Gnade. Das bedeutet eine Personalisierung insofern, als der einzelne Mensch unter die Forderung

Gottes gestellt und von Gott her angesprochen wird, womit er aus einem „Scheinchristentum, aus einem übergestülpten, in einer falschen Weise institutionalisierten, magisch verpackten Christentum" herauskommt (Lutz). Ein solcher Christ weiß von selbst, weiß von Gott her, wie zum Beispiel ein Gottesdienst aussieht; aber für die breite Masse derer, die noch nicht glauben, bedarf es einer Ordnung. Damit stellt sich Luther auch der volkskirchlichen Aufgabe (Lutz). Einem Christen braucht man nicht zu sagen: Bringe bitte keine Disteln. Ein Christ bringt Früchte des Glaubens, wie ein Apfelbaum Äpfel (Manns). Die Hoffnung, daß der Glaube selbst das Notwendige wirke, wird für Luther später, von 1522 an, zum Problem, das zu pädagogischen Überlegungen und Maßnahmen Anlaß gibt.

Dieses Problem kommt auch in Luthers Haltung gegenüber *Rechtsfragen* heraus. Luther wollte zu Rechtsfragen nur ungern Stellung nehmen (Brecht). Dennoch wurde er immer wieder herausgefordert, sich zu konkreten Problemen verbindlich zu äußern (im Zusammenhang mit dem Bauernkrieg oder seinem Ehegutachten). Luther hat geltendes Recht durchaus anerkannt, aber versucht, einen humanen Umgang mit dem Recht zu finden (Brecht). Von der Spontanitätsstruktur der Liebe her kann für Luther jede Fremdmotivation wegfallen (Manns). Luthers große Souveränität in Rechtsfragen gelangt dort zur Geltung, wo Not ist, und man mit dem Buchstaben des Gesetzes nicht mehr durchkommt. Das heißt aber nicht, Luther hätte keinen Respekt vor dem Recht gehabt. Auch ist es problematisch, Luthers einzelne Ratschläge in den Status der Rechtsverbindlichkeit zu heben (Brecht).

Im Zusammenhang mit der *Sakramentenlehre* wurde die Bedeutung der These von Iserloh hervorgehoben: Wenn Luther am traditionellen Sakramentsbegriff festhält, kritisiert er die Sakramentenlehre der damaligen Kirche. Für Luther ist Christus *das* Sakrament als Zeichen dafür, „daß Gott das Gefängnis dieser Welt aufgesprengt hat" (Brecht). Problematisch bleibt in diesem Zusammenhang das Kriterium der Einsetzung durch Christus, das auch exegetische Problem mit sich bringt und vor die Frage stellt, wieweit die Kirche ein „Recht zur Ausgestaltung der Tradition" hat (Brecht). Für das ökumenische Gespräch wäre wichtig, die Frage der Sakramentenzahl nicht zu dramatisieren (Manns). Wenn auch Luther fünf von den traditionellen sieben Sakramenten nicht anerkennt, bleibt für ihn zum Beispiel bei der Absolution der Heilscharakter von Bedeutung, ebenso die Beauftragung dazu durch das geistliche Amt (Brecht). Wenn Luther weiter die Sakramentalität der Ordination bestreitet, so gibt es dennoch keine Re-Ordination, und wird damit die faktische Sakramentalität der Ordination deutlich (Manns).

Ein weiteres klassisches kontroverstheologisches Problem wurde im Zusammenhang mit der Sakramentenlehre verhandelt: Nach Luther ist das Sakrament die Weise, in der Gott dem Menschen das Christusheil zukommen läßt. Dieses Handeln Gottes als Geschenk verträgt sich nicht mit der Opfervorstellung. Es gibt katholische Theologen, die sagen, Luther habe damit das im Sakrament bestehende Heil halbiert. Wenn Luther auch gegen die im 16. Jahrhundert übliche Meßopferpraxis polemisieren mußte, so bleibt dennoch zu fragen, ob wir einander nicht über den Gedanken der Eucharistie näherkommen können, und bei Luther ein „sakramententheologisches Defizit" vorliegt (Kühn). Muß nicht das heilige Abendmahl als Eucharistie auch vom Handeln der Gemeinde her interpretiert werden?

Erneut stellte sich die Frage nach der Leistungsfähigkeit des Menschen für sein Heil. Verhält sich der Mensch im Heilsgeschehen rein passiv (Kühn)? Spricht Luther nicht auch vom Glauben so, „daß er ein sehr aktives Geschehen und Unternehmen des Menschen ist, von Gott erweckt – zweifellos –, aber doch so, daß sich hier wirklich ein Dialog ereignet zwischen Gott und den Menschen" (Kühn)? Was aber bedeutet in diesem Zusammenhang Dialog? Es ist nicht unerheblich, ob ein Mensch zum Beispiel lieben will. „Aber das Liebenwollen ist nicht Liebe" (Manns). Das, wogegen Luther ankämpft, hat später die Neuzeit geprägt, nämlich daß der Mensch sein Heil schaffen kann und als „großer Macher" seine Wirklichkeit verwaltet. Die Gefahr, die Luther sieht, hat sich heute als eine solche bestätigt. Wenn der Mensch sich nicht wieder als beschenkter Empfänger verstehen kann, „wird er nie und nimmer zum Maß zurückfinden" (Brecht). Luther sieht den Glauben des Menschen im Zusammenhang mit der Erwählung. Wenn man den Glauben als einen zweiten Schritt annimmt, als Antwort auf den ersten Schritt Gottes, dann ließe sich von einem Dialog reden (Brecht).

In dem Gespräch zwischen Peter Manns und Ulrich Kühn begegneten einander ein katholischer Theologe, der sich Luther als „Vater im Glauben" verbunden fühlt, und ein evangelischer Theologe, der sich, was auch nicht häufig ist, „um Katholisches bemüht" (besonders um Thomas von Aquin). Ausgehend von der bisherigen Debatte wurde *Luthers theologische Position* durch drei Wendungen gekennzeichnet: „Antipäpstlich, antischolastisch und im Namen eines neuen Personalismus" (Lutz). Warum war Luther antischolastisch? Zunächst wurde unterschieden zwischen dem originalen Thomas und dem, was im 16. Jahrhundert von ihm kolportiert worden ist (Kühn). Zudem hat Thomas für Luther als ein Mann gegolten, der die Papstideologie von Anfang an unterstützte (Brecht). Luthers Affekt gegen Thomas war auch zutiefst mit der Ablaßtheologie des Aquinaten verbunden (Manns). Zur Frage, ob sich nicht grundsätzlichere theologische *Differenzen zwischen Luther und Thomas* finden, wurde von evangelischer

Seite für die Philosophie des Thomas als einer legitim christlichen plädiert: „Ist das ein Sündenfall der Theologie und der Kirche gewesen, wenn sie vom 2. Jahrhundert an versucht hat, christlich-heilsgeschichtliches Denken in Kontakt mit griechisch-philosophischer Tradition zu bringen? Ist es verboten oder ist es nicht vielmehr Aufgabe des christlich Glaubenden, Gott auch philosophisch zu denken“ (Kühn)? Wenn ja, könnte man zu dem Schluß kommen, Thomas und Luther als je eigene Artikulation einer legitimen geschichtlichen Entwicklung mit je eigenen authentischen Fragen und Lösungsvorschlägen zu sehen (Lutz). Eine solche Sichtweise wäre von ungeheurer ökumenischer Bedeutung (Kühn). Wenn der katholische Weg darin besteht, Luther für katholisches Denken und Empfinden als „Vater im Glauben“ zu entdecken und ihn herauszuholen aus dem Verdacht, er sei ein Ketzer, dann käme es der evangelischen Seite zu, Luthers Urteil über die Scholastik, sie stünde nicht mehr auf dem Boden christlicher Theologie, zu revidieren (Kühn). Dabei wäre es wichtig, zu einer Geschichte der Theologie zu stehen, in der immer wieder zwei legitime Weisen, das Christliche zu denken, Schwierigkeiten haben, einander zu begreifen (so zum Beispiel auch Schleiermacher und Barth) (Kühn). Evangelischerseits wurde darauf verwiesen, man sollte auch Thomas als einen auf dem Denk- und Lebensweg befindlichen Christen anerkennen (Kühn). Der katholische Theologe Peter Manns äußerte seine Bedenken, Thomas von Aquin einen „Vater im Glauben“ zu nennen, da gerade der existentielle Bezug der Theologie des Thomas nicht leicht zu erkennen sei. „Aus dem Abstand des Objektiven ging der Bezug zum Leben, zum Innenraum der Person völlig verloren“ (Manns). Von evangelischer Seite wurde hervorgehoben, daß auch bei Thomas von Aquin die Liebe tragender Grund des theologischen Gesamtsystems sei (Kühn), von katholischer Seite, daß die Spontanitätsstruktur der Liebe bei Luther von Thomas aus nicht nachvollziehbar wäre, weil dieser sie in den Zusammenhang der aristotelischen Habitus-Lehre stellt, zu einer „qualitas occulta“ macht, aus der heraus der Mensch tut, was das Gesetz fordert (Manns). Ebenso finden sich charakteristische Differenzen zwischen Luther und Thomas in der Sündenlehre. Für Luther bleibt der Mensch durch die Defizienz seiner Liebe immer in Sünde, immer totus iustus und zugleich totus peccator. Kann aber das neue Leben des Christen aus dem Geist Gottes noch mit einem totus peccator charakterisiert werden (Kühn)? Dem gegenüber wurde von katholischer Seite die bleibende Entdeckung Luthers betont, daß die scholastische Kategorie der Unvollkommenheit nicht geeignet sei, dem Menschen einen Weg aus seiner kranken Liebe heraus zu zeigen. Lieben wollen ist, wie gesagt, noch nicht lieben. Es gibt allerdings Formen der Theologie vor Thomas, die das so sehen, z. B. Bernhard von Clairvaux (Manns).

Dennoch schiene es nicht angemessen, die Theologie des Aquinaten und die Luthers gegeneinander auszuspielen. Eine zutreffende Einschätzung beider wäre möglich, wenn man anerkennt, daß in Europa zwei Formen von Theologie entwickelt wurden: Die der Philosophie immanente und die als „denkende Aneignung vorausgesetzten Glaubens“ (Heintel).

Durch die Krise des Nominalismus und den Zusammenbruch des mittelalterlichen Ordo-Begriffs wurde die Theologie auf das Problem der Eigenständigkeit des Glaubens gestoßen. In diesem Zusammenhang ist auch Luthers Personalismus zu verstehen. Dadurch mußte ein neuer Ausgangspunkt theologischen Denkens gefunden werden: die in den kanonischen Texten formulierte Heilsgeschichte als der vorausgesetzte positive Glaube. Für die Aneignung dieses vorausgesetzten Glaubens gewinnt dann auch die Philosophie wiederum Bedeutung, dann kann auch Thomas von Aquin ein „positives Erlebnis“ werden. In diese Richtung könnte ein ökumenisch relevanter Konsens möglich sein (Heintel).

5. *Früchte für die Ökumene*

Die *ökumenische Perspektive* bzw. die Frage, ob das Jahr 1983 einen Ertrag und neue Wege für das ökumenische Gespräch gebracht hat, stellten ein wesentliches Ziel der wissenschaftlichen Debatte dar.

Zunächst war Anlaß für kritische Bemerkungen durchaus gegeben. „Ausrutscher“ sind wohl auch passiert, z. B. wenn Franz Josef Strauß zur Intensivierung der Produktivität Luthers Zwei-Reiche-Lehre in Anspruch nahm (Brecht). Aber solche „Ausrutscher“ gingen doch eher zu Lasten von Nichttheologen und haben das theologische Gespräch nicht wesentlich beeinflußt.

Auf dem Buchsektor wurde Luther kräftig vermarktet, und die Publikationen sanken teilweise unter das Niveau des theologisch, geschweige denn ökumenisch Tragbaren.

Auch an Kritik von seiten beachtenswerter Theologen hat es nicht gefehlt, was aber unabhängig vom Inhalt der Kritik, allein von der Reaktion her, auch positiv bewertet werden kann (Manns). So forderte z. B. Hans Urs von Balthasar die Evangelische Kirche auf, zu überdenken, „ob man über den originalen Luther überhaupt noch ökumenische Gespräche halten könnte. Man könne das nur mit Melanchthon und der Confessio Augustana“ (Manns). Auch der Vorwurf an Peter Manns von seiten des Evangelischen Bundes, er hätte Luther „ökumenisch, ja katholisch domestiziert“, hat eher zur Intensivierung der theologischen Debatte beigetragen.

Besonders aber der *Vergleich mit dem Confessio Augustana-Jubiläum* (1980) zeigt einen beachtenswerten Fortschritt für die ökumenischen Bemühungen. Peter Manns hatte damals auf die Gefahr hingewiesen, daß die katholische Anerkennung der Confessio Augustana auf Kosten Luthers ginge bzw. nicht gehen dürfe, und zugleich angeregt, das Jubiläumsjahr 1983 zum Anlaß für eine intensive ökumenische Bemühung um die Theologie Luthers vorzusehen.

Schärfste Kritik an der „falschen Versöhnerei" im Zusammenhang mit dem Confessio Augustana-Jubiläum übte damals der Wiener ökumenische Arbeitskreis unter der Leitung von Ferdinand Klostermann und Wilhelm Dantine (Lutz). Dem Weg, katholischerseits zu sagen, „wir konzedieren euch den Luther und akzeptieren das Abstraktum Confessio Augustana (und haben auf unserer Seite unsere katholische Tradition") (Kühn), steht das andere Modell gegenüber: „eine von Luther her interpretierte Confessio Augustana und ein von der Confessio Augustana als kirchlichem Bekenntnis her korrigierter Luther; aber nicht eine Confessio Augustana, die Luther aussperren will" (Manns). Gerade für das Problem, mit dem „Stacheligen, Nichtvereinbaren Luthers" (Brosseder) zurechtzukommen und für die Dialektik zwischen Luther und der Confessio Augustana hat das Jahr 1983 enorm viele weiterführende Wege gezeigt.

Die Bemühung von seiten beider Konfessionen, 1983 den Theologen Luther sprechen zu lassen, hat eine Nähe bewirkt, „daß ich nicht wüßte, wodurch die Gemeinschaft von Kirchen unmöglich werden könnte. Das hat es bisher seit der Reformationszeit in dieser Gestalt meines Wissens nicht gegeben" (Brosseder).

Probleme brachte der „wildgewordene linke Flügel der Nachfahren der Reformation" in der Zusammenarbeit mit dem lutherischen Weltbund, dem Peter Manns „etwas mehr Liebe zu Luther" empfiehlt. Die bisher erzielten Konsense dürften nicht unter den Tisch fallen. Die „riesige", zu große Offenheit in der ökumenischen Erschließung Luthers hat von dieser Seite her „die Arbeit schwer gemacht" (Manns).

Gelegentlich provozierte die Erschließung Luthers auch *Ängste* vor dem Erschlossenen, Angst davor, die Einheit der Katholiken könnte zerbrechen. Entscheidend ist aber, daß diese Angst wesentlich nur im Rahmen der Großveranstaltungen spürbar geworden ist, nicht aber auf der Ebene der Gemeindearbeit, der Arbeit in den Akademien, im Rahmen der Erwachsenenbildung oder der Fortbildung. Hier war man „nach wenigen Sätzen mitten im Herzstück christlicher Theologie" (Brosseder). „Wo immer man konkret zu einer Gemeinde durchstieß und vorstieß, merkte man, daß Luther wahrhaftig dort seine Zukunft hat" (Manns). Die Begegnung mit Luther war in diesem Jahr für die katholische Kirche eine erfrischende. Das in der Reformationszeit verdrängte Gespräch kann heute zwischen Katholiken und Lutheranern „mit großer Frucht" geführt werden. In bilateralen Verhandlungen wurde beschlossen, die bilateralen Verhandlungen weiterzuführen,

„damit schließlich und endlich eine multilaterale Ökumene daraus wird“ (Manns).

Die Aufmerksamkeit für Luther auf der katholischen Seite war „bisweilen auch beschämend für einen Protestanten“ (Brecht). Mit der von Luther angeregten Frage, was die „Mitte der Kirche“ sei, wird man wohl auch auf evangelischer Seite den Kirchenleitungen in den Ohren liegen müssen (Brecht). Die ökumenische Potenz Luthers zeigt sich in der christologischen Mitte. „Du mußt Christus ansehen“ bedeutete gerade wieder auf der Ebene der Gemeinden eine Zukunftseröffnung durch den lebendigen Christus (Brecht). Die Auseinandersetzung mit Luther konnte und könnte auch weiterhin ein Bewußtsein für die Unverfügbarkeit schaffen, z. B. im Zusammenhang mit den Bemühungen um den Frieden ein Bewußtsein dafür, daß nicht alles machbar ist, sondern als Geschenk der Gnade erwartet werden darf (Brecht).

Angesichts all dieser Ereignisse um das Jahr 1983 kann die Frage danach, was jeweils katholisch bzw. evangelisch, was *das „Wesen“ des Katholischen bzw. des Evangelischen* sei, nicht mehr so eindeutig beantwortet werden. Ist es überhaupt notwendig, diese Frage zu beantworten? Kann man weiter diese Frage auf theologischer Ebene beantworten oder muß darüber nicht auf der Ebene der Kirchenzugehörigkeit bzw. der ökumenischen Gemeinschaft der Kirchen gehandelt werden? Sonst läuft man Gefahr, das „Katholische“ so weit zu fassen, daß alles drin ist, oder so eng, daß das meiste herausfällt (Brosseder). „Ich bin sehr skeptisch gegenüber allen Einheitsvorstellungen, gegenüber Wiedervereinigung. Aber unter dem Stichwort ‚Gemeinschaft der Kirchen‘ könnten wir viel miteinander reden“ (Brosseder). Das jeweils Katholische oder Evangelische bloß „rückwärts zu bemessen“ bedeutete eine Verkürzung. Eine Bemessung nach vorne: „Hört doch auf zu streiten! In 500 Jahren ist das alles nicht mehr da!“ würde dazu führen, schon heute auf ökumenische Bemühungen zu verzichten (Manns). Deshalb dürfte auch die gewonnene Offenheit nicht auf bilaterale Gespräche beschränkt bleiben (Manns).

Der Vergleich des Luther-Jubiläums 1983 mit früheren Luther-Jubiläen hat erbracht, daß „Luther uns einfach als Mensch näher gerückt ist. Er ist nicht mehr der Held, der Nationalrevolutionär. Es spricht ganz schlicht und einfach *der gläubige Christ Martin Luther*. Der wird dargestellt, und das in einer großen Differenziertheit. Hier haben wir einen ganz bedeutsamen ökumenischen Fortschritt“ (Brosseder). Katholischerseits wurde nie so unbefangen über Luther und seine Theologie gesprochen, die evangelische Lutherforschung war „nie so nüchtern, manchmal gelegentlich mir etwas zu unterkühlt“ (Brosseder). Positiv vermerkt wurde auch, daß kaum propagandistische Absicht, „relativ wenig an ganz energischer Umsetzung und Aktualisierung von Luthers Theologie“ zum Tragen gekommen ist: Es fehlten die „ganz heißen Plädoyers“ (Brecht). Begiffe wie „distanziert“ und „sehr ernsthaft“ charakterisierten das Jahr 1983.

Besondere Beachtung fand der Beitrag einiger DDR-Historiker zum Luther-Jubiläum. Der Dialog zwischen marxistischen Luther-Forschern und Kirchenhistorikern wurde auch zum Ort, an dem „so etwas wie ein philosophisch-theologischer Disput über das Christentum, über Christentum und Marxismus zustande gekommen ist“ (Kühn).

„Ich bin jedenfalls mit diesem Ergebnis des Lutherjahres wirklich zufrieden. Und es ist dies eine Basis, um weiterzuarbeiten. Und trotz mancher unvermeidlicher Beckmesserei haben wir eine wunderbare Möglichkeit, auf diesem begonnenen Weg weiterzugehen“ (Manns).

Autorenverzeichnis

Die Autoren wurden gebeten, nur etwa drei ihrer wichtigsten Veröffentlichungen zu nennen.

Martin Brecht, geb. 1932 in Nagold (Schwarzwald), Studium der Evangelischen Theologie in Tübingen und Heidelberg, 1965 Habilitation für das Fach Kirchengeschichte in Tübingen, 1970–1975 Ephorus des Evangelischen Stifts in Tübingen, seit 1975 Professor für mittlere und neuere Kirchengeschichte in Münster/W.

Veröffentlichungen: Die frühe Theologie des Johannes Brenz, Tübingen 1966; Martin Luther. Sein Weg zur Reformation (1483–1521), Stuttgart ^{2}1983; Südwestdeutsche Reformationsgeschichte, Stuttgart 1984 (zusammen mit H. Ehmer); Mitherausgeber der Werke von Johannes Brenz und der Tagebücher von Philipp Matthäus Hahn.

Johannes Brosseder, geb. 1937 in Leverkusen, Studium der Philosophie und der Katholischen Theologie an den Universitäten Bonn und München, 1963–1971 Wissenschaftlicher Assistent am Institut für Ökumenische Theologie der Universität München, seit 1971 o. Professor für Systematische Theologie an der Pädagogischen Hochschule Rheinland, Abteilung Bonn, seit 1980 o. Professor für Systematische Theologie an der Rheinischen Friedrich-Wilhelms-Universität Bonn.

Veröffentlichungen: Ökumenische Theologie. Geschichte – Probleme (Theologiesche Fragen heute, Bd. 10), München 1967; Luthers Stellung zu den Juden im Spiegel seiner Interpreten. Interpretation und Rezeption von Luthers Schriften und Äußerungen zum Judentum im 19. und 20. Jahrhundert vor allem im deutschsprachigen Raum (Beiträge zur ökumenischen Theologie, Bd. 8), München 1972; Herausgeber der Internationalen Oekumenischen Bibliographie IOB, Bde. 10/11, 12/13/14, 15/16, 17/18, München–Mainz 1977–1985.

Susanne Heine, geboren 1942 in Prag, Studium der Evangelischen Theologie und der Philosophie in Wien und Bonn. Examen pro candidatura in Wien 1966, Ordination zum geistlichen Amt 1968, Promotion zum Doktor der Theologie 1973 im Fach Neues Testament. Assistentin am Institut für Neutestamentliche Wissenschaft, 1978 Habilitation im Fach Religionspädagogik. 1982 Professor für Religionspädagogik; Vorstand des gleichnamigen Instituts an der Evangelisch-theologischen Fakultät der Universität Wien.

Veröffentlichungen: Leibhafter Glaube. Ein Beitrag zum Verständnis der theologischen Konzeption des Paulus, Wien/Freiburg 1976;

Biblische Fachdidaktik – Neues Testament, Wien/Freiburg 1976; Gott ohne Eigenschaften?, hg. gem. mit Erich Heintel, Wien 1983; seit 1982 Mitherausgeberin der Publikationsreihe „Schulfach Religion“.

Ulrich Kühn, geboren 1932, Studium der Evangelischen Theologie in Leipzig, Promotion 1957, Habilitation für Systematische Theologie 1962. 1964 Pfarrer in Leipzig, 1965–1967 Leiter der konfessionskundlichen Forschungsstelle des Evangelischen Bundes in der DDR, seit 1967 Dozent für Systematische Theologie, zuerst am Evangelischen Sprachenkonvikt (kirchliche Hochschule) Berlin/DDR, ab 1969 am Theologischen Seminar (kirchliche Hochschule) Leipzig. Seit 1. Dezember 1983 o. Professor für Systematische Theologie A. B. an der Universität Wien. Seit 1968 Mitglied der Kommission für Glaube und Kirchenverfassung des Weltrates der Kirchen.

Veröffentlichungen: Via caritatis. Theologie des Gesetzes bei Thomas von Aquin, Berlin/Göttingen 1964/65; Kirche (Handb. Syst. Theologie, Bd. 10), Gütersloh 1980; im Erscheinen: Sakramente (Handb. Syst. Theol., Bd. 11), Gütersloh 1985.

Heinrich Lutz, geb. am 20. 8. 1922, Dr. phil., o. Professor für Geschichte der Neuzeit an der Universität Wien; Mitglied der Österreichischen und der Bayerischen Akademie der Wissenschaften, Präsident der Historischen Kommission bei der Bayerischen Akademie der Wissenschaften. Zahlreiche Publikationen zur europäischen Geschichte der frühen Neuzeit (Renaissance, Reformation, Gegenreformation) und zur österreichischen und deutschen Geschichte des 19. und 20. Jahrhunderts. Während der Drucklegung dieses Buches am 18. 5. 1986 unerwartet verstorben.

Veröffentlichungen: Reformation und Gegenreformation (^{2}1982); Das Ringen um deutsche Einheit und kirchliche Erneuerung (= Propyläengeschichte Deutschlands, Bd. 4, 1983); Zwischen Habsburg und Preußen. Deutschland 1815–1866 (1985).

Peter Manns, geboren 1923 in Oberhausen, Abitur 1940 in Traunstein, 1941–1945 Kriegsdienst in der Hauptsache als Leutnant an der italienischen Front. 1946–1951 Studium der Katholischen Theologie in Bonn und Mainz, 1951 Priesterweihe. 1953 Eintritt in das von Joseph Lortz gegründete Institut für Europäische Geschichte, zunächst als Assistent. 1957 stellvertretender Direktor, ab 1981 Direktor dieses Instituts. 1967 Promotion zum Dr. theol., 1977 Ernennung zum Professor für die Geschichte der christlichen Spiritualität am Fachbereich Katholische Theologie der Universität Mainz. 1983 Promotion zum Dr. theol. h. c. der Universität Helsinki.

Veröffentlichungen: Die Heiligen. Alle Biographien zum Regionalkalender für das deutsche Sprachgebiet, Mainz, 3. Aufl. 1977 (Herausgeber und Mitautor); Lutherforschung heute – Krise und Aufbruch, Wiesbaden 1967; Martin Luther. Mit Bildern von Helmuth Nils Loose und einem Geleitwort von Landesbischof D. Eduard Lohse, Freiburg, 2. Auflage 1983; Herausgeber der Veröffentlichungen des Instituts für Europäische Geschichte.

Alfred Raddatz, geb. 15. 3. 1928 in Berlin, Dr. theol., o. Professor für Kirchengeschichte, Christliche Archäologie und Kirchliche Kunst an der Evangelisch-theologischen Fakultät der Universität Wien und Vorstand des gleichnamigen Instituts.

Veröffentlichungen: Arbeiten zur Geschichte der Alten Kirche, des Frühmittelalters und der Neuzeit sowie zur Geschichte der Christlichen Kunst, etwa: Ecclesia und Synagoge, Geschichtliche Hintergründe und Bedeutung der Entstehung eines mittelalterlichen Bildmotivs, in: Judentum im Mittelalter, 1978; Ecclesia in throno Synagogae, in: Theologia scientia eminens practica, 1979; Theodor von Mopuestia, in: Gestalten der Kirchengeschichte II, 1984; Josef II. und Luther, in: Evangelischer Glaube und Geschichte, 1984; Zur Vorgeschichte des liber contra Judaeos, in: Ecclesia peregrinans, 1986.

Joachim Scharfenberg, geb. am 10. 5. 1927 in Erfurt. Studium der Theologie und Psychologie in Jena, Halle, Tübingen, Kiel und Cambridge/Massachusetts. Promotion zum Dr. theol. 1953. Gemeinde- und Krankenhauspfarrer in Berlin sowie Leiter der Evangelischen Beratungsstelle und der Telefonseelsorge. 1968 Habilitation in Tübingen und Universitätsdozent für Praktische Theologie dort. Seit 1971 Ordinarius für Praktische Theologie und freipraktizierender Psychoanalytiker in Kiel.

Veröffentlichungen: Johann Christoph Blumhardt und die kirchliche Seelsorge heute, Göttingen 1959; Sigmund Freud und seine Religionskritik als Herausforderung für den christlichen Glauben, 4. Aufl., Göttingen 1973; Seelsorge als Gespräch, 3. Aufl., Göttingen 1974; Religion zwischen Wahn und Wirklichkeit, Hamburg 1971; Christliche Identität, Göttingen 1975; gemeinsam mit Horst Kaempfer: Mit Symbolen leben, Olten und Freiburg 1980; seit 1958 Schriftleiter von „Wege zum Menschen".